谈话录

王安忆　张新颖　著

译林出版社

图书在版编目（CIP）数据
谈话录 / 王安忆，张新颖著.
—南京：译林出版社，2019.4（2019.7重印）
ISBN 978-7-5447-7592-2

I.①谈… II.①王… ②张… III.①王安忆－访问记
IV.①K825.6

中国版本图书馆 CIP 数据核字（2018）第 274846 号

谈话录　王安忆　张新颖 / 著

责任编辑　刘　免
特约编辑　胡曦露　王心悦
装帧设计　后声文化
校　　对　张　萍
责任印制　单　莉

出版发行　译林出版社
地　　址　南京市湖南路 1 号 A 楼
邮　　箱　yilin@yilin.com
网　　址　www.yilin.com
市场热线　025-86633278
排　　版　南京展望文化发展有限公司
印　　刷　江苏凤凰新华印务有限公司
开　　本　850 毫米 ×1168 毫米　1/32
印　　张　12.25
版　　次　2019 年 4 月第 1 版　2019 年 7 月第 2 次印刷
书　　号　ISBN 978-7-5447-7592-2
定　　价　68.00 元

目 录

第一章 成长

一 小时候，性格，环境 002
二 母亲 008
三 父亲 016
四 “文革”期间的阅读 028
五 开始写作 035
六 职业化的状态 046
七 传统和反叛 065

第二章 关节口

一 文学讲习所 074

二 《儿童时代》 091

三 爱荷华“国际写作计划” 096

四 陈丹青 105

五 史铁生 113

六 再谈传统和反叛 122

七 写作习惯 126

第三章 『看』

一 鲁迅的“看”和沈从文的“看” 136

二 站在哪里看作品里的人物 141

三 一座废弃的锡矿，一座废弃的钨矿 147

四 看熟悉的东西和看不熟悉的东西 153

五 写爱情 166

六 小说，散文，戏曲，年轻人 170

七 对知识的兴趣 181

八 台湾地区和马华的文学，在台湾出书 187

九 我们有没有力量审美化 197

第四章 前辈

一 冰心、萧军、一些老人 204

二 宗璞 209

三 汪曾祺 212

四 陆文夫、高晓声、白桦 223

五 王蒙、张贤亮 229

六 张洁 234

第五章 同代人

一 张承志、张炜 242

二 莫言、贾平凹 250

三 阿城、王朔 258

四 刘庆邦、刘恒 264

五 迟子建 270

六 苏童 273

七 余华 279

八 年轻一代 283

第六章 写作历程

一 准备期，“雯雯系列” 292

二 《小鲍庄》 295

三 “三恋”和性的话题 299

四 《流水三十章》和《米尼》 310

五 《叔叔的故事》 316

六 《妙妙》《香港的情与爱》等几个中篇 321

七 《纪实与虚构》 327

八 《长恨歌》 332

九 《长恨歌》之后 336

十 还在过程之中 344

附录 文明的缝隙，除不尽的余数，抽象的美学
——关于《匿名》的对谈 349

新版后记 382

第一章

成长

一　小时候，性格，环境

张新颖：“文革”结束以后，到现在，快三十年了。这三十年来，中国文学发展变化很大，经历了不同的阶段，每个阶段似乎都有不同的作家、作品各领风骚。但在这么长的时间跨度内，有一些作家能够一直坚持创作，而且到现在，文学创造力不但不见衰退，反而累积起了更为成熟稳重的力量，不断化为重要作品。这样的作家是你们这一代的，为数不能算多，却是中国当代文学的中坚。你也是其中一位。所以我就想请你来做一个文学谈话，这个谈话会涉及很多方面的问题，肯定不是一两次就能谈完的，可以预想是一个漫长的谈话。但我不想很抽象地去讨论理论问题，我愿意从具体的、简单的、感性的、经验的东西说起。

王安忆：那你现在能不能说一下你的具体的问题。

张新颖：我只是有个谈话的大致范围，就是从你个人出发来谈文学；从这个出发点会走到哪里，怎么个走法，却并不想事先设计好，规定好。如果把谈话比喻成河流的话，我并不想事先为它准备好河道。我们虽然认真，也可以谈得放松一些。具体的问题就可以从生活中很小的细节谈起，反正你想谈什么就什么。

我最近在看这个《爱向虚空茫然中》，以前没看到这个作品……

王安忆：这部作品是新写不久的。

张新颖：这部作品就写到小时候的经验。比如说你小时候睡觉的时候，你母亲是不跟你一起睡的，不跟小孩子一起睡，小孩子单独睡的。其实小孩子是有点儿渴望跟母亲亲近。有的时候会跟保姆在一块儿睡。

王安忆：对。

张新颖：那么就可以从这些细微的、普通的事情谈起。

王安忆：其实你就是很想知道我和我母亲在继承上的关系。

张新颖：对，不过这样说就有点儿直奔主题了，我觉得不要这么直奔主题，你随便谈就是了。

王安忆：我也稍微想一下，我在想我从小的生活应该是一个……我从小的生活就是跟母亲在一起的时间比较多。我是一九五四年出生，一九五五年我母亲从部队转业带着我，还有我姐姐，到上海来。那时我父亲还在南京，他们当时都是南京军区的，所以我们和父亲有那么几年的时间不在一起生活。等到我父亲到上海的时候已经是一九六一年了。这段时间我父亲是来来往往，我父亲当时是军官，他往来比较方便。到我成年的时候我才知道，我父亲其实在五七年已经是“右派”了，离开部队，过得比较惨。可是我记忆中全没有。在我的记忆里边，我的童年就是在上海和我的母亲、我的姐姐，生活就是蛮简单的，我的生活——可能跟性格有关系吧，我的性格是比较孤僻的，或者说就是蛮胆怯的吧，它使我损失了最早的进入集体的机会，就是进幼儿园。我的姐姐是一个性格很开放的人，她从小是在幼儿园里度过——我出生以后没人带她，她就必须要去幼儿园。她的性格也和军区大院的环境有关系——军区大院是一种集体生活，我听大人讲，那时候都是一人一个保姆，满地放养似的。

张新颖：她小时候是在南京的？

王安忆：对，她到上海已经四岁了，我当时还是婴儿，一岁左右吧。所以我姐姐性格就很开放，她很顺利就上了托儿所、幼儿园。我小时候去托儿所、幼儿园的经历却是非常惨痛的，我是非常非常不愿意去的。我记得很清楚，每天早上去幼儿园对我来讲都是非常悲惨，后来都变得很阴郁了，我已经有点儿心理上的问题了，一到那里就哭，就是哭，非常非常不合群。什么时候才把这负担解脱呢？回想起来，是我父亲被打成“右派”后才解脱出来，他被打成“右派”，我们家的经济水平就有一个陡然的下降。据我母亲说，我们当时去的是个昂贵的幼儿园，是荣毅仁的妹妹在上海开的，大概开销很大，这个幼儿园冬天是有暖气的。所以说等到我父亲变成右派以后，就把我们俩都接出托儿所、幼儿园了，我就解脱了。解脱以后我的心情就比较好了，状态比较好了，不再会那么抑郁，但是呢其实也蛮寂寞的。

张新颖：一个人在家里玩？

王安忆：保姆，就跟了一个保姆。我的这个保姆是个扬州人，所以我从小学会的不是普通话，不是上海话，是扬州话。我从小的生活，其实是处于一个非常混杂的环境，我们的父母都是所谓的革命干部，他们给我们的生活全都是没有本土色彩的——革命干部的生活就是没有本土色彩的生活，家里面是说普通话的，所以我到很大才会说上海话，因为你在上海，不会上海话会受到歧视，为了学上海话我都有点口吃了——至今都没有说好。我的隔壁邻居都说上海话，说得很好，我觉得许多小孩现在说得更加不好，生硬，词汇量也少。我的父母给我的生活就是这种完全没有本土色彩的一种生活。我的那个保姆，她是扬州的乡下人，她却带给我一种地方色彩，就是扬州的风气，很浓烈的风气：她喜欢鲜艳的颜色，我记得她给我买的一块手绢是我最最喜欢的，现在回想起来是十分的乡气，翠绿和粉红，她把我弄得很乡气。她带给我另外一种风气，比我父母给我的有色彩多了。我和这个阿姨在一起的时间甚至比和我父母还多，我父亲在南京，我母亲经常要下乡，要上班，所以我和这个保姆阿姨在一起的时间是非常多的。这个带大我的阿姨很像我的《富萍》里的奶奶，她很好看的，非常清爽的一个人；在她以前我父母用过几个保姆，可是我和她们都合不来。我妈妈用保姆的原则就是一定要和小孩子合得来，别的是次要的。我记得这个保姆一进家门，我一看到她就拉起她的手，这个印象特别深。这个人很会带孩子的，她就拉起我的手。和她在一起特别融洽，非常融洽。这个保姆是带我最长时间的，她在我们家里做，一直带到我长大上学，后来又带我弟弟，然后又带我姐姐的孩子，一直等到我姐姐孩子四岁她才走的——她生病走的，这么一个老阿姨。这个保姆我觉得她给我的印象就是非常清爽，头上还戴着一朵白色的绒花。我妈妈问她，你这个阿姨戴的花还蛮好看的，她对我妈妈讲是给她丈夫戴的孝。总之这个阿姨给你感觉是非常清爽的，非常好看的一个人——也不是好看，她是那种端端正正的，非常保姆的一个保姆。我后来写《富萍》的时候就常常想起这个保姆的样子来。她是带着我长大的，我在《爱向虚空茫然中》不是说我小时候喜欢和保姆一起睡觉嘛，就有她的影子。

张新颖：这个保姆是小孩子生活中很重要的一个人，她的影响成了童年经验中少不了的部分，没想到她还到了你后来的写作中来。

王安忆：她很疼我的，就是特别疼的那种感情。我们家住在淮海中路，思南路口的弄堂里，那个地方呢是一个上海小康人家的环境，就都是小市民，前前后后都是小市民，真正的上海小市民，就是这样的环境，我们所受影响是非常奇怪的。住在我们楼上的这家人家，是上海的老户人家，他们家的历史也是很戏剧性的。他们家原是某个资产者的家仆吧，一九四九年时主人离去，留下他们看守房子，但大军南下进驻上海，这栋房子被国家收去以后，就把他们一家安排在我所住的弄堂房子里边，成了我们楼上的邻居。这一家人家家境殷实，作风非常洋派，因为他们那种生活背景，对我们家批评是最多的。他们觉得我们特别不像样子，因为我们从部队里来的嘛，很简单，都没有家具——家具全都是从公家租来的，上面贴有铜牌的那种，就很像我写的《好婆与李同志》，还有《富萍》里奶奶的东家。我们家的衣食住都挺简单的，所以我们家一点点的城市气息全都是我们家楼上邻居和我们家老阿姨——我那个保姆，给我们带来的。楼上这家人说，你们家要买个樟木箱啊。总之觉得我们家家具太不像样了，家里用的毯子都是军队用的毯子——绿颜色的那种毯子，就是这样子的，好像马上要开拔的样子。

张新颖：这样一种生活啊。这样一种革命干部家庭的背景，会不会影响到看待他人的眼光？你刚才说上幼儿园跟小朋友融不到一块，你用了“阴郁”这个词，有的时候是自卑呢还是一种很混杂的情绪？比如一个革命干部家庭的人看待小市民，是不是有点从高处往下看的感觉？

王安忆：我到幼儿园时好像不存在这个问题，我那个幼儿园是比较特殊的，革命干部、知识分子的孩子占很大的比重，幼儿园里这种文化不相融性质倒还没体现出来。我在幼儿园不合群，我想这主要是性格问题，不是一个开放性的性格，不像我姐姐和人特别能够相处。我姐姐到现在还是这样的性格，她就特喜欢热闹，哪热闹哪人多她就往哪去，就那样子的。我呢好像就不行，我老是和人处不好，不能到太多人的地方去。幼儿园就是这样的一个状况，我不能上幼儿园，因此我的童年都是在家里度过的。在家里和阿姨在一起，我妈妈和我在一起的时间也不多，然后是和邻居，嘴很碎的邻居，在一起。就是在这么个环境里度过。

二　母亲

王安忆：但是我确实很早就开始识字读书，我现在回想起来，我似乎没有什么识字的过程，没有这个过程，很自然地就能看的。我们家当时经济条件比较好，虽然家那么简陋，别人家都不能想象我们家简陋到这个程度。可是其实我父母收入挺高，尤其我爸爸被打成“右派”以前，他们非常慷慨地给我们买玩具，所以我和我姐姐小时候玩具特别多，玩具里面很大一部分就是书，连环画、童话书、图画书，没有学识字的这个过程，好像一看字就会了。说实在的，我妈妈还真没有有意识地叫我看什么书啊，往哪个方向培养我啊，都没有过。但是我老是觉得我的父母，主要是我的母亲有的时候很想模仿——也不是说模仿啦，或者说是学习——重新做人，希望我们能够受到一种像上海的中产阶级生活的熏陶，我觉得他们是有这样的企图的。

张新颖：你妈妈有这样的企图吗？

王安忆：有的，可能这和我母亲的经历有关系。我母亲家是破落户，她的童年有的时候是在她的姨母家——我母亲的姨母家是一个大户人家，工商业主，家中孩子所受均洋务教育，就这样的背景。我觉得她有一点那种心情的，小时候她给我们找家庭教师，那时候我们很愿意，就像在我们圈子里面很多孩子那样弹钢琴，我们很想学钢琴，我呢也很想学画画，但我父母这点意识很清楚：绝对不学艺术，艺术是绝对不学的。那个时候我父亲已经是“右派”，吸取了一些教训，所以他们很早就让我们学英语，虽然我现在英语一塌糊涂，我其实是很早就学了。是不是科学强国的意识？我妈妈去给我找英语教师，我在某些小说里也写过这情节。曾经找过一个白俄教师，一看到这个白俄，我和我姐姐死也不肯去了。害怕他会打我们，其实人家怎么会打我们？但是他形象很可怕，我们死也不肯去，只得换一个老师，这老师现在还在。前几年，师母还在马路上遇见我父亲，一眼认出来了。

张新颖：那你学英语是在上小学的时候？

王安忆：我姐姐已经读到三年级，我好像还没读书吧。

张新颖：噢，那非常早。

王安忆：非常非常早，可惜没什么成效。

张新颖：这点我倒是想不到，你说你母亲有这样一个……

王安忆：唉，她有着这样觉悟，她不让我们学艺术。

张新颖：我见过你母亲几次，我感觉她这个人——当然很平易，很亲切，但是气质里面有一种比较高傲的东西。

王安忆：我妈妈挺清高的。

张新颖：其实就是一种比较高傲的气质，这个气质，我不知道它的来源。过去我想当然地把它联系到革命干部这样一个出身。

王安忆：我妈妈出身特别复杂，其实就是一个破落户，她出生的时候这个家已经彻底败落了。她祖父在杭州生意破产，房子也卖了，她就是出生在上海的，那时他们家已经完全一败涂地。她三岁的时候母亲去世，父亲出走，家就散掉了，生活非常惨淡。而她周围全都是有钱的亲戚，可是她在有钱亲戚家的生活——一方面你有衣食，另外一方面则是寄人篱下，难免让人感到屈抑，她又是个敏感的人，天性很高傲。我母亲非常高傲的，就这样子一个人。我个人觉得，其实她心里边有一种暗暗的努力，她希望我们有着她有钱亲戚家孩子的生活——她自己肯定不承认，但是我真的觉得她有一点，思想真的很混杂。她看到我们对保姆发脾气什么的，她很恼火的，觉得你们这种腔调很难看，是上海小姐的腔调，她会来制止我们的。我们家里的一些规矩，我觉得是从她的富亲戚那边学来的。我们家从来不吃猪头肉，她定的规矩都还蛮奇怪的，带我的阿姨有一次自己买来给我吃一片，我觉得很好吃，然后我去跟我妈要，我说我也要吃猪头肉。我妈就把我带到瑞金路——我们家在淮海中路靠瑞金路，瑞金路口有个熟菜店，挂着一排猪头，她就带我们看那个猪头，猪头很恐怖的，说你看这怎么能吃？从此就把我这个念头压下去了。

我想我妈妈这种生活方式是从她那些富亲戚那儿学来的，当时她自己连饭都吃不饱。

张新颖：你这样一讲，我就觉得我们原来对你妈妈那个印象是比较简单了。

王安忆：我妈妈的生活环境其实是很复杂的。

张新颖：我看到你写你妈妈的好多篇文章。

王安忆：都是介绍她某一些方面。

张新颖：其中有一篇，你刚才一说我就想起来了，你说你妈妈有一种类似于林黛玉那样的气质。

王安忆：对。

张新颖：怎么会有这个气质……

王安忆：想不到吧！

张新颖：我看了之后大吃一惊，就想，哎呀怎么会这样！你这样一讲我就明白了。

王安忆：我妈妈内心很娟秀的，但她的外表看上去很刚强。我就是在这样一个环境长大，和我母亲关系很近，而且我母亲是对小孩子管得很牢的一种人。像我父亲不大管我们小孩子的，所以相对来讲从我父亲那里没有受到过什么明确的教育。我父亲从来不说你必须这么做或你必须那么做，他对我们是比较放手的——也不是放手，我爸爸是一个不大管家里事情的人，他又介入我们家相对较晚，还有一个原因就是，我父亲是海外归来的，在上海在中国就他一个人，他没有亲戚，这也是一个很大的原因吧，他没有亲戚孤独一个人，他要对我们施加影响也很难造什么气氛的。

张新颖：那你什么时候有点儿明确地意识到你妈妈是个作家？

王安忆：从小就知道，这好像是比较早就知道了。因为我妈妈总是在写作，写到很晚，她自称“开夜车”。那是我妈最早时候的写作，是蛮辛苦的。我父亲回上海以前，我的姐姐是跟保姆睡的，睡在一间大的房间里，我就睡在我爸爸妈妈房间里，我爸爸不在，我就和我妈妈睡的。我妈妈生活是这样，她晚上先要把我弄睡着，然后她再写东西，写到几点我就不晓得了。在我眼睛里有她一个写作的形象，她始终是在写作，至于她在哪发表呢，我也不大知道，但是听我们家保姆经常会说领稿费什么的。这个时候我爸爸已经是“右派”了，工资一下子滑到很低，我们生活还依然很好，就是靠妈妈的稿费。我们小时候生活很优裕的，都超过了一般的小康人家。

张新颖：资产阶级那时候没有什么收入，是靠以前的那个底子。

王安忆：中产阶级人家比较有积累的观念，像我爸爸妈妈则完全没有。我小时候玩具娃娃多得不得了，每个礼拜天都要到玩具公司去买玩具，吃得也很好。我姐姐学校老师都很敬仰母亲，家访时对我母亲很尊敬，这些也让我知道妈妈是个作家。

张新颖：你刚才说你母亲不喜欢你们学艺术，那么写作呢？

王安忆：更加不鼓励了。

张新颖：那你大约什么时候开始有这样一个写作的意识？

王安忆：我从小作文就蛮好的，我觉得我们那个老师也有点儿看我妈妈面子，经常把我的作文贴出去叫我朗读啊，就是挺纵容我那方面的发挥的。但是我自己也没有想过要从事写作。

张新颖：这个念头要到什么时候才有？

王安忆：要到"文革"以后了。

张新颖：到"文革"以后？下乡之前还是……

王安忆：下乡的时候是考虑生存大计，谈不上为前途作设想。但是我向来喜欢文学，从小就很喜欢看书，家里边书也很多，所以我很小的时候就在看一些所谓小孩子不宜看的书。

张新颖：那么你小时候看过你妈妈的东西没有？

王安忆：看过的，我妈写的东西也不多嘛，就有那么几篇。我妈还会和我讲述，有些记忆还是很清楚的。有一次我和我姐姐两个人在玩，把家里搞得很脏，搞得很乱，母亲忽然走出小房间说，你看你们搞成什么样子，然后就坐下来给我们讲了一段故事。这段故事就是我妈的《如愿》里边的一段，奶奶去做工，将小孩子留在房间里边……后来着火了，就是这么一个故事。我当时印象很深刻，因为我觉得突然之间母亲给我们讲了个故事，没什么来由的。我妈妈的写作在我们生活当中还是有占位的，还是占去了很多的注意力的。我记得有一天晚上我妈还给我们讲个故事，就是《逝去的夜》。《逝去的夜》是母亲写孤儿院的小说。这时候可能她已经写好了，写得挺满意，因为她的讲述很完整。讲完之后，记得我姐姐哭了，我姐姐是个很会哭的人，我也觉得蛮凄惨的，很压抑的一个故事。我妈经常会把她正在写或者完成了的一些东西讲出来，她会讲的。

张新颖：她讲的时候其实你们不知道是她写的？

王安忆：也知道也不知道，但是会觉得是个修饰过的东西，是个故事，并不是真实的事情。我还有一个印象就是小时候跟我母亲到作家协会去，有一个人，好像就是吴强，我妈妈就和吴强谈小说，谈《阿舒》，或者《第二步》，反正是一个叫“阿舒”的姑娘，谈到一些细节，我在旁边听。你要说我有一点特别的地方，就是我会对这些细节记忆清楚，我觉得作家可能都是记忆力好得要命的人，我至今记得很清楚她和吴强在谈她的写作，吴强显然在指导我母亲，谈得很具体，有一些场景，我记得就是谈“阿舒”。这印象很鲜明，尽管不怎么连贯，小时候的印象都是很片断的。

张新颖：对，一定不完整。

王安忆：都是非常片断的东西。记得有一年过年的时候，我妈妈带我去看一个人。那时候，弟弟还没生出来，我就算是家中最小的孩子，妈妈常常带我在身边。大年初一的早上，这个印象非常深刻，非常压抑的印象，那人还没起来，太阳已经老高了，我们都出来玩了，他还躺在床上，而且好像很苦恼的样子。我妈妈去看他，他呢也并没有高兴的表现，就爬起来坐在床沿。哎呀，我觉得这个人看起来又苦闷又颓废，一个老人，他看到我，从盘子里面抓了几颗糖塞在我的口袋里，我觉得很高兴，因为我妈妈通常只是给我们两颗糖，他给了我三颗，我觉得非常富足。于是，这老人不开心的样子，就进入记忆。而我妈妈又不愿和我讨论这次造访，甚至不许我说我们到过他家，好像他当时有什么问题，再加上得了三颗糖的欣喜，印象非常混杂的。

三　父亲

张新颖：因为你妈妈是一个作家，而且你写过好几篇关于她的文章，一般来说，关于你妈妈的印象大家比较清楚；关于你爸爸就不太清楚了。

王安忆：我爸爸是比较模糊了。

张新颖：多谈谈你爸爸吧。

王安忆：我觉得我对我爸爸到现在还不了解。首先，我爸爸不像我妈妈跟小孩子那么亲密，我妈妈这个人别看她有写作的事业，可是对她来讲，第一还是孩子，孩子始终是第一位的，这个是最重要的；但我爸爸和通常的男性一样，不会把小孩子看成第一位，事实上，后来的命运证明，我爸爸比我妈妈更需要这个家庭。我觉得我们这个家庭对我母亲是个很大的拖累，如果不是为了我们这些人的话，我母亲会发展得更好，会轻松很多；我们这些人把我母亲拖累得很严重，因为我母亲非常在乎我们。我对我父亲真的是不太了解的，我记得我父亲去世以后，报纸上做过一篇文章。那篇文章是杨绍林安排的，我很感谢他。他建议通过我，来谈我的父亲。这篇文章出来以后，我父亲有个老战友，打电话给我。她说你对你父亲一点都不了解。她说你父亲当时在部队里边是——我这个说不清楚啦，总之他当时在新四军里面是一个很突出的人，艺术上很突出的，他是导演，戏剧上已经很……等于是个教导员；她就说你对你父亲根本不了解，你说的都不太对，把你父亲说低了。我的父亲，他的情形其实也不是像他们说的那么突出吧，他出生在马来亚——当时新加坡还没有独立，还没有分新加坡和马来西亚，当时都叫马来亚，他是在新加坡这一边出生的。我的曾祖母带着祖父，当时还是个孩子，跑到新加坡去的，然后有了我父亲；他是他们家的长子，长子长孙，家里面很宝贝。我父亲一向是个很娇惯的人，于是呢他不喜欢做生意，他也不喜欢劳动，他就喜欢读书，而家境却走下坡路，不可能让他一直读下去。家里面的衰落，全都是性格造成的，我祖父也是一个很挥洒的性格。所以，我父亲老是说他童年不快乐，并且以为所有的孩子都不幸福。他就喜欢戏剧，喜欢写作，我父亲他在那边就是文艺青年啦，所有的文艺青年其实都是和左翼有关系的，和抗日、革命都有关系，他就是这么一个文艺青年。他回到中国是为读国立剧专的，并不是来参加革命的。

张新颖：他大概是多少岁回到中国的？

王安忆：二十一岁回来的，应该是一九四〇年回来的。

张新颖：那你祖父是从哪里到新加坡的？

王安忆：从福建同安，祖父是跟着我的曾祖母，当时我祖父大约八九岁，像我祖父母的历史很糊涂，谁也搞不清楚，他们自己也搞不清楚。那都是一些没有历史意识的人，有些像初民，闽南那地方开发得晚。

张新颖：所以你写《纪实与虚构》就没有写父亲这一脉……

王安忆：哎，完全拉掉了。

张新颖：你只追究你母亲的历史。你父亲回来读书——其实没有读吧？

王安忆：抗日战争嘛。他也是不了解情况，他来读剧专。等他从海上漂到上海，剧专已经关门了，这我知道，他就在上海流浪吧。这个时候他还靠家里接济，全部生活费靠我祖父邮寄，一直到太平洋战争爆发，这就是我爸爸进步的成本吧！战争爆发后，一个很大的问题就是邮路断了，我爸爸就没有接济了，没有接济怎么办，结果他的那些老师就介绍他去苏北根据地。

张新颖：他的老师？

王安忆：他的老师其实都是地下党，最早的时候戏剧文学全都是革命的产物。那么就去了苏北根据地。他也蛮惨的，每次精兵简政总是简到他，可能如我父亲这样的来历总不是最可靠的革命力量吧，他被"简"回来，回到上海漂泊一段，然后再接上关系跑到根据地去。

张新颖：那你父母是什么时候认识的？

王安忆：就在这个时期认识的。

张新颖：苏北认识的？

王安忆：就是这个时期，在文工团里，我妈妈是团员，我爸爸是导演，还是什么主任，反正他衔头一大堆，真的，我不是很了解我父亲这段历史，总之他在那边挺辉煌的，一直到“反右”，一下子就落了下来。尽管如此，我爸爸还认为他人生最有价值的两件事，一是革命，二是艺术。我是一九九一年的时候第一次到新加坡，我们上海这辈人，我是第一个到新加坡去的，然后我的婶婶、姑妈就带我去祭祖，去上坟，我看到这墓碑上面刻着我的名字，当然，把我的名字刻错了，在他们脑子里面我们这一支是很重要的，我就是坟里人的后代。然后我第一次看到我的堂哥、堂姐，原先很渺茫的一个亲缘就这样到了眼前。然后他们还说奶奶——我从来没见过她，他们说奶奶特别喜欢看你们小时候的照片，一天到晚指着照片说这是谁这是谁，我的哥哥对我叙述这些情景，以及她去世的情景，那景象令人难过。对自己身世的了解好像就从那时候开始了，这好像蛮惨痛的。

张新颖：你写《伤心太平洋》和这个有关系么？

王安忆：对，有关系，所有的材料都来自那边，可以这么说。

张新颖：这个作品写得也有点儿模糊。

王安忆：因为材料有限，材料实在很有限，但情绪却格外饱满，来自新加坡之行，第一次去新加坡的感受真的是伤心。去上坟，看着我爷爷奶奶碑上的照片，我觉得他们过得不开心，不幸的表情。在热带，人会很焦躁，所有的苦痛都会变得很尖锐，炎热、生计、儿子不肖，然后日本人入侵、沦陷、种族矛盾，这个国家真是苦难重重，所以别人都骂李光耀，我就觉得李光耀伟大，很多人不喜欢李光耀，觉得他专权，铁腕，你想生存危机这么严重，他怎么能不紧张，别的少说，首先要保住生命，保住生存。

张新颖：我看到你对新加坡有一个说法很有意思，你说这个国家是按照理性设计出来的。

王安忆：有一个小说叫《一家之主》。

张新颖：呃，我明白了。

王安忆：我觉得新加坡的繁荣与发展是以一种丧失为代价的，就是诗意的性格——它以丧失诗意为代价，这么小一个地方，处境那么复杂，它必须要理性，不理性没办法。这地方我觉得很悲壮的，你想，中国的华侨尤其往南洋这边去的那么多，财富积累起来了，政治上却没有地位，都是土著统治。只有一个地方是华人掌握了政权，就是新加坡。所有的东南亚地方，菲律宾也好，马来西亚也好，华人都是很有钱的人，可是都没有地位的，就是因为中国人不关心政治。但是李光耀这样的政治家，是和我爸爸这类人天生有抵触的，我爸爸这类人肯定不可能在那种严格的秩序下存身，所以我爸爸是一定要跑出来的，他不跑回中国，也会钻进丛林参加共产党，别无出路。我那些表哥讲话也很随便，他说你爸爸要在新加坡的话，老早就被李光耀枪毙了。但是我还是觉得李光耀了不起。我的背景很复杂哦，只是在我的身上没什么体现，因为它不可能同时地集中地展现。我的大表哥喝醉了酒曾经说过这样的话，我也觉得有一定道理，大表哥说你妈妈血统比你爸爸高贵，因为你妈妈是浙江绍兴那边的人，你爸爸是福建那边的人，从人种学上讲，浙江文明的历史长。

张新颖：你不是追究你妈妈的血统追究到少数民族吗？

王安忆：这是瞎追究，想象和虚构的。中国的人口南北的迁徙特别多，怎么可能期待一个种族姓氏保持不变？

张新颖：你用力追究你妈妈的血统，可是我觉得，你父亲的血统里面可能有很多很有意思的东西。

王安忆：我父亲这个血统呢不像我妈妈这边进入文明史比较早，记载就很少。

张新颖：他一开始那个地方算客家吗？

王安忆：有人说我们家是客家，但是他们并不承认，我父亲没什么历史兴趣，他那边的亲戚么，他们都是做生意的人。你要说他们是客家人他们还不高兴，因为客家人社会阶层比较低。搞不清楚，这事你去问谁，谁都不能回答你。他们都是那种人，我觉得我爸爸他们家亲戚全都是那种没有历史自觉性的。

张新颖：如果他这个家族一直在福建同安，其实从写作上讲可能是没多大意思的，偏偏你祖父又到了南洋，然后你父亲又回来，这个里边应该是有很多可以挖掘的。

王安忆：回来的人很多的。华侨，尤其是青年，都向往内地。我父亲也经常讲，他和他们家人在一起从来不开心的，他们家亲戚老喜欢到上海来看他，一般接待全部都是我们这些人承担，我爸爸不太喜欢和他们在一起。我父亲经常讲他一辈子就两件事情，一个革命，一个艺术，这两件事情和他们在一起都变得没有价值了，因为他们都是那种做生意的人。

张新颖：你父亲就是那种文学青年。

王安忆：这个文学青年一直延续到他老年，我觉得他到老还是文学青年，好像没有再发展过，始终是文学青年，到老也是。

张新颖：那你父亲平常也不大给你们讲他的经历？

王安忆：上岁数以后他很爱讲了，兴奋起来他会讲，但他的那些讲述前后不着边际的，系列性比较差，有的时候听不懂，他在军队里面这一段，你看我就不大清楚。

张新颖：他是老了以后才跟你们讲经历？

王安忆：对呀，这就是他的一个问题呀，他好像就不屑于和小孩子多说话的，不像我母亲。我父亲到老的时候才想起我们，可这时候我们又大了，我们又不屑于和他说话了。这个父辈与子辈之间的感情吧，是从小生就的。

张新颖：这有个男人和女人的差别，母亲就是要跟孩子亲近一点。可能很多的父亲都有点像你父亲那个样子。

王安忆：其中有一个本质的区别，像我母亲是一个特别喜欢孩子的人，而我父亲年轻时是不要孩子的，我父亲自己是个孩子，他像长不大，他是个不要孩子的人，到老年的时候对我们也不是对孩子的喜欢，他对子女的需要是出于一种安全感。他不像我母亲，我母亲就是特别爱孩子。

张新颖：那你父亲就是一九六一年回上海。

王安忆：他不是回上海，他是到上海，应该说他是终于正式定居上海。

张新颖：到上海算是从部队复员了呢，还是……

王安忆：不是复员，他已经被开除军籍了，他是——一九五八年被开除军籍的吧，你看我对他的历史都不大清楚，看他的生平吧，他有简历，这段历史也被抹杀了……我爸爸入党也很晚，他一九四五年才入党，他担任过文化教员、戏剧部主任、副团长，这时他还没入党呢。然后又在华东军区政治部文艺科任文艺干事和创作研究员，后来又做了华东军区政治部剧院的戏剧部主任，然后担任总政驻南京话剧团导演……这就到了一九五八年，这段时间就给他们跳过去了。一九五九年到一九六二年，他是一个“右派”。我爸爸其实命还蛮好，开除军籍以后，他就到江苏电影制片厂、江苏话剧团，还是做编导，从事自己的专业，一九六二年到上海，你看我都记错了，一九六二年到上海，那我已经两年级了。

张新颖：到上海到哪里呢？

王安忆：人民艺术剧院。

张新颖：然后就一直就没有变？

王安忆：一直都没有变，我爸爸始终在导演的岗位上面。你看，他哪一年被打成“右派”我心里还不大清楚，应该是一九五八年吧。

张新颖：你父母去世的时间，相隔五年？

王安忆：我母亲是一九九八年十月份，我父亲是二〇〇三年三月份。

张新颖：你父母的去世……会不会给你一种突然的冲击——不是说人去世突然，而是对你自己来说，会不会产生出一些以前没有意识到的东西？

王安忆：我觉得我父亲的去世吧，好像对我的影响还不是那么转折性的；我母亲去世对于我，就是突然间生起了一种欲望，开始觉得应该好好认识自己母亲，非常强烈的。虽然我父亲最喜欢我，可是好像我和我母亲还是更近，这和从小家庭生活有关，我父亲就是一个好像游离在家庭生活以外的人。

张新颖：关于你母亲的几篇文章，都是你在母亲去世以后写的。

王安忆：都是，为我母亲的日记介绍情景，我整理她一段日记，就写一篇文章，使人们更了解她这段时间的状况。有时候我会想，像我爸爸妈妈这两人怎么会走到一起来的呢，他们很不相像，很不像。

张新颖：你母亲更厉害一点儿。

王安忆：也不是，像我母亲很负责的，我母亲是个非常负责任的人，我觉得像我母亲碰到我父亲这样的吧，很辛苦的。他就像我母亲另一个孩子，而且永远不会长大，不会改变。

张新颖：你父亲太艺术化了。

王安忆：我觉得我父亲因为从小在南洋生活，远离中国伦理文化，他倒真是蛮客家人的，就是男人什么都不管的，什么工作都交给女人，这点上他称得上客家人；还有就是跟我父亲在家里的地位有关系，他长子么，特别的娇宠，娇宠到什么程度呢？就是说爷爷奶奶都觉得自己是很命贱的，不配做他的父母，所以说不许他叫他们爸爸妈妈，要叫他们叔叔婶婶的，我爸爸就是这样一个环境中长大的，这使他性格变得更加任性。我觉得他又很像我的爷爷，其实我并没有见过我爷爷，据说也是一个率性的人。种种这些都造成他对家庭缺乏耐心和兴趣，其实到后来最最需要家庭的就是他，要是没有家庭的话他都没地方去了。当年“右派”都很不幸，但是我爸爸还行，他是一个享福的人呵，是很享福的人，你看同样是“右派”，别人吃那么多苦，妻离子散；不能说他没吃苦，吃苦了是吃苦了，但是吃得实在不太多。

张新颖：这可能跟你妈妈有点关系吧。

王安忆：没有，那时我妈还没写出来，我妈是他被打成“右派”以后才写出道的。要说有，就是母亲维持了一个完好的家庭，给了父亲后盾。好像也有命的，我母亲曾经在绍兴找乡下人算命，乡下人算命算得蛮准的；他给我父亲算命说，他挺有福分，某些遭际在别人的话都能上吊，可是他，优哉游哉的；作为我妈妈来讲，我觉得她对付我们一家人蛮辛苦的，不像我父亲那样潇洒。其实我父亲比我母亲大六岁，但给我妈妈算命的人说，“你的丈夫啊就像你的儿子”，我觉得算得也很准。

张新颖：你父亲被打成“右派”以后，给你妈妈压力很大。

王安忆：可以想象我妈妈压力很大，那时候这种事情是相当严重的，组织上还要找我妈妈谈话什么的。

张新颖：那个时候你们不太知道这个事？

王安忆：都不知道，我妈没告诉我们。后来紧接着我妈就开始写作，所以家里面生活水平也没有怎么降低，我爸爸薪水顿减，他的处境有很大改变，可事实上我们生活还是蛮优越的。

张新颖：那个时候稿费比较值钱。

王安忆：母亲有稿费收入。我们家，你知道也没什么积累的概念，我们家里面用钱就是乱用。像我妈那人也很奇怪，她在政治比较平稳的时代就后悔，说我们应该买点红木家具呀什么；等政治运动一来立刻释然，说幸亏我们都吃到肚子里去了，万分庆幸，要是置办了东西，还不是抄家抄掉，还吃批判。我妈好会花钱啊，我和我姐姐小时候一人一套连衣裙每套就是十块——当时十块钱什么概念？"文革"时候就有人贴我妈妈大字报，说我妈妈把两个女儿打扮得不像中国人。我妈很喜欢孩子。

四　“文革”期间的阅读

张新颖：我看你那篇《隐居的时代》，里面谈到“文革”当中的阅读，我觉得这个写得蛮有意思的。

王安忆：那都是发生在我们当时生活里的情形。

张新颖：我们通常会很简单地以为，“文革”当中没有书好读，大家就好像没有读书一样。

王安忆：我跟你说就是杂。没有教育，没有老师，没有文化设施，却什么书都有，都能到手，因为没有管辖。图书馆都已经漫无秩序，谁都可以跑进去拿两本书出来，书就在社会上乱七八糟地通行着。我觉得那时候的人比现在的人生活得文学，比现在的人生活得有文学性。没有别的娱乐，就看书，拿到一本书很宝贝的，看得倒背如流。

张新颖：看的都是什么书呢？

王安忆：我的整个古典文学的阅读都是在那时候完成的，比如说托尔斯泰、屠格涅夫。屠格涅夫的东西在那个时代看，是特别的养料。

张新颖：正好和那个时代背景特别不一样。

王安忆：可是和青春期是有关系的，我觉得在那一阶段给我印象最深的，一个是屠格涅夫，另一个是托尔斯泰。高尔基的东西吧，太沉重，因为高尔基的东西和我们的特别像，就是你会觉得，哎呀，这个“人间”是一样的；而屠格涅夫的东西很诗意的，是很诗意的，你会觉得精神上有个逃避的地方。

张新颖：那个时候主要看的是十九世纪的经典作家？

王安忆：经典的，经典作家。

张新颖：其他的呢？

王安忆：我一向喜欢看翻译过来的西方小说，但是那些男孩子他们喜欢看《三国演义》《水浒传》《儿女英雄传》什么的，我是比较倾向西方译作，普希金的全部译作那时候全部看完了，都不知道是哪来的这些书，破破烂烂缺章少页，但一点都不缺书。

张新颖：这不是从你自己家里找出来的？

王安忆：很多书不是家里的。自己家里边的书已经给我妈妈卖了好多。

好像那时候真的是不缺书。还有《约翰·克里斯朵夫》，也是那个时候看的。托尔斯泰就是那个时候看的，陀思妥耶夫斯基也是那时候看的。大仲马、小仲马也是那时候看的。还看那个《月亮宝石》，这样惊险的神秘的东西；福尔摩斯也都看的，这是很好的书，非常有趣味。

张新颖：就那个时候的阅读，你说的是你个人的情况，还是一个带有点普遍性的知青的情况？

王安忆：我觉得是相当普遍的，那时候凡是青年都是苦闷的；凡是苦闷的人，他只有看书。我就觉得我们那个时候的生活比现在更加有文学性。无论具备何种才能的人，比如科学、技术、体育、绘画，他们怎么处理他们的苦闷？还是看书，看文学书，所有的有志向的人，哪怕志向是和文学背离的，满足自己情感，宣泄自己情感，还是看书，看小说。不像现在，现在的文学职业化了，只有职业里的人才和文学有关；他如果是搞理工的，就完全和文学不沾边了。

张新颖：现在人看书没有那个激情了。

王安忆：阅读吧，是个习惯，我觉得如果你在二十岁以前没养成这个习惯，你在二十岁以后真的是很难培养起来了。我们已经是一种生活习惯，我到一个地方去，如果没有些文字可以让我入目的话，就觉得日子很难熬很难熬的。年前，我到日本访问，带去的书都看完了，就到处找能够读的，找到些哪里有吃东西的，哪里有玩的英文的导游的宣传品，看看也好，看到后来连这个也看完了。我觉得没有可以进入视野的文字，就很苦闷，真的很苦恼，这是一种习惯。

张新颖：你出去旅行的时候，到国外去时间稍微长一点，都带书？

王安忆：我都带书。

张新颖：带很多？

王安忆：那么我就要选择，一般带比较难读的，什么《五代诗话》啊，或者明清小品啊，就是读一些不能顺畅阅读的东西，可以维持较长时间。这次去日本就是吃了一个亏，我到那边去要和渡边淳一对话么，我想他的东西我一点都没看过，那我就是带了本他的书，他的书看起来很快，半天就看完了，那么就没书了，这很苦恼。

张新颖：怎么会和渡边淳一对话？

王安忆：对方安排的，因为他们觉得渡边淳一在中国挺有影响的，同时呢，也有顾虑，好像挺不好意思的，安排一个这么pop的人跟你们对话，于是说你们有些作家要是没兴趣的话可以不来，那我说我们当然要去了，他不管怎么说是前辈了，七十多岁了。我们全体到场和他见面座谈，他也是蛮恳切的。

张新颖：但他确实是一个通俗作家。

王安忆：非常通俗，通俗到极点的一个人。但是我当时带去的一本书是他最好的书，是他写的一本传记，这本传记我觉得他写得还不错，至少让我知道了明治时候的一些情况。我当时带着这个去看，还没到日本就看完了，在北京就看完了。见到他还不错，他送给我一套《失乐园》，台湾版的《失乐园》，结果也很快看完了，因为也很容易看。我就觉得我们这些人已经变成阅读动物了，没有文字的话，就觉得惶惶不可终日，一定要找到阅读的东西才行。

张新颖：在“文革”中阅读的时候，有没有读过二十世纪的西方作品？

王安忆：读不到，那时候。

张新颖：那可能和你在安徽插队有关系。

王安忆：不是，这可能和我们当时的翻译有关系。

张新颖：好像就是北京的一些人，他们在“文革”当中，有的人说读到过一些现代主义的东西。

王安忆：是后来吧，可能是八十年代的时候。“文革”当中怎么可能有，怎么会看到？

张新颖：原来有一些叫白皮书、黄皮书的出版物。

王安忆：白皮书我也看到过，像《解冻》也有。可能我阅读的范围还是小。我不晓得他们怎么会看到，他们可能混淆了，我觉得八十年代很容易就被混淆到“文化大革命”当中去，肯定就是八十年代，这个书还是有一定限制的，没有翻译你肯定看不到的。

张新颖：翻译是有一些翻译的，但是它流传范围是很小的。

王安忆：那可能就是高干子弟。当时西方二十世纪的作品要能看到也就是苏俄的了，《多雪的冬天》什么的，还能有哪里的？

张新颖：你看像多多写了一首诗，是七几年写的，就说到茨维塔耶娃，那时候可以看到茨维塔耶娃。

王安忆：哦，她不是苏俄的么，苏俄的东西好像能看到，包括阿·托尔斯泰的东西也能看到。但欧美的几乎看不到，美国的东西比较少。

张新颖：那后来，到了“文革”结束以后，八十年代，你对二十世纪的作品阅读得多吗？

王安忆：不多，我好像在那个少年时代形成了一个阅读基础，像一个堡垒一样的，我对后来的东西有一点排斥，好像有种抵抗力了，挺奇怪的。

张新颖：我觉得这一点你和别人有点不太一样。我读西方作品当然很晚了，我八十年代中期上大学，那个时候呢就自己订一份《外国文艺》，订一份《世界文学》，订了很长时间。后来我知道，那个时候的作家，你们这个年龄的作家，很多人都在看这两个杂志，我能够从他们的作品里面看到非常清楚的影子。不是个别作家，比较普遍的。但你好像不是。

王安忆：我就觉得二十世纪的作家或者说现代派的作家，他告诉人们的都是方法，就像教科书一样。余华曾经写过一篇非常短小的文章，在一个外国文学的期刊上，他就讲到卡夫卡和托尔斯泰，他说托尔斯泰好像是一个银行，也就是说他可以是取之不尽的，可以再生的，不断不断地在繁生，而卡夫卡就只是一笔贷款。他说得很好，我很同意他的看法。我觉得二十世纪的东西大多就是方法，教给你很多方法，古典作家他给你的是教养，是整个教养，所以我现在很怕别人分析作品，拿出十八般武艺来解构，好作品不能分析的，真的就是不能分析的一些东西。其实读书就是教养的培养，教养还是得从小培养起，你大了以后水都泼不进了。现在这代作家吧，真的还是比较缺教养，这也是有的时候后劲不足的一个原因。学来的方法很快就用完了，而且你看到进来一个方法会有那么多人用，哗，都挥霍掉，再进来，再挥霍掉，挥霍得特别厉害。

五　开始写作

张新颖：你开始写作的时候，是偷偷地写，还是把你想写作的事跟母亲讲过？

王安忆：在我写作和发表作品以前，我就蛮喜欢写写画画的。我就自己瞎写。

张新颖：其实应该说对自己有一个设计了，不是很无意当中写作的。

王安忆：不是不是，没有设计。要是说看书和写作都变成我的消遣，这是肯定的。我小时候，回想起总是有很多闲暇的时光。自小我就一直在家里边，到我上五年级的时候，“文化大革命”了，又是在家里边，所以我常常是一个人独处，好像是个命，独自在家，不像我姐姐是个很活跃的人。我总是一个人在家里边，那时候我就学会用文字消遣，写日记呀，给同学写信。特别爱写信，没什么事情也写信，自己写点小文章，小时候还写诗呢。我还用白报纸自己画一幅画，然后旁边写首诗，订成一本，取名字叫《诗情画意》，我妈妈很得意的；我妈妈觉得我画画的才能比写东西好。我有个舅舅，他是搞美术的。我妈妈拿给他看，我到现在还记得他就这样看了很长时间，然后说写的比画的好，他没看画，他就看我写的那块儿。

张新颖：你后来，比如说发展到现在，不像小时候写过诗的人，就是你的气质和诗人的气质，很不一样。你好像不大喜欢诗人是不是？

王安忆：我不大喜欢诗人，因为不喜欢诗，包括我自己的诗和那时候的诗，非常新月派的那种诗吧，小孩子时候的事情了。

张新颖：其实，很多作家啊，你这一代作家也是，很多人写作是从写诗开始的。

王安忆：我没正式写过诗，像我小孩子时写诗都是自己写着玩的，而且也没写多少，写过一点点。

张新颖：那到有意识地开始写作，稍微有意识地，不仅仅把它当成一个消遣，是什么情形呢？

王安忆：其实当我有意识地去写作时都写得很糟糕的，因为当时“文化大革命”，文学只是在个人生活里，社会生活是谈不上有什么文学的生活，想发表的东西都写得很糟糕，要合乎这个时代的精神么。我也挺幸运的，刚刚写了一篇，就打倒“四人帮”了，这篇东西也不知到哪里去了。

张新颖：是小说还是散文？

王安忆：是散文，我到现在还记得叫《大理石》，文工团到一个地方去演出，那个地方是个大理石矿，有了一些心得，大理石原本是粗糙的，经过打磨以后才会有华丽的纹路和光泽，就这么个意思，写了一篇散文。我的散文，后来收入上海文艺出版社，张抗抗也参加编辑的一本知识青年散文集，现在回想起当时好多人在里边，叶辛、王小鹰、赵丽宏、孙颙、张抗抗都在里边，他们是我的“前辈”。这本书出来以后，已经是“四人帮”倒台了。于是把这本书捣成纸浆，销毁了。

张新颖：就是说你有意识的写作已经比较晚了，就是“文革”后期……

王安忆：二十岁出头，那时候。

张新颖：其实你们这一代人，很多都是“文革”后期发表作品的，七几年，和你是差不多。

王安忆：一个原因是和年龄有关系，这个年龄比较成熟了，有二十岁了吧；还有一个原因，和当时的杂志有关，有些文艺副刊、杂志出来，和这个有关系。到“文革”后期才有报纸副刊和刊物么，那时有一本文艺刊物叫《朝霞》。其实为了发表写的东西，真的不如我们自己瞎写的好，这些东西倒都是很自由的写作，写得很小资的。

张新颖：到你正式发表作品的时候，你母亲很关心你的写作吗？

王安忆：这是到一九七六年以后，我是二十二三岁，在徐州文工团，情感上经历了很多波折，我母亲就觉得我已经到这个年龄了，似乎还没有一技之长，我妈妈她很看重一技之长。

张新颖：在文工团拉琴也是一技之长啊。

王安忆：我拉琴拉得很差的，没有音乐天赋，又不喜欢。我母亲说你没有一技之长，也没有一个特别喜欢的东西，无法满足感情的需要，那么不妨就写写东西吧。其实我已经在写了，随便写，这时候我妈开始看我的东西。我写了一篇东西，我记得很清楚的，一篇散文，写得老差的，写“四人帮”打倒了，大家很开心，在一列火车上旅客的谈话啊表情啊，就这种东西。我妈说不错，然后我妈几乎把我这篇东西重写了一遍，哪里发表的都想不起来了，可能是在《新华日报》，大约一九七七年的光景；后来我又写一个散文，很小的东西，都是一千字两千字的东西，这一回我妈妈送到《光明日报》去了。我妈妈一开始很帮我的，她就觉得像我这种无着落的人，她真觉得我没着落了，那么就不妨走这条路试试吧，很难说她对我抱怎样的希望。但是我妈妈觉得我写作还可以的，我在农村的时候我妈妈很喜欢看我写回来的家信，我会在信上描述我们的生活，我很喜欢写，这是我的消遣。那时候有个事情是蛮好玩的，我插队在安徽，后来到徐州去工作了，然后不是闹地震么，唐山大地震，所以我们老是搬迁，在各种各样的防震棚之间搬迁，结果我有几本日记本丢了，这几本东西就在文工团同事中流传，变成读物了。

张新颖：你一直有写日记的习惯吧。

王安忆：不仅是写日记，还虚构，半虚构。

张新颖：那个时候就开始？

王安忆：从日记发展成小说，并不求发表，都是写给自己看的东西。那时候很多青年都喜欢这种娱乐，真的很多。

张新颖：后来是什么时候，有一段不是写过儿童文学么？

王安忆：儿童文学其实是后来，一九七八年时候，我妈妈想办法把我调回上海，就凭发表的那几篇散文，我妈妈找关系调我进中国福利会的《儿童时代》工作，经常下学校，与孩子打交道，会搜集点材料，就开始写点儿孩子的东西，但是那个获奖的《谁是未来的中队长》写的还不是当时的儿童生活，而是写我小学生活的故事，出来就得了奖。

张新颖：也就是说，写儿童文学其实是跟这个工作有关系，不是一个很自发的创作。

王安忆：不是自发的，和工作有关系，而且也觉得好像起步时写儿童文学容易成功，其实写得不多，总共加起来五篇到六篇，非常之少，因为这一篇得了全国奖，给大家有儿童文学作家的印象。反正是还蛮顺利的，现在回想似乎不大有人退我稿子，当时时代也好，有很多刊物出来，复刊或者新创，年轻的我们这一拨正在当年。所以那个所谓"八十年代后"，炒什么炒？二十多岁写作不是很正常的么？

张新颖：我们现代文学史上的作家，大多数写作都很早，二十几岁成名的很多。

王安忆：只有年轻才会想到去写作去投稿的，这是件很自然的事情，我们这批人出来都是二十多岁，铁凝啊，张炜啊，都是这个年龄；尤其是铁凝，很早就写了《夜路》，那时才刚到二十岁吧，也很好。而且这些人受教育不多，文字修养全靠读书读出来，文字出手就很老到的，不像现在小孩是考试考出来的教养，写出来的文字，一看就晓得，没读过什么书，水得要命。我的文字不算老到的，我的文字我知道，我的文字一开始是很幼稚的，慢慢慢慢才好起来的。

张新颖：好像你的文字变化比较大。

王安忆：一开始的时候很幼稚的。我的文字算是幼稚，我看铁凝的文字，陈建功的文字，一上来就非常老到，张炜的文字也蛮好的，我觉得他一上来就很抒情，很自觉的抒情。

张新颖：他到现在也很抒情。

王安忆：现在也还那样子，没什么变化。但有些人一上来就很学生腔，现在还是学生腔，就是这样。有些文字一上来就很好，一出手就很漂亮。

张新颖：我是觉得，你和你们同代的很多人比起来，有个比较大的不一样，就是，很多人有一些定型的东西，它能够延续，一直这个样子；但是好像你变化比较大。

王安忆：我自己当然不能这么说自己，只是我觉得我和他们比较起来大概有一点不一样，我自己觉得我比他们喜欢写。我觉得他们有的时候真的并不怎么喜欢写，我不晓得你们能看出来吧，一篇东西他自己都没什么兴趣写，好像是为了完成一个使命那样地写。我感到我喜欢写，别的我就没觉得我和他们有什么不同，就这点不同；写作是一种乐趣，我是从小就觉得写作是种乐趣，没有改变。但是没想到后来会有那么多现实的好处，想不到会得那么多好处。它甚至改变了我的命运。怎么讲，写作了，然后写作又得到认可了，人还是需要价值感，被认识了的那种感觉，就觉得真的很快乐，心情好很多。我整个“文化大革命”时期都过得非常不开心，我小时候很开心的，小时候我总是觉得很快乐。

张新颖：那就写了这么长时间啊，应该说比较正式的能有二十多年，快三十年的样子。

王安忆：不到三十年，正式写作应该是从二十四岁至二十六岁起吧，已经快三十年了。

张新颖：在这么长时间里，有的时候会不会突然觉得很怀疑，就是我干吗要写？我写这个东西有没有什么意义？就突然会很沮丧，很怀疑这种写作生活？

王安忆：从来没有过，所以我觉得我大概是命好，我的东西始终是能够发表，有人说好，是一种很现实的鼓励，你没有这个鼓励的话，也很难支撑的，还有我真的很喜欢写，很有乐趣。

张新颖：我觉得你的性格是比较坚定的那种性格，好像对自己认准的事情就……

王安忆：可是我是在很长的茫然当中才认准这件事情的呀，在你们认识我之前，我就有很长时间不晓得自己应该干什么，就我妈妈晓得我那段日子过得很苦闷的。

张新颖：你是不是A型血？

王安忆：A型。

张新颖：我乱说，A型血的人对自己做的事情不太怀疑，做一个事情很坚定，然后就可以做出很多的成绩来。

王安忆：那我也有很多A型的朋友，他们或者是画画，或者是干什么，他们老是怀疑自己，真的很怀疑自己。

张新颖：那就不讲血型吧，就只讲性格。我觉得人的性格真是很不一样，我看你的作品，就觉得你是性格很坚定的人。性格不坚定的话，就有很多事情没法做，比如说写长篇小说，写长篇小说的人一定要对语言有一个信任感，如果不相信自己的语言的话，像写长篇小说这样一个漫长的过程就肯定做不完。

王安忆：写长篇最需要的是耐心，还有，依然是乐趣，对这工作的兴趣，所以才会日复一日地坚持下来。单凭坚定是不够的，我跟你说我以前在文工团的时候练琴，我也练得很用功的，终究练不出来，原因之一就是不喜欢，你知道的。这不喜欢也许就和不能胜任有关，不能胜任是令人苦恼的，因为没有才能，还是有才能问题。

张新颖：一个是才能问题，但是我觉得还有一个相信的问题，就是你相信自己的语言，相信这个语言能够创造出，比如说一个世界。

王安忆：你要说这个“相信”的话，你非要说这个的话呢，那是在很后面发生的事情，而且恐怕到现在才发生。

张新颖：就说现在吧。

王安忆：一开始是谈不上信任不信任的，我现在看我早期的作品，几乎完全不考虑表达的问题，就是要把自己的话说出来，把自己的话都说出来，要把事情一股脑地说出来，就这样，在我最初写作时候根本不去想文字是怎么回事情。

张新颖：那我觉得发展到现在就特别好，就是，相信的人会做出很多事，不相信的人做事情可能就做不出来。

王安忆：那是后来，就慢慢地有了自觉性，以你的方式说，就是有了自信，然后慢慢地进取了。所以说人的成功还是很重要的，如果看不见自己成功是蛮苦恼的，像梵高那样。我现在不能说非常成功，但不管怎么说在今天社会里还是得到承认的，这是给我欣喜的。我在想，如果我的东西永远只能放在抽屉里，或者只给几个好朋友看的话，我恐怕状态就不是这个样子。你们现在看到我已经肯定了——我像是在做一个作家，已经很肯定了，在这之前我有过很多彷徨岁月。

张新颖：彷徨也就是二十岁。

王安忆：这已经很长了，一个人的彷徨，五年已经很辛苦了。二十岁也不止，一直到“文化大革命”以后，二十二岁以后——

张新颖：二十二岁以后你就不怎么彷徨了，如果这样讲，你是一个很幸福的人。

王安忆：回想起来算是很幸福，但是青春时候，青春期真的是很苦闷的。

张新颖：青春期苦闷都苦闷呀，青春期不会就你一个人苦闷的，所有的人大概青春期都很苦闷。

王安忆：也不，我听北大荒的知青他们在谈青春时代，他们的情绪很明朗，我觉得他们北大荒有一种气氛，它是一种比较激昂的气氛。

张新颖：比较浪漫。

王安忆：浪漫气质，他们这些人在一起很开心的，我有好多朋友，陆星儿啊，何志云啊，蒋原伦啊，他们以前都是一个连部团部的，他们谈到青春期可不像我这么苦闷。他们完全是大时代里的青春，领略了时代的宏伟精神，而我在个人的小圈子里，和我生存的环境有关系，我插队到安徽是一个人，我老是处于一个个人化的处境里边，安徽又是那么一个地方；而他们是集体性的，北大荒也是集体性的气质。

张新颖：人家北大荒是农场啊，是连队啊，是年轻人住在一块儿。

王安忆：我们插队——尤其是我——就一个人，在陌生的村庄和农人中间。我觉得青春期不全是苦闷的，“文革”当中有很多人过得很快乐。

六　职业化的状态

张新颖：不管怎么说，从一开始写作，就基本上比较简单，我觉得这样对一个人来说是幸福的。幸福不是说你世俗成功不成功，而是说你就定下心来做这样一件事情了。

王安忆：从这一点说是的，怎么讲？我是一个在二十多岁的时候生活就已经定局的人，第一个是结婚了，婚姻是很重要的，还有一个是写作，生活和事业都已经找到了归宿。回忆起来，在此之前很折腾，真的很折腾的。人在彷徨和苦闷的时候，往往到情感里边找出路去，情感是没有出路的，这点我很清楚，不会得到真正的满足。我在想，如果我没有写小说，仅仅是结了婚的话，我的婚姻生活也不会幸福的。但是如果光写小说没有婚姻生活也不行，因为写小说太寂寞了，没有婚姻是不行的，这点上我觉得我还是好命，很好命，就是在差不多时候都完成了，就开始好好地写东西，好好地生活。

张新颖：你结婚是哪一年？

王安忆：我结婚是一九八一年初，二十七岁，还不到二十七岁，在当时还算是晚婚的了，今天去看算是比较正常，那时却是相当晚的了。

张新颖：二十七岁其实也不算晚。

王安忆：但那个时候算晚婚了，这我觉得和环境有关系，我们团的人都是蛮早婚的，文工团的人都早婚的，心理上会有压迫感，就觉得该结婚了该结婚了。写作生活是非常内心化的，很内在的生活，需要有一些外部的生活平衡，而婚姻是比较安全又切实的外部生活，它可以让你经受寂寞。

张新颖：结婚之后基本上生活定型了，现在回过头去看，好像基本上是一个与社会有点儿脱离的生活。

王安忆：好像就是有这种感觉，停滞了，就好像所有的经验都停滞了，你人生的经验在一个停滞的状态里面，这也促使我写作必须要把出发点改变，把写作性质也改变。因为在这之前都是在宣泄自己的经验，在表现自己的经验。当然会有不同的情况，如果一个人二十七岁还在继续谈恋爱，或者还在继续找工作，找出路，那你的经验还在不断增长，而我这两件事情都已经完成了。

张新颖：然后就是这个专业作家的生活。

王安忆：差不多，虽然没有完全做专业作家，都断断续续请创作假，开始进入职业化的状态，这是一个转折。

张新颖：你后来的变化其实是蛮自觉的。

王安忆：好像不是自觉，而是说迫不得已，如果你要继续写下去，你就得把你写作的出发点改变，也不是说你去改变，是它自己会转变。我为什么说我这两件事情都差不多完成了呢？婚姻的事比较好解释，而我又如何能肯定写作是一件无疑问的事实了？那是因为我的写作，得到一种认可，也就是二十六七岁，一九八〇年到文学讲习所，学习半年，接着我就出了第一本书。

张新颖：那后来就是得全国奖么？

王安忆：哎，那时候我是频频得奖。

张新颖：那个时候得一次全国奖就出名了。

王安忆：我是没得奖以前就出名了，出版社出我的书就不犹豫了，几乎没有退过稿；可能多少也看我妈妈面子，照顾我。

张新颖：刚才你这个话讲得蛮直率，就是经验停滞了，促使在写作上变化，那这个东西，会带来什么样的效果？因为我们谈文学的时候，老是强调它跟经验的联系。

王安忆：对。

张新颖：这样一种职业化的写作对创作本身来说，会怎么样呢？

王安忆：有好有不好。我觉得西方作家有一种本能，就是说他是把自己和创作物分开的，比如詹姆斯·乔伊斯，你看他自己的生活非常惨的，是很坎坷的，可他写的又是什么？都柏林，都柏林人，那样心怀仁慈，力求公正地批判，好像和他的生活以及生活的焦虑是无关的，他没有把他生活当中这些东西往里填充。我觉得他们创造他者，与自己总分得很开；但我们中国作家喜欢搅在一起，自己的经验会立刻变成自己的作品，就是写自己。他们好像分得很清，我是我，他是他，我创作的东西和我的关系是脱离的，最终是脱离的，那才是艺术的存在。

张新颖：有没有可能他个人经验不是很直接地到了那里面，而是以变形的方式到了创作里面。

王安忆：这些都有可能，这些都是方法，但最根本的是他要创造一个东西，一个创造物，创造的欲望是根本的出发点，不像我们中国人，弹首曲子啊，画一幅画啊，写一首诗啊，是要抒发我的心情。

张新颖：和个人比较直接地连在一块。像你这种说法很有可能……

王安忆：遭到攻击？

张新颖：比如说现在的年轻人他也这样说啊，当然用的词汇跟你不一样。

王安忆：我觉得现在年轻人恰恰就是我刚才说的那种，他们今天做什么事情明天就在小说里边表现出来。

张新颖：比如说也有一种攻击现在年轻人的攻击法，就是你们没什么经验，你们写什么东西？那他说写作这东西干吗要经验？我写作是可以和生活经验分开来的。

王安忆：我没现场听过他们的争论，但是我觉得事实上争论的都不是地方。问题不在这，我觉得他们太快地把经验变成文字，你看和老师吵两句嘴就写下来，喝点东西也写下来，太快地就变成文字，没有经过创造。

张新颖：那你说这个创造从哪里来？

王安忆：这个事情要讲清楚，太复杂了，我经常说其实艺术家同时就是工匠，我觉得我们的艺术家里边没有工匠，也可能是社会分工之后出现的问题，人们普遍觉得工匠太低级了，其实艺术家都是工匠，都是做活。

张新颖：这一点可能也并不容易得到赞同。

王安忆：我觉得很需要解释这个东西。

张新颖：我们很容易把艺术家想象成天才，我们愿意讲这个东西是什么神来之笔啊，讲无迹可求啊；而工匠就不是这样了，如果我是一个工匠，我一定是，比如说有一定的程序，我要技术熟练，等等。

王安忆：我就觉得工匠他做东西和自己特别没关系，他很肯定，我就是要做一个椅子，艺术家从来不说我要做一个什么东西，而是要强调他的心灵受着什么样的思想迫使。工匠就是要做一个东西，这个东西好像和他自身没什么关系的，可是一旦他用手在做的话，他的感情，他的情绪，肯定会流露在这个椅子上边，但他做的时候并没有这个自觉性。我二○○二年去日本的时候，拜访著名日本文化学者加藤周一，我觉得这个老先生很了不起，他跟我做了一次谈话，两三个小时的谈话，有一个观点我觉得特别好，他说古代的艺术家——在十四世纪以前，那个时候的艺术家，他说，他们做东西从来没有想过我要表现我的个人风格，他只是要做一个活计，可他的个人风格却形成了；今天的艺术家都知道我要表现我的个人风格，最后风格却没有了，没有风格。

张新颖：今天这个观念是从浪漫主义来的。为什么这样说呢？我觉得这里有一个非常有意思的问题。我们现在的文学创作，它有一个作者的观念，作者其实是个很重要的东西了；但是在浪漫主义以前，作者不是这么突出地重要。比如说我们说《巴黎圣母院》的作者是雨果，《荷马史诗》的作者是荷马，这个是两个概念：虽然我们说《荷马史诗》的作者是荷马，也用作者的概念，但其实他和作品的关系与雨果和《巴黎圣母院》的关系是两回事。到浪漫主义那里，它开始强调文学是个人心灵的东西，文学是个人的东西，个人心灵是无限丰富的，这个无限丰富的心灵可以创造出文学，创造出高于现实生活的一个世界——就是说文学的源泉可以在个人心里面，而个人是独特的，是唯一的，你为什么要创造文学？就是你要表现独特的唯一的世界，把你独特的唯一的那个东西表现出来，虽然不一定是很完整很完美的，但是和别人不一样，然后会把这个和别人不一样的东西推崇到非常高的地步，把独特性强调到非常高的地步。再后来，现代主义虽然反浪漫主义，但是把这一点更往前推了。浪漫主义以前的文学，还不要说荷马，荷马当然太早了，古典主义时代的作品，还是强调作品应当合乎这样的规律，那样的尺度，这是很重要的，合乎规律和尺度是很重要的，但后来都被打破了。

王安忆：那我觉得这里边有个背景，浪漫主义，它是有个什么背景？有个精英的背景。今天是民主社会了，每个个人都是有价值的，精英平均分配化整为零。这点上我还要倒退回去一些，我倾向古典主义。

张新颖：实际上我是觉得作者这个概念到今天变得有些狭隘，为什么有点儿狭隘呢？就是你一直强调他的独特的唯一的那个东西，其实人和人之间……

王安忆：没什么独特的，都差不多。

张新颖：共通的部分远远要大于独特的部分。

王安忆：只有什么人才会独特？就是英雄。只可能一种人是独特，就是精英呀。

张新颖：我想作者概念的对独特部分的强调，可能使我们的文学领域变得狭隘。

王安忆：狭窄。

张新颖：就视野变得狭隘。为什么我们看以前的经典作品有那样宽广的视野，我觉得跟作者的概念是有关系的。

王安忆：我还是强调这个老先生说的话，我的意思是说，当你去做这件东西的时候，你无意表现自己，反而会留下个人风格，所以我就觉得艺术家应该是个工匠，千万不要觉得工匠是贬低的意思。这个老先生他还讲了一点，他说在中世纪的时候艺术是表现他者的，就是神，而今天，民主的社会，艺术者没有他者了，只余下自我。但是他说其实有过一个机会，当然这个机会对不对我们再讨论，那就是苏俄的文学，苏联的文学，社会主义文学，这个时候出现了一个工人阶级，又开始有一个为他者的价值观念，他意思是说写作者，有一个和他者的关系。这就是我所要强调的。

张新颖：他者？

王安忆：他者就是创造对象，我要创造一样东西，那东西和我主观的东西不是有直接关系的。我觉得我们现在实在与自己拉得太近，比如说我今天不高兴，那我就要表达一下我的不高兴，主观性太强。

张新颖：那个主观其实是很小的。

王安忆：资源很少的。

张新颖：又是一个人的，个人的。

王安忆：资源非常少的，而且现代社会吧，资讯那么发达，每个个人都受到那么多集体暗示，还有什么个别的性质，除非一个人有特异的禀赋，这个特异的禀赋真的很难产生，我觉得现代出现精英的可能性越来越小。一个人只有在和外界不怎么接触的环境下才能发展自己的个性，接触的面太大就合流了。现在的时代是越来越单一了。

张新颖：那现在就是说——这几年不是一直有对你作品的批评嘛，可能跟这个有关系，可能你的观念和我们通常的那个观念有抵触。

王安忆：也不是，老实说，虽然有很多批评我的文章，可我没看出他们批评我什么了，我觉得他们观念很不鲜明，这个说这个，那个说那个，他们的意见放在一起又有点矛盾，我也没好好整理过。还有一个很明显的印象就是，现在批评者对作品评介的方法是不如陈思和他们一批的，我觉得那个时候的人都有一种阅读经验，他可能写你的批评只是一篇读后感，只是一篇心得，可它也是从阅读出发而不是从概念出发的。所以我觉得还是要有阅读经验，现在绝大部分人丧失了这种经验。

张新颖：你经常强调逻辑啊，推理啊，你这样强调会让人觉得特别不文学。

王安忆：可是你想怎么能没有逻辑呢？因为你写的就是生活么，至少在表面上要相似生活，生活的逻辑是很强大严密的，你必须掌握了逻辑才可能表现生活的演进。逻辑很重要的，做起来很辛苦，做起来真的很辛苦。为什么要这样写，而不是那样写？事情为什么这样发生，而不是那样发生？你要不断地问自己为什么，这是很严格的事情。这就是小说的想象力，它必须遵守生活的纪律，按着纪律推进，推到多远就看你的想象力的能量。什么都有逻辑，有些逻辑是显性的，有些逻辑是隐性的，我觉得绘画是比较显性的，你一眼就看出来对不对，比例、透视、平衡、谐调你一眼就能看出来，它是比较显性的；音乐比较抽象，但它的逻辑性显而易见，说得简单，就是顺不顺，有些歌就是不顺的，很不顺，好的歌曲，一句一句很顺的，有了上一句，下一句自然来了，这就是逻辑。

张新颖：从赵元任那个时代，他就说流行歌曲写得怎么怎么不对了。

王安忆：他很有研究的。每一样东西都有逻辑的。你说逻辑从哪里来？我们讲显性的绘画，画的人体比例，就按照事实上的人体，就是说你承认人体的合理性。我现在要求的逻辑，是从现实生活摹写过来的，我们也相信和承认它是合理的，这就是一个前提。

张新颖：你这种态度蛮少见的，以科学的态度对待文学，而且是那种经典科学的态度，还不是现代人的、后来的科学的态度。

王安忆：其实那些古典作家，他们都是很注意事实的。

张新颖：对，古典作家是很汼意的。

王安忆：我觉得我们现代人都有点瞎来，因为要偷懒，所以给自己找这些新观念作借口，免去思想的劳作。比如说像《富萍》里面，奶奶和木匠戚师傅两个人有了孩子，怎么处理这个孩子，最最简单就是把它打掉，可是这个戚师傅是个没有孩子的人，所以他就会提出这样的建议，你把孩子生下来，给我，我来负责营养费生育费，然后才使奶奶对戚师傅愤怒绝望。逻辑在这种地方会给你生出很多枝节，小说就是看枝节，然后才会比较丰满嘛，比较均衡嘛，否则小说你看什么，没什么好看的，一个人从甲地到乙地，有什么好看的，要看的是他从甲地到乙地的路上发生什么事情，你就要创造发生事情的条件，他可能会走过一个村子，遇到一个人，小说就是做这种事情的，就是铺排嘛。铺排的秩序、结构，就是逻辑。这种逻辑来自现实生活的经验，要进行理性的推理，这就是我方才说的隐性的逻辑。如果你没有这种现实生活的逻辑的话，直接叫她打掉胎儿，那不是太简单了吗？太简单就没有小说了。小说是不讲目的论的。我写小说就是考虑这些事情，可能听起来很不伟大吧，但是就是很枝节，又很具体，比如说我要写《富萍》，富萍是什么形象的，这就很难规定呢。

张新颖：这个是进入创作过程的，在这个创作过程之前，为什么要想到写《富萍》呢？

王安忆：很感性的，我跟你讲这个奶奶是我以前保姆的形象，富萍也有这么一个人的，也是她孙子媳妇，也是没有儿子这么过继过来的，在我们家生活过一段时间，这就是所谓素材吧。一九九八年的时候我去了一次扬州，我从镇江下火车，乘汽车进扬州，那天下雨，很湿润的天气，我就觉得扬州这个地方好艳，杨柳婆娑，绿，特别绿，蒙了一层水雾，它又有一种红房子，用那种粗烧的砖砌成，红艳艳，又汪着水，扬州就这么水灵灵地进入眼眸，分外妖娆。我就想到我的保姆，她的艳好像隐在我的记忆深处，就在瞬间她的艳凸出来了，很感性的，真的非常感性的。我很喜欢看，我必须要看一看具体的景，我到这些地方看一看，好像就知道这里边会发生什么故事，空间就像一个盛器，你可以想象它的内容。

张新颖：那写这个秧宝宝大家会更奇怪吧，就是这个创作灵感从哪里来的？

王安忆：这个创作灵感倒是蛮实在的，有一年我到乡下一个亲戚家养病，在华舍镇上住了一个月，一个月里，我不写作，甚至也不看书，成日家或是步行，或者乘坐三轮车，在那镇上逛来逛去，我就觉得满眼都是细节。写秧宝宝其实很具体的，可以说每一件事情都很具体，它是一个有材料的东西，有材料的东西我往往又会觉得写得实了，有的时候宁可材料少一点。我也知道我自己缺陷的，我生活经验极早地停滞，对我是有影响的，如果我能够知道得再多一点，生活经验再多一点，材料多一点，我恐怕写得更多，更丰富一些。

张新颖：但我觉得你特别注意事实，就是因为你把这个问题说得很明确，就说生活经验停滞，可能在你的意识里，这个变成事实了，所以你特别注意补这个东西，你经常出去，会写看到的东西，会把看到的东西特别当回事，我觉得这个可能你跟别人不一样，假设说我们两个同样去一个地方，那些东西可能我看了就没当一回事，就你特别当回事，用这个来补生活经验。

王安忆：我倒并不是有意识去补，恐怕和我个人性格有关系，我是一个比较喜欢看的人，也可能是我经常生活在一种很孤独的状态，无法参与，只能看，看变成一种生活。我很难去采访什么东西，因为被采访者总是需要写一篇表彰他的文章，所以我一般都是不明确目的，走着瞧，说不定哪个地方会成为你小说的舞台。

张新颖：你这个说法和沈从文的说法很一样，他说他也特别喜欢看，其实我觉得喜欢看的人首先他和生活保持了一个距离，首先是有距离的人，自己没在生活当中。

王安忆：我觉得所有的作家都有一种懦弱的天性，生活的勇气不足，他只能隔岸观火。我也真的是觉得很好看，有的场景真会觉得非常好看，哎呀，就会觉得这地方隐匿着某种戏剧，就会想，这个舞台真好，它会上演什么？会这么想。有的时候看到某些情景会非常非常激动的，比看见事实还激动。

张新颖：那我们以后就谈谈这个“看”。

王安忆：“看”的经验？

张新颖：我本来的想法比较实，你这几年到国外去的次数比较多，本来我想就是谈一个到国外去的经验。

王安忆：也可以掺和在一起谈。

张新颖：我看你这个《爱向虚空茫然中》，我看里面这个人，觉得这个人太孤单了，第一节就是做一个梦，一个人拉着你的手……

王安忆：虚构的。

张新颖：虚构得很温馨。情景是很好，只是这样的情景我就觉得特别的孤单；后来看下去，每一节都是写这一个很孤单的人，在一个一个很孤单的处境里边。

王安忆：人的个体其实是很孤单的。

张新颖：其实同你选择的生活有关系，当然也同你开始讲的小时候的性格有关系。

王安忆：都有关系。

张新颖：你后来选择了写作生活；如果不是写作生活，是在一个集体里面，上班啊什么的，可能不一定这么强化。

王安忆：也可能我自己强化了，事实上真叫我去过集体的生活，我又过不来。

张新颖：啊，那肯定的。

王安忆：我现在回想起来，我生活里哪一段是过得最热闹的，就是文工团。因为它其实是集体的性质嘛，在文工团里面，我第一次在公共的浴室里边洗澡，以前，我从来不到这样的地方去，但是没办法，必须要学会这种生活。但是我在那段时间的心情，不是坏，是心里最寂寞，似乎人越多越寂寞，好像反而是一个人的时候感到自由。文工团的生活，我已经走出来了，之后再回过头去看看，我真是得到很多的好处，插队的日子再怎么说我都看不出什么可喜之处。

张新颖：插队的时候一点……

王安忆：一点都不喜欢。

张新颖：那你写农村是把它审美化了。

王安忆：审美化。

张新颖：这可能跟你讲的工匠这个想法是有关系的，一般来说你这种感情会影响到写作的，但好像在审美化地写农村的时候，不喜欢那段经历的感情基本上没有流露出来。

王安忆：可是我写农村一向写得很虚浮的，不是一个具体的生活场景，都很缺乏生动性，多少带有象征性。在我的经验里，农村的生活真是很黯淡很黯淡，我从来没回去过插队的地方。那是一个苦闷的地方。文工团的生活吧，你再怎么觉得寂寞，但首先衣食有保证，生活起居不那么艰难；还有一个，它毕竟比较热闹，那么多女孩子男孩子在一起，真的很热闹。

张新颖：你们文工团当时有多大？

王安忆：当时因为搞样板戏发展的规模，具体人数我说不出来，但是你想可以演大型芭蕾舞剧《沂蒙颂》，你想想乐队需要多少人，台上需要多少人，合唱团需要多少人，按这么个编制，这样算算看，加起来有百十个人左右，还有舞台工作者。

张新颖：当时文工团大家非常羡慕，大家看文工团的那个眼光啊……

王安忆：现在回想起来，男女孩子，尤其女孩子，我觉得她们有这段生活还是比较幸运的，因为那个时代太黯淡了，不管怎么她们在舞台上有一个非常绚丽的时光，这种绚丽也带到舞台下面来了，是挺骄傲的，好像是彰显了青春。所以我觉得虽然当时过得也很寂寞，现在回想起来我还是觉得有很多美好的时光，有很多愉快的记忆。像农村那段时间想不出一点愉快的事情，真想不出来。

张新颖：但你在农村时间也不长。

王安忆：两年半。人的经验是很不同的，我们团的前身是一个旧戏曲团体，江苏省柳子戏剧团，是江苏省戏校的下属剧团吧，这个团蛮有历史的，李保田就是我们团的，他就是从江苏省戏校，再到柳子戏团然后文工团一路过来的人，我有一次看他在《华夏记忆》上写了一篇文章，也是写文工团的，跟我写的完全不一样，他的文工团和我的完全不一样。几乎要差了十之八九的样子。他笔下的团带有非常强的本土色彩和民间色彩，特别感动人，我看了以后感到很哀伤。他写得很好，李保田文字很好。

张新颖：因为那个时候你一个是年轻，另外一个你其实是文艺青年，不一定很注意民间的东西。

王安忆：其实我与李保田年龄相差并不大啊，但是处在历史的不同阶段，他在的时候，那里是一个旧的戏曲团体，到了我们这里就变成一个新式的文工团，就是差这么几年，大家对这段生活历史的回忆就大不一样。

张新颖：我一开始听你讲的时候，就想你们那个家庭里面没有本土色彩民间色彩，就是革命了；但是你在这样一个家庭环境里成长起来，到最后变成一个——比如说，今天人家说你是一个写上海的人。

王安忆：他们强加于我的，真的是强加于我的。

张新颖：但事实上你写的也是上海。

王安忆：没办法呀，我从小在这边生活，这么多年，这当然是我写作的主要材料了。其实我就写了个《长恨歌》，就《长恨歌》的第一卷写到了解放以前，他们就说我是怀旧的代表，而且第一卷全都是我想象出来的，这种评介很武断的，太武断了。这真是有点戴帽子的性质了，你要把我的作品好好地排排队看的话，其实我并不是那种……

张新颖：但现在《长恨歌》成了一个标志，就是人家谈你，就先谈《长恨歌》和上海了。

王安忆：必须要谈《长恨歌》，所以说也没办法的，百口莫辩，你也只能听着就是。其实我真是不大有本土色彩的，但是也就是因为我不是根生土长的上海人，所以我也蛮敏感；对那种所谓的本土色彩，蛮敏感的。

张新颖：你原来有一篇《"文革"轶事》，那其实也是写上海。

王安忆：也写上海，我很早就写上海的故事，但是上海没有成为时尚之前，人们注意不到。《"文革"轶事》其实一开始写得蛮好，就是不大收得住。

张新颖：其实是写得蛮好的作品。

王安忆：这都是我街坊邻居们的生活，所以我刚才说我的生活环境很奇怪，我们家是这么一个新式家庭，我们周围全都是市民，全都是根生土长的上海人，他们喊我爸爸妈妈就喊王同志、茹同志，"同志"这个词就是他们对我们的称谓，就是这样。我刚才讲的那个保姆到我们家来，她给我们家带来很多改革的气氛。先前的一个保姆她也是喊王同志和茹同志，只有这个保姆来以后她非要喊我妈妈师母，先生和师母。我妈让她改口她不肯改，一直就喊下来了。于是我们就慢慢进入了上海，好奇怪噢。

张新颖：上海人看你写上海是不是不一定很认同啊？我不知道。

王安忆：大概还蛮认同的。我觉得我们家的这些保姆都是我们的引路人，她们很顽强地把她们的色彩带到我们家来，她们嫌我和我姐姐名字不好叫，我们名字是很难用她们乡音叫的，她们非给我们起小名，我们家起的名字她们叫不出来，她们不喜欢。

张新颖：其实名字也有点那个……

王安忆：我和我姐姐名字都很文艺腔的。我们家周围全都是这种中等人家，或者是那种比较收敛的资产者，其实资产者到一九四九年以后都很收敛的，他们收敛的一个很重要特征就是把住房紧缩，住到弄堂里面，弄堂真是一个藏龙卧虎的地方。如果你要住那种独幢的洋房的话，是非常显眼的。他们生活也很不张扬的，相比之下，我们这样的新市民生活变得特别招摇。

七　传统和反叛

张新颖：如果把时间拉到现在，你现在去看你母亲的创作……

王安忆：刚才我也讲到，我母亲去世以后我开始正视我母亲她们这一代人的写作。我们这些人是在个人主义化的背景底下起步的，个性得到解放了，个人忽然受到尊崇，对我妈妈这一代的写作是非常抗拒的，觉得你们都是集体化的，没有个人的声音。这种说法实际上真是很无理的，其实他们比我们个人多了，因为他们是从个人主义的环境生长起来，他们比我们懂得什么叫个人，个性发展肯定比我们饱满和充分。在他们的人性发展中有另一个要求，叫作共产主义，和海明威同时代那个女作家，斯坦因吧，她说过一句话，后来我一直用这句话来理解我妈妈这一代人：个人主义是人性，共产主义是人类的精神。这句话我就觉得像一把钥匙一样的就把我开窍了，所以我觉得对他们这一代人的看法不能太简单化。当然，他们身上确实有很多那种教条的，所谓社会主义文艺观，当然是有，这我一点也不否认，但我觉得他们是非常努力地要提升自己的人性。他们努力，要在集体性的写作里面表现出自己的个性，他们表现得真的很好，因为有节制，现代人太没节制了，他们那么节制地表现出那么一点东西，非常动人。孙犁写的《荷花淀》，那个老头让小女兵躲在荷叶下面看他刺杀鬼子，这代人哪想得出来啊，根本想不出来。还有《七根火柴》，真的很节制自己的个性。个性不能够太泛滥了，那么任性地在写东西——你都不觉得他在写东西，而是发脾气，闹情绪。

张新颖：我在想，因为你有这样一个特殊的家庭，有没有可能通过你母亲，进入到一个在你们这代作家之前的现代中国文学的传统里面。这是一个比较大的问题。我说说我的体会：我八十年代中后期读书的时候，就觉得，哎呀，这个新时期文学很好，新时期文学完全超过了"五四"以来的一直到新时期之前的阶段。从我做学生的感觉，以为一九八五年以后的小说，是很好；读以前的小说，就常常觉得看不下去。但是慢慢慢慢地等我自己长大一点的时候，我发现就不对了，就不是这样的，慢慢慢慢地这个天平有点儿倾斜了，慢慢慢慢发现原来的那些东西就是经得起咀嚼，那里面有一些不知道是什么东西，精神力量也好，或者是文学什么的东西，隔了这么长时间去看，慢慢地它散发出来了，而新时期文学慢慢地就有点儿……

王安忆：软弱下来。

张新颖：哎，有点儿软弱下来了。所以从我的个人的感觉来说，我就觉得对这样一个传统，就是新时期以前的传统，假设说从"五四"过来的这样一个传统，我们过去的态度是很轻薄的，没有仔细地去了解它。我印象很深的一件事情，就是白先勇他们的老师夏济安写给他们的一封信。夏济安他这个人原来其实是学西洋文学的，他在台大办那个《文学杂志》的时候，从一九五六年到一九六〇年，介绍的主要也是西方现代主义的东西，西洋的东西，后来他到美国了，白先勇他们开始办《现代文学》，他给他们写了一封很长的信，这封信没寄出去，很奇怪，一直到前几年，夏志清收拾他哥哥遗物的时候找出这一封写得很长的信，在《联合文学》上发表。他这封信讲了一个什么意思呢？他跟白先勇他们说，你们现在搞创作，一定要去读“五四”以来的作家的作品。这个我就觉得奇怪，夏济安他本身是搞西洋文学的背景，然后他介绍西方现代主义，政治倾向上又是有点儿反共的，现在他苦口婆心地跟白先勇他们讲，你们要去读从“五四”到左翼这样一直下来的传统里的东西。为什么要读这样的东西呢？他说你们现在是用白话文写作，而白话文就是在他们手里开始的，他们遇到的困难也可能就是你们遇到的困难，而且他说我们这个现代汉语这个白话文以后会不会成为一种文学的语言，是很难说的，比如说我们的古典汉语，毫无疑问它是一种优秀的文学语言，因为有李白有杜甫等的东西，但是白话文还不知道，将来怎么样还不知道；你们光靠读西方的作品，不承认现代的传统是不行的，你不知道这个东西是怎么过来的，这是不行的，你们就在这个传统里面，在你们之前他们写得好也好，写得不好也好，其实这个里面有很丰厚的遗产，遗产可能是失败的遗产也可能是好的遗产，这个东西要去考察。他就苦口婆心写了很长的一封信，就讲这个东西。我说吃惊就是，如果把这个东西放到我们这里来看的话，我觉得我们新时期以来的作品普遍地缺乏这样一种对他们之前的文学传统的认识，有的时候作家谈文学，特别是谈文学前辈的时候，可以乱说话的，你说错了没关系。

王安忆：对，可以不负责任地讲话。

张新颖：他在这样说的时候，会不自觉地流露出他对这个现代的传统的这一方面的认识，我是觉得比较没有认识。

王安忆：我觉得这个问题其实挺学术的，我也不敢多说，我就说一点，我和台湾作家有比较多的接触，和他们在一起你就觉得他们的源比我们接得上，比如蒋勋他和我讲，他小时候有一次骑车违反交通规则，被警察拦下来，怎么罚他呢？背“总统”遗训。他的社会会有这样的一种教育，我们现在谁晓得“总统”遗训，连我都不知道，不要说孩子们，所以说民国的源流他们接得比我们紧。事实上我们这代人教养太欠缺，都找不到源了。

张新颖：这好像不仅仅是找不到源的问题，倒像那个我们讲的黑熊掰玉米的故事，掰掉一个扔掉一个，好像我们就是这样的，就是我们每一代人好像都不要前一代人的遗产。

王安忆：我觉得从性格上来讲，年轻人总是在反叛的，问题是说反叛什么，是反叛什么？接受过的东西。你看像一些表现青春反叛的英国电影，比如《死亡诗社》，为什么反叛？要他们穿西装，要他们规规矩矩地举止，晚上要准时睡觉，然后才会有偷偷地跑出去抽烟啊，胡闹啊，是先接受了然后反叛。当他们做这些犯规事情的时候，还有思想的内容在里面，今天，内容抽去了，剩下了形式，单纯就是在抽烟了。我就觉得当我们孩子没有顺从的积累的时候，就施行反叛——这不叫反叛，而是任性。反叛肯定是处在一个需要挣脱的状态，这东西把你束缚住了，所以你要挣脱一下。可是现在，百无禁忌，在这样放纵的状态中，还有什么需要反叛，反叛还有什么革命的意义？现在，反叛是剩下一个姿态了，现在的人都是形式主义。

张新颖：你们这一代人会不会也有类似他们这一代人的那种反叛？

王安忆：我在想我们成长时候也反叛，就像刚才我说的，对我妈妈这代人是反叛的，而且反叛也蛮严重的，我觉得还是严肃的。

张新颖：你不一样，我觉得你是个特例，你知道你妈妈写过什么东西，是不是你们这一代人他们根本不知道上一代作家做过什么？

王安忆：不会不会，你看刘恒，他都把我妈妈的《三走严庄》抄下来的。我觉得我们这一代人，因为处在这样的生存环境里吧，对前辈还是很尊敬的，都读过他们的作品的。我觉得这个问题在我们这儿还表现得收敛一点，还比较收敛，但总的来说我们这代还是缺教养，真的是缺教养的，有的时候好像自己没怎么受压就决定要去反叛，变成一种闹情绪，情绪化的，没有思想内涵的，所以我就觉得不必把我们的反叛看得太严重了，你不要以为有多大思想含量，没有思想含量的，我们这些人就是这样一节一节断下来的。你去看，西方文学你特别能够找到源，你可以说它是类型化，它就是从类型里一层一层套出来的，连得紧得不得了，往上去找到源，源可能就是在一部《圣经》里边，一层层套着套着下来了，可以在任何一部书里面找到和源头有关的东西。

张新颖：我读大学的时候上西方文学史，碰到一个非常好的老师，夏仲翼老师，西洋文学的功底非常好，他讲的文学史就是真的能够连起来的，比如说一个形式它怎么产生，发展变化到最后衰落的，他讲的就是有史的感觉，能够连起来。像我们的那个现代以来的文学史，它没有史的感觉，它就是每一代反驳前一代，然后呢我就发现一个现象啊，就是我们的文学史上的作家，大都是年轻作家。

王安忆：很少能找到终身写作的。

张新颖：就是年轻的时候反叛嘛，你的成就是在反叛的时候确立的。所以你看我们文学史上的作家，从第一代开始，除了鲁迅年纪比较大，因为鲁迅从事创作比较晚，三十八岁写《狂人日记》，其实大都是很年轻的，二十几岁，三十几岁。一百年的文学史讲的作家，平均年龄三十岁左右，我觉得这个是很有意思。这是我们的一个比较特殊的现象，真正的文学史不应该是这样的。

王安忆：我就讲，我们中国真正意义上的职业作家很少的，三十岁还没进入职业写作就退场了。

张新颖：有的时候我就开玩笑说，我们的文学史是一个青年的文学史，基本上是个青年文学史，偶尔有那么几个不年轻的就是非常好的，像冯至二十几岁的时候写诗，也就是年轻人的诗，但是他四十岁写的诗，写的《十四行集》，就是特别好的东西。讲一个四十岁作家的作品，这在我们的文学史上不多。这个和我们一代一代的反叛其实是有关系的。

王安忆：我觉得一个是反叛，还有就是政治不稳定。

张新颖：还有一个就是我们的文学标准，就是我们会特别注意，我们的文坛会特别注意那个新的东西。求新求变似乎成了一个强迫性的机制。

王安忆：还与我们没有发生浪漫主义运动有关系，其实西方现代媒体也是很发达的，可是他们在整个浪漫主义运动里已经培养起了书评、画评、乐评、剧评，已经形成经典批评的传统了，即便是有媒体出来喧嚣也不要紧，它还有一个更加主流性的评介，似乎我们中国没有这个酝酿评介系统的过程，就直接进入媒体时代，所以我们今天的什么文艺批评哪，就是媒体啊，没有严格的批评，就是一个原因；还有一个原因，又回到方才说的源上来，我说你看西方作家作品都是那么套着来的，你会觉得他们没有独创性，而我们特别强调独创性，过于强调独创性。我说文学家就是工匠，就是在做活，做到一定程度的量变自然会有质变，但这个量也许要一代人，甚至几代人去完成。我们强调独创性，这已经是我们艺术评价的一个标准，这个标准它不断地要求你提供新的内容，这是一个机动的标准，而不是一个衡定性的标准。

张新颖：比如说我们总是会讲八十年代文学怎么样，九十年代文学怎么样，你讲九十年代文学就一定是注意九十年代最新的作家作品和现象、思潮之类的东西，如果我讲九十年代文学去讲路翎，这人家会觉得你脑子有问题嘛，怎么会讲路翎啊什么的。就是这样，我觉得这成了一个习惯。

王安忆：不健康。

张新颖：这不是一个人的问题，其实是“五四”以来的传统给我们的，你每一个时代都要关心那个时代的最新的力量，最新的动向。

王安忆：要你关心和表现的也是最新发生的，总是希望你反映最新发生的事件，如果你稍写得远点，哪怕只是远一点时间，他们都认为落伍了。

张新颖：就像你写五六十年代的上海，很落伍了。

王安忆：怀旧了，就算怀旧了。

张新颖：这个形容也很奇怪。要么你写很早的上海，三十年代的上海，要么你写现在的上海，大家都接受；就写五六十年代的上海，就显得格格不入。

王安忆：他们现在对我评价很古怪的，判定我不反映现代的上海，首先小说不是“反映”，其实我所写不就是现代的上海么，这个时间的限定不知道是五年还是十年，或者只是一年。其实像雨果他写的《悲惨世界》是写三十年前的事情了。《巴黎圣母院》则是几百年前了。现在总的来说文化气氛是不大好的，也不是说不大好，应该说是也好，但要看你个人怎么样，如果你个人特别有抵抗力的话，是个好时代，谁都不管你，但如果比较软弱的话，非常容易受影响。

第二章

关节口

一　文学讲习所

张新颖：上次谈话后我回去想了一下，其实主要谈了一个成长的过程，很大一部分的内容是在写作以前的，还有写作之初的一些情形；如果顺着下去，就是谈从开始写作以后一直到现在的这样一个过程，上次也谈了现在的基本状态和对写作的认识，关于这个过程，还没有怎么展开来。我们接着谈谈这个，你觉得怎么样?

王安忆：可以，基本上按照这个脉络，岔开去的话也不要紧。但是按照这种谈法的话，也许谈不够篇幅啦。前面二十多年才谈了一次，接下去还要再谈好多次，谈什么呢。

张新颖：这个过程下去，我想谈个一两次就差不多了。因为我们谈的过程中会谈到一些东西，比如说“看”的经验什么的，就特别提出来谈一谈。

王安忆：接下去还会有这样的话题。

张新颖：前面的主要是围绕你个人来谈了，今天就接着讲吧。

王安忆：我上次讲的现在都有点忘了，想一想。这么来讲，就我的创作道路，在我的写作的生平里边，大概有几个关节口，有一个是讲习所，讲习所应该说是比较重要的，至于它重要在什么地方，一下子很难下结论。从事实上来讲，我是一九七八年回到上海的，就在《儿童时代》社做编辑，因为是做儿童小说的编辑，我会到一些学校去，写了些儿童小说，其中那个《谁是未来的中队长》就得了一个全国的奖。当时我去讲习所，应该讲我是里边资历最弱的一个人，就整个情况是最差的一个人，因为我的业绩恐怕只有这一个短篇小说，六千字，而且那时评奖还没评出来，只是有些好评，据说已经送到全国的少年文艺的大奖评委会上去了，在我们学习期间才评出来，是二等奖；当时我们这一班里边还有一个同学瞿小伟，他比我小三岁，我们俩是最最年轻的，他的一篇小说写小孩的，我还记得叫《小薇薇》，就是我和他得了这个奖。

张新颖：这个奖的名字叫什么?

王安忆：叫第二次全国少年儿童文艺创作奖，我们是二等奖，这个奖第一届是“文革”以前颁发的，停了多年这时又延续下来，可是后来是不是延续下去我就不晓得了。那时候八十年代初，应该讲，奖项是不多的，那么有了这么个奖的话，在讲习所还算是给自己攒了点资历了。我唯一在讲习所的这一点点资格，很薄很薄的，他们那时候多是得了全国的优秀小说奖，中篇小说奖啊，短篇小说奖啊，说出来一个个名字都很吓人的，蒋子龙是我们班长，还有叶文玲，陈国凯是我们副班长，还有张抗抗，还有上海的竹林，还有叶辛，叶辛那时候在贵州的，还不算上海的，就我们这帮子人，很厉害的。

张新颖：还有陈世旭。

王安忆：还有陈世旭。反正我们这里边三分之一是得过奖的。还有莫伸，也是得了全国奖的。好像全国奖里边凡是这个年龄段的人，差不多都在我们里面。

张新颖：你们是这个讲习所“文革”后的第一批？

王安忆：之前有四届，全都是“文革”以前，很早以前，五十年代六十年代，像邓友梅、刘真啊他们这些人都是的，就是差二三十岁了。我们说是说第五届，其实隔了好多好多年才出现的第五届，那时候叫文学讲习所，到了我们后边就改成鲁迅文学院了，人们都称我们为“黄埔五期”。比较厉害，这帮子人太棒了，老师都对他们很客气的，那么我在里边就显得特别差的，特别没资本。对于我来讲，在刚开放的时候，能够到北京去，能够有半年时间接触到很多开放的思想，我觉得这是很重要的。同时，又有了一段时间可以进行写作，有了一种职业写作的预习，因为半年里边基本上半天上课，平均是半天上课，其余时间你就是写作，而且大家在班里边有一种互相影响的气氛，都很想发表作品嘛，尤其是我，因为我资历特别薄，所以我就写得特别勤奋。

张新颖：只有半年的时间？

王安忆：很短的时间，半年里面还放了一个暑假，时间是不长的。

张新颖：放了个暑假？那你们是几月份去的？

王安忆：我们是四月份去，到十月份结业，十月份以后讲习所替我们每个人向工作单位请了三个月的创作假，一直到年底可以写东西不用去上班，因为上班蛮严格，不像现在。所以首先气氛是很好的，和许多中坚分子在一起；第二个是什么事都不干，就过着文学的生活，我觉得这对我很重要，是让我在这个处境里边泡一泡，还有一个，从那时候开始至少给我一个暗示：将来可以过这样的生活——写作的生活。所以我从讲习所回来特别不安心上班，就是不想上班，为了这事差点儿被处分了，我自说自话就不去上班自己放自己创作假，而且当时也挺傲的，文学讲习所我们第五届挺骄傲的，也挺得意的，这么一个佼佼者的班。我在这个班上的这半年对我特别重要，我不仅得了个奖，虽然得奖作品是以前写的了，我在这班的时候写了很多东西，我的第一本短篇小说集《雨，沙沙沙》大部分是在讲习所的时期或者写作或者发表的。好像一下子就在那里得天时地利的感觉。我记得很清楚是六月份，六月份正好在讲习所学习期间嘛，我一下子在《人民文学》《北京文学》《广州文艺》发表了三篇东西，这在班上挺轰动的。因为那时候发表作品不像现在这么多这么广泛，而且《雨，沙沙沙》这么一个小说挺特别的。我现在回想，我们这个班上的人都蛮好的，有一个同学叫王宗汉，他儿子叫王家男，就是编《短篇小说选刊》的那个，东北的。王宗汉当时在主持一本还不是省级的，地市级的刊物，什么名字想不起来了。

张新颖：地区级的刊物。

王安忆：对，好像是地区级的还不是省级的这样一个刊物，他就向班上的同学约稿，我就给他写了一篇小说，他把这篇小说给了当时中国青年出版社的好像是《小说季刊》，三个月出一期的，当时刊物不像现在这么多嘛，北京排来排去就这么几个，他就说帮我推荐到那儿去，因为那里有个编辑一直在我们这里约稿。他就帮我推荐过去，原来是给他写的。可是他说给他的刊物可惜了，那就是《小院琐记》。他们都待我蛮好。蒋子龙也向我约稿，那时他是天津的《新港》主编，他向我约，我就给他了一篇小说，他亲自指导我改，他真是有兄长风度的人。他们都挺提携我的，好像很多重要东西都是在那个班上写的，记得有一篇对我来说比较长的短篇小说叫《苦果》，当时写好给叶辛看的，叶辛在那里也是比较成功的，写了两部长篇小说。叶辛看了以后很肯定我，激动得不得了，他当时就对我讲了这么一句话："你好像写东西很有气氛。"那时候我和叶辛接触特别多，上海人好像多比较喜欢清静，与人交道也比较拘束，星期天都是在讲习所度过的，不像别人朋友多。叶辛那时候就是和我讲怎么写小说，所以我觉得叶辛很有趣。叶辛谈他在贵州的生活谈得特别多，而且我觉得他谈的贵州生活比他小说里写的要生动得多了，然后就教我怎么写小说。他那时候已经有崇拜者，不像我们还默默无闻，他的崇拜者送他一本手抄的东西，上面就是说，写眼睛有多少多少种写法，写一个人的神态有多少多少种写法，像尚方宝剑一样，有这样一本书在手里面什么都不怕了。你可以想象那个气氛，非常文学化的，都在努力地想把自己的东西写好，把自己的想法说出来。古华那时候就在班上跟我们说他的小说，讲《爬满青藤的木屋》,《爬满青藤的木屋》是被《上海文学》退稿的，真是不可理解的事情，后来在哪儿发表了，得了全国奖。他讲得最好的是《芙蓉镇》，所以我觉得当时的写作是很慎重的，不像现在那么随意地写，他们那些故事已经在脑子里滚瓜烂熟了，他们那些作者尤其是内地来的，以故事为主，故事在他们那里是很结实很结实的东西，有多少生活经验，多少的情绪在里面，然后慢慢结构成《芙蓉镇》。当他在给你讲述的时候其实就是创作了，他给我讲的《芙蓉镇》到现在还很清晰，非常好，而且他的那种湖南口音，他讲述时候的《芙蓉镇》比他后来写在纸上的更加民间化，他写成小说已经有点文艺腔，因为普通话的表达形式。还有贾大山，是一个非常聪明的人，他是农民的聪明。可是后来我们这个班走的人特别多，去世的特别多，先是青海的郭玉道，他是边疆过来的嘛，原来生活也比较艰苦，他先去世；然后是乔典运，他是河南的，还有贾大山，最近还有杨干华，还有黑龙江的刘亚舟。我们这班走了好多人，大都是贫苦的农民，苦出身的那种。乔典运当时是我们班年龄最大的一个人，穿了件黑棉袄，剃了个平顶头，完全就是个农民的样子，他来我们班上的时候好像四十九岁还是多少，反正我感觉是很大的一个人了。所以我们到北戴河的时候，当时我们的所长，中国作家协会的一个干部，就说你们这些同学在一起应该打破一些圈子，应该和不同的人在一起，他举一个例子让大家哄堂大笑，他说：王安忆可以和乔典运在一起谈谈嘛。

张新颖：差别非常大了。

王安忆：可见我和他有多么不同，对，差别很大了。一个是年龄差别，性别也不同，然后一个农村一个上海的，于是大家就哄然大笑，就觉得很滑稽。我们这个班很勤奋，后来的班都没我们勤奋。

张新颖：大概有多少个人？

王安忆：每个寝室住四个人，应该三十来个人吧。有一些人是再也不写了，有的就出国一去不回了。

张新颖：你说这些名字的时候，我一想就想起来了，因为我年龄小，最初读你们的作品还是小时候，小时候读乔典运的作品，蒋子龙的作品，还有《爬满青藤的木屋》啊什么的，那时候影响可真大。

王安忆：想起这个时代，真是风华正茂的时代。我觉得人和人的交流是很重要的，那时候把我放在他们中，无论别人怎么说——有人说我是开的后门，其实不是开后门——但确实对我是非常非常幸运的一个机会。本来是四个人一间宿舍，开始女生一共只有三个人，一个叶文玲，一个张抗抗，一个竹林，所以还要一个女生，否则不是浪费了？上海只有一个竹林，是不是再给一个名额？那时候叶辛还是贵州的嘛不是上海的，所以就把这个名额交给了上海少年儿童出版社，他们在作者里面找了两个人，一个王小鹰，一个陈晓明。但是她们两个都在大学里读书，一个在华师大，一个在复旦。就想到我刚写了《谁是未来的中队长》，我就这样被选上去了。最好玩的是，我到那里报到的时候，有个作者不能来读书了，那个人叫母国政，当时也很有名的，我想他之所以不来，也是瞧不上，当时年龄也大了，跟小孩子在一起搞什么啦，就不来了。然后就选贾平凹，贾平凹也不来，最后马上就要开学了，临时定了当时《歌德和缺德》的作者李剑的妻子刘淑华，所以老师经常讲，王安忆啊，要是先定她的话，你就来不了了。因为她来了，所以我们从四人宿舍又搬到一个五人大宿舍。我真的是很侥幸进去了。可能我不去的话照样写这些东西，可是去的话呢在心理上可以给我自信心嘛，可以和他们在一起，让我学到那么多东西，也尝试到那种文学的生活方式。

张新颖：你刚才讲的时候用了一个词，文学生活。一个人的写作好像体会不到文学是一种生活，而大家凑到一块儿去就好像过的是一种文学生活了。

王安忆：对，我觉得最初是需要这样的一种气氛的，好比学术要从学府生活开始一样，可能是蛮重要的。如果你一个人在家里写作，慢慢也可能有出来的一天，但总是不会那么热烈吧，总是沉闷的，寂寞的，或者不是那么快乐的。所以我回想起来，这半年的讲习所生活的影响非常大，对别人怎么样不知道，因为他们很多人已经很成功，他们也经常缺课逃课回家，有更重要的事要去做，会有出版社找他们去开座谈会。只有我是不逃课的，我去也没地方去，我是一堂课也不缺的，每天都坐在那儿。

张新颖：上课对你们来说不是很重要，是不是？

王安忆：对我来说很重要，各人不一样的，我从来喜欢上课，现在还会去听课。我现在把讲习所的笔记翻出来看看，我觉得上课上得很好的，现在学生大概都上不到这么好的课，因为都是从大学里找来的最好的老师。

张新颖：都是哪些人上课？

王安忆：譬如说吴组缃讲《红楼梦》，印象深刻。还有一个老师印象深刻，但是名字想不起来了，他经常在外面讲我给王安忆上过课，其实上的是大课了，他讲《安娜·卡列尼娜》，苏俄文学，他讲得非常好，很有趣。还有讲传奇、话本的，蛮好的。我觉得课排得蛮负责的。还请一些作家来谈创作经验，这种课比例不是很高。最后就像研究院一样，每人跟一个作家，等于学生跟导师那样。一开始分我跟孟伟哉，孟伟哉有好多学生，有很多人想跟他，后来有人告诉我为什么想跟他，因为他是人民文学出版社主编，有读稿和改稿的经验，以后发表或出书也会有些便利。我个人倒觉得不是非要跟他，后来也巧，写少儿文学的金近，他是个老头，特别善良，打电话来跟我说：安忆啊，你妈妈托过我的，叫我好好照应你，现在你们那边都开始分学生了，你到我这来吧。我就和老师讲金近老师要我去，而且我觉得金近老师那边更加搭界点儿，孟伟哉那里不熟，人又多，老师后来说好好好。因为很不均匀嘛，所以你要去就去。

张新颖：原来还有这样的事情。

王安忆：去了我也蛮开心的，大概一个礼拜两个礼拜去他家一次，听他谈。他也谈不出什么来，东扯西扯的。当时就三个人，一个我，一个郭玉道，一个比我小的男孩子叫瞿小伟，现在好像也不写东西了。挺正规的，老师总想让我们学到东西，有收获。

张新颖：这个和“文革”以后人们办任何事情都当一回事来做的气氛有关。

王安忆：而且挺不容易的。首先从单位里请假请出来已经是很大一件事情了，然后那么长时间，当时半年是蛮长时间了。反正那半年在北京我觉得过得挺好，当然生活是蛮艰苦的，我们去的时候北京还分米票和面票的，十斤粮票里面四斤是米，其他都是吃馒头的。那段生活对我来讲，是写作很好的起点，和他们在一起，会把自己和他们放在一起考虑问题，我觉得这是很重要的。我们年轻的时候都很骄傲的，把头回过去可以说这个写得不好，那个写得不好，可是你真的和他们在一起的时候心情不是这样的，因为他们毕竟是在享受成功的人了。你和他们在一起的话，会发现他们眼界很开阔，在他眼里你什么都不是，我反正挺崇敬他们的，挺崇拜他们的。

张新颖：没想到那时候你是这样的。

王安忆：北京挺有这种圈子的，我们在讲习所的时候，他们男生打篮球，篮球比赛的时候就会有很多作家来捧场，其中就有北岛。我们上课的时候，外面的人会来旁听，像史铁生就来听课，那是我第一次见到史铁生。还有肖复兴，当时在中央戏剧学院，也过来听课。那时候可以接触到很多精英。那个时代回想起来真是好，我觉得是正当的竞争，非常健康，健康向上，就是想文学，而且是很正面地想，心怀虔诚，即便是要质疑和推翻，首先是承认的态度。

张新颖：文学不但有一种凝聚力，它还有一种激发的力量，把人身上的好的东西都激发出来。

王安忆：挺崇高的，这个不用怀疑，肯定是件好事情，肯定都是大家想达到而达不到的事情。不像今天我们已经把它变成可以讨论的东西，我们当时觉得是一件用不着商量和讨论的事情。现在回想起来都像做梦一样的，也不过二十多年，听起来好像很长。但是插队落户好像更远了，已经三十多年了。三十多年我倒觉得并不遥远，因为插队落户的那种生活的消沉和暧昧在现实生活中还有。八十年代就没有，好像显得不真实。

张新颖：整个八十年代那种蓬勃向上的……

王安忆：蓬勃向上，你不能想象这么快就走到末梢上去了，速度之迅速你真的不能想象。好像插队落户的生活有一种较为恒定的性质，那时的情形今天依然能够想象。八十年代的时候那么有活力，怎么到今天一下子就结束了。

张新颖：那到后来你们这拨人，就是比你大的这些人，他们慢慢地就不写了，这和时代变化有关系吗？应该说他们的辉煌时期是在八十年代前期，就是一九八五年以前。

王安忆：对，至少怎么苟延残喘也坚持到九十年代。

张新颖：当然可以坚持，但是到八十年代中后期注意力就不在他们身上了。

王安忆：对，软弱了。同时另一拨起来了，譬如像韩少功，这些没有在讲习所的活跃起来了。这帮在讲习所的人，多是在所谓的“伤痕文学”的背景下出来的，同时也是从第一、二届全国小说奖的背景下出来，你可以看他们出来的成名作。就是说这帮子人肯定不是韩少功、张承志他们一帮，他们的背景还要宽广些，“伤痕文学”的背景，这已经决定了局限性，其实讲习所的同学在八十年代写作，已经有很多人感到苦恼。我记得我们当时有一个同学申跃中，当时年龄已经蛮大了，四十多岁，他在“文革”以前就有一个很有名的小说好像叫《挂红灯》，我们都不晓得，写农村生活的很好的小说。他写作的背景比大家更早一个时代，当时能够在《人民文学》上发表小说是很了不得的事，讲习所时他已经苦恼了，他走在大家前面，也苦恼在前面。苦恼什么呢？我觉得是，总的来说所有的苦恼就在于什么样的生活经验可以进入小说。他看了我的《雨，沙沙沙》，他就说：你们捞生活的网啊，网眼特别小，怎么捞都能捞起来东西；我们的网眼特别大，都漏掉了。这个话说得很对的。他说，我心里故事一大堆，经验一大堆，我不晓得该写什么。该写什么是他们最大的一个问题。铁凝那时候写一个送葬的小说《丧事》，他说：这样的事我看得太多了，我从来没想到这也可以写成一个小说。所以他们这一代人其实蛮苦的，他们的写作背景成长背景对小说的理解很狭隘，始终要一个意义，小说一定要有一个意义，这个意义一定要是先进性的，或者是合乎时代的声音的。其实和现在小孩子写作很像的，现在是要现代性。所以他就不大能理解我写《雨，沙沙沙》和铁凝的《丧事》，这种故事能成立为小说吗？他很怀疑的。他这种苦恼一直延续到以后，似乎后来也没什么创作，生活上我听说也不幸福，这个同学印象很深刻。贾大山是一个非常聪明的人，我感觉到他其实从来没有碰到这种问题，但是他后来写得依然很少，我不知道是什么阻碍他写，并且后来又信佛了，又去做教育了，我老是觉得他想的东西很复杂，但我没有和他深谈的基础。我心里始终在怀疑他是否对文学没有信心，不是他怀疑自己的才华，而是觉得这东西无用，他也是来自农村嘛，经历了很多，可能在想这有什么意义呢？后来生肺癌去世了。这个人我老是觉得有点成仙成道的，因为他在班里面特别像一个智士，他有一次的发言非常轰动，当时社会上很流行意识流嘛，他就很讽刺地说也写了一个意识流小说，把当时社会上所有所谓的意识流手法都用到他的小说里去，非常可笑滑稽的，所以他对这种写作方式的改变是不同意的，他是坚持那种经典写作的，而且我认为他是能坚持的。但是为什么写得那么少，而且最后几乎就不写，这始终是一个谜。有时候和他们这些底层来的作家在一起，包括后来的路遥、邹志安，你会觉得生活是这么沉重，写作真是很轻薄的。我不知道他有没有这样的想法，这是无从揣测的，但是我觉得这个人心里面有非常非常丰富的思想。这人真的我觉得很有意思，很有趣。他那时候跟我讲，他说你有一篇东西，是我很早很早的东西，是《雨，沙沙沙》这个集子的第一篇，叫《平原上》，还是被我妈妈逼着写，托了人情发在《河北文学》上的，他说你的这篇东西啊看出这个孩子有出息。那时候我还什么都没有呢。我对这个人真的很惋惜。当时班里藏龙卧虎的，什么样的人都有，但是九十年代以后就开始软弱了，现在有些人还在坚持写，但是已经没有当时那么响亮了。

张新颖：你看像陈世旭到九十年代以后还在写。

王安忆：到现在还在写，没有《小镇上的将军》那样响亮。还有一个原因吧，他们都是理想主义者，我们现在这个时代对理想主义者是很大很大的质疑，连他们自己都怀疑了，好像生活中也提供不出理想主义材料了。你看他们的作品，批判社会也是对社会抱有期望，企图开药方的，他们这帮子人都是理想主义者。

张新颖：还有一个会不会是他们的文学观念已经比较固定了，就是什么东西可以进入文学，什么东西不可以进入文学，成了一个很大的问题。这个问题一直困扰着的话，也就是如果不改变这个文学观念的话，就很难有大的变化。什么东西能够进入文学，就总是有个限度。其实也不是他们的问题，每一代作家都有这样的问题，说到底呢就是，写作这个行为本身也变成一种制度或者什么东西了，它总是限制了一些东西进入文学。

王安忆：我个人觉得这是个好问题，一个作家就要问这个问题，就是什么可以进入小说，而我觉得现在的作家我不喜欢的地方就是，他们觉得什么都可以进入小说。而在这帮子作家正是相反，可以进入小说的东西非常狭隘非常少。我到现在也不敢说他们的苦恼是好还是不好，很可能是一种优点，他们真的是对自己很苛求，不像现在的人那么随便地在写。我在想，进入小说的东西确实是很有限的，而他们在那个时代里，时代给他们的要求和限制又好像和文学无关，问题就这么搅在一起，我觉得蛮悲剧性的，但不觉得是不值得的，挺有价值的。其实我们现在，至少是我吧，最大的问题还是什么能写成小说，并不是我每天坐下都有东西可写。当我把一个东西写完以后，心里马上有一种失落，好像丧失了什么。我又碰到了这一个问题，什么东西可以进入小说。这个问题是每个写作的人日常化的问题，至少我是这么想的。相反，觉得任何东西都能进入小说是很糟糕的，相当糟糕的。

张新颖：就是同样一个问题，在当初八十年代和现在，对你是不一样的了？问题是一样的，但是对问题的理解应该是不一样的吧？或者处理的方法不一样？

王安忆：处理的方法会不一样；但我觉得他们很多作家到最后或者写得不好或者写得少了或者干脆不写了，最主要的就是这个问题。如果有一件事情让他们非常肯定地觉得可以写成小说的话，我相信他们都有能力做到的，这点能力没有的话就不必写小说了。但是不能肯定啊，总是在怀疑，这真是很好的，我觉得是一个好时代的话，每个人都在这样的怀疑里面。当你掌握更多的技巧的时候你能处理得更好，你可以把很多看起来不能进入小说的处理成可以进入小说的，但未必是一种好的结果。我现在觉得有很多小说写得真的蛮无聊的，最近借了张片子叫《2046》，我心里觉得怎么那么无聊，我也不说它好还是坏，就是极其无聊，我觉得这是文学最糟糕的事。不是把一件坏事写成好事，那还有有价值的东西，最糟糕的就是无聊，很苍白啊。

张新颖：当时你年纪小，是不是大家都照顾你？

王安忆：那倒没人照顾我，说小么也二十多岁了。怎么说，相反过得蛮寂寞的，因为他们都有更广泛的生活，都比较开放，尤其他们从外地到了北京感觉有了很多机会，就到处去跑，而我老老实实地在学校里，我几乎每个星期天都是在学校里。那时候能够带我出去玩的就是叶辛，所以我现在和叶辛比较好和那段生活很有关系的。叶辛他也是认识蛮多人的，但是本质上不是喜欢东跑西跑的人，也是一个喜欢安静的人，所以常常星期天就是我和他两个人在，然后他带我去中山公园或者劳动文化宫，可以玩的地方很少的，而且那时候玩得也很朴素的。然后叶辛跟我讲贵州的事，你要听他讲，讲得是真好。

张新颖：我觉得有一些人，讲什么东西讲得真好，你想要是写下来的话会有多么多么好；可是写下来就不好了。我觉得写作它本身过滤掉了一些什么东西。

王安忆：所以又回到刚才的那个问题。什么样的东西可以进入小说，这是第一个问题；第二个问题是，小说是什么样的。我常觉得他们解决了第一步，终于知道什么可以进入小说，之后小说的形状却已经被他们改变了。叶辛讲到他们农村的，插队落户的印象，我看他没有在任何小说里写过，我都很惋惜，问他为什么不写啦？他说还没到时候呀，或者说你还没看到呀。其实是他根本就没写。他跟我讲，那时候在农村，让他去教小学，那么他也很负责任，去家访，其中一个学生的父亲一直在干活，看到叶辛来家访，什么也没说，就到后院去拔了根竹子，然后就用砍刀削成一个打人的东西塞给叶辛，说你用这个打他。他们都是体罚的，打得非常厉害。有一次有个孩子，个子比较高，叶辛比较矮小嘛，结果打起来了，叶辛性格也很耿，就说你再也不能进学校，结果这个孩子就失学了。小学要毕业考中学了，他就说一定要让他们上中学，当时他们村子里没有一个上中学的。怎么上呢，他首先跑到教育局同学那边去搞到了考试的数学题目，让学生一遍又一遍地做，同时他又搞到了当时的作文题目，他又给全班五十个人写了五十篇作文，每个人背。结果除了几个年龄超过的，其他统统都上了中学。后来碰到一个学生，他怎么说？他说至少他学习了一种文明的生活方式，会刷牙，会用床单。叶辛讲的故事都很好听的，可是老看不到他写下来。还有刚刚开始上学，他就问学生说，你们能不能说说你们谁家里有书，其实是他自己很想看书，因为上海带来的书已经看完了，最后只有一个小孩子说他家里有本书，他说你明天带来给我看看。第二天小孩子拿来了，是一九五六年出的一本黄历，这就是他们的所有文化财产。叶辛也很好玩，似乎是为了满足自己对文学的爱好，他就把自己的文学梦想输出给小孩子，教他们普希金的诗，他觉得他教学中有一个遗憾，就是学生自始至终只能讲本地话不会说普通话，他们是用贵州话念“秋风来了……”他学给我听，很感动。

张新颖：这个蛮有意思的，在贵州那个地方用贵州话念普希金的诗。

王安忆：然后还给他们念高尔基的《二十九个和一个》，就讲到面包，那些孩子不懂什么是面包，他有一次回来探亲就买了个面包带去放在讲台上。我问你是不是给他们每人吃一口？他说我要自己吃，他们就排队绕着面包走了一圈。他的东西多得不得了，但就是不写，气死人啊真是。

张新颖：这问题在今天也存在，今天也有很多生活经验非常好非常好，但就是进不了文学。

王安忆：他的文学是另外一种文学，真是很奇怪，他讲很多故事真是好极了。

二 《儿童时代》

张新颖：那讲习所是一个关节口了，根据你说的话。那么下一个关节口呢？

王安忆：就是"国际写作计划"了，相隔也蛮短的，一九八三年秋天。

张新颖：那么从讲习所到"国际写作计划"，就这三四年吧，是什么样的情形？

王安忆：这三四年基本就是在和单位吵架中度过，因为他们当然觉得你应该来上班，那么我老是想请创作假，又请不下来。当然写得也很多了，反正全国得奖都是这几年写的。

张新颖：你最后离开《儿童时代》是哪一年？

王安忆：一九八七年。

张新颖：这么长的时间啊？

王安忆：后来他们承认我这个现实，就说算了嘛，随便我去。其实那时候是我很不讲理，很任性，我单位对我很负责的，要是不负责，老早开除了。

张新颖：那你什么时候开始不上班？从讲习所出来以后？

王安忆：我不是不上班，是不想上班，老在纠缠，一会儿就想去请创作假，人家也恼火得很，你有本事就调走，不能总是这样子。但是有突发事情要上稿子，他们对我是肯定放心的。

张新颖：《儿童时代》有什么突发事件？

王安忆：比如出了个英雄，我上稿子他们肯定放心的。

张新颖：我记得小时候也读过《儿童时代》，那时候我们那里也比较偏僻，这个杂志在我们那地方，很抢手，不是想订就能订得到。

王安忆：很少的是吧？

张新颖：对，它是分配的，要有关系才订得到。我妈妈和中学的校长是同学，所以家里有一份《儿童时代》。

王安忆：哪一年的？

张新颖：我现在也记不得哪一年了。就记得我读了个小说，很简单，就是一对父母领着孩子到公园里去拍照什么的，领着孩子开开心心地拍了很多照，其实照相机里是空的，没有胶卷，就是骗那个孩子让他高兴啦。后来那个孩子发现了没有胶卷，就非常伤心。就这么一个故事，不知道你有没有印象。

王安忆：我倒是没什么印象，但我去《儿童时代》不久，搞了一个征文，出来很多作者。

张新颖：那个时候的《儿童时代》影响很大。

王安忆：办得蛮好的，真的蛮好的，而且图文并茂，我们美术编辑也很好的，很讲究，版样开本都是和别人不一样的。现在不能看了，就像县城里出的一样。

张新颖：好像现在也看不到了。

王安忆：有，还有。当时我们发行量一百多万呢。那段时间就是争争吵吵这么过来，有一次请假也不行，刚结婚嘛，一九八一年结婚的，我特别想写东西，而且我很不喜欢晚上写东西，后来一气之下跑到徐州去了。也做得挺过分的，挺任性的。假如后来没有成功写出名的话，我就是很不好的一个人了，我自己也不能原谅自己。已经工作了而且那么好那么难得的一个工作，不能这样胡闹。但是我就是这样跑出去，差一点被处分，就是那一次写出了《本次列车终点》。

张新颖：在徐州写的?

王安忆：哎，在徐州写的。他们说我好也是有的，当时我结婚还没出婚假，忽然给我一个任务，要我去成都开会，并且从成都到武汉采访，我在路上生病发高烧。他们也承认我挺好的，能吃苦的。但是说我不好的地方就是太随便了，太想写东西了，就想找一个人去顶王安忆的位子，这个人肯定留不住了，一天到晚想写小说。结果找来的人是陈丹燕，也要写小说，特别滑稽，像讽刺一样的。

张新颖：那时候创作的冲动太强烈了，没办法。

王安忆：就想写东西啊，而且对上班厌倦。这恐怕和我生活经历有关，因为我插队落户、文工团，一直没有坐班，坐班对我压力也很大，我到后来还是不坐班，听到坐班就很害怕。早上几点上班晚上几点下班，这对我完全受不了，一点自由都没有。我上班就不大守纪律的，有的时候就直接不来，谁也找不到我，我也没什么事情，就跑出去或者买东西或者什么了，我就觉得很受不了这样一天到晚的上班，那时候还没有双休日，到星期天才能休息嘛，这个星期天洗个头发洗个澡，当时不是家里每天都能洗的，好像时间已经没有了，一点自由都没有，所以文工团还相对自由。我觉得上班很苦的。但那段时间进步真的很大，像《流逝》也是在那时候写的，在写《本次列车终点》的时候，还写了另一个影响更大的小说——《墙基》。所以现在回想起来，那个单位真是个好单位，办公地点又好，房子又好，刊物又是全国首屈一指的好刊物，什么都很好，就是不喜欢，我不是不喜欢这个单位，就是不喜欢上班制度。然后到了一九八三年要去美国，来了这个机会嘛。我们的社长是很喜欢我的，我们单位在系统里得了一个什么奖，我什么都不是，但他总会让我去上台领奖，觉得一个小姑娘去领奖挺好的。真的很喜欢我，但也蛮受不了我的。

张新颖：这个社长叫什么名字？

王安忆：姓冯，我们叫他老冯。他人蛮好，是一个搞地下工作的老党员，所以看起来挺上海市民气的，但资格很老。我要办手续去美国，他说你怎么就要去美国？这事情我们都不晓得。因为是作家协会系统的事嘛，而我又不受作家协会系统领导的，程序上不通的，所以当时很反感。我就去上海作协办，给我办一切的手续，单位只能准你假。总之他们觉得我也很难弄，也碍着我妈妈的面子，我现在回想起来很对不起他们，当时进去也是看我妈妈的面子，就这么几年在胡闹，总算也有点名气了，对得起他们，不至于让他们觉得一场空啦。他们给我最大限度的宽容，否则我怎么能有那么多文章见报见刊？

三　爱荷华“国际写作计划”

张新颖：那我们接着谈谈“国际写作计划”。

王安忆：“国际写作计划”，当时和我母亲一起去的，北京还有吴祖光，我们一帮子人去的。这个活动的性质我也是慢慢才了解清楚的，是聂华苓和保罗·安格尔他们夫妇两个人创办的，搞到一些钱，每年一次，主要面对发展中国家，所以到那里的都是来自所谓“问题国家”。我们去的这一届是“问题”最多的一届，有一个波兰的作家，他是寻求政治避难，带着孩子老婆很狼狈，等于聂华苓给他三个月的津贴，这三个月可以有地方住，有小小的收入，可以安心三个月；三个月以后公寓都要退掉，都要走人，他同时联系在纽约的朋友，寻求帮助，生活是相当的不安定，从波兰出来没什么钱的。他的这个孩子也有问题，因为生活不安定，就是特别地闹，大叫，有一天上午我就听到小孩子在走廊里尖哭尖叫，我去开门，其实后来我知道不应该开门的，别人的事情应该装不知道的，一开门就看到她母亲抱着她。他们觉得打扰别人是一件非常羞耻的事情，就抱着她捂着她嘴巴速速地跑到房间里去了。他们在那里的生活状况明显不如其他人，不晓得前途何在。还有一个是阿根廷的，这个女作家的问题在于她母亲是精神病人，她说这是她终生的监狱，说过这么一句话。还有一个比较戏剧性的，是前东德和前西德的，前西德的女人吧是从东德跑过去的，当时是叛国者，但在西德又并不顺遂，这个女人就酗酒，严重地酗酒，长得又丑陋，酗酒以后人神志恍惚，老是泪汪汪泪汪汪；那个东德的男作家长得漂亮得不得了，像洋娃娃一样，眼睛特别大特别天真，头发又是卷曲金黄的，后来听说他们原来是一个小镇上的街坊，两个人关系也特别好，想不到在这里重逢。聚会时“东德”就坐在“西德”的腿上。开演讲会分小组，一般是按地区国家分，西德女人不想在西欧组，想到东欧组，人家不要她，因为她是叛变的，不要你参加；让她去西欧组，她又不喜欢西欧，这是很大的悲剧。有一天晚上，很冷的天气，她就跳到河里面去了，后来被救起来了。

张新颖：这个人你好像写过的，在哪里看到的。

王安忆：我写过的，在《乌托邦诗篇》。那一届“国际写作计划”还有菲律宾的、印度尼西亚的、印度的。印度的作家给我感觉特别没归宿感，二十多种语言，可是用英语写作，语言上没有身份认同，就是你到底写给谁看，用什么语言写作，什么是母语，这是很大的困惑。那时候陈映真对我说，陈映真对我很重要，他总是讲一句话：你看看你周围，他们问题都很严重，不要以为就中国问题严重。他就提醒我注意这个背景。所以我觉得“国际写作计划”对我有很重要的影响。还有南非的，当时南非还没有独立，南非有个女诗人，她的诗讲到有色人种的处境，她看上去是白人，在会上讲到黑人怎么怎么受歧视，有人就问她，你是一个白人你是怎么能体会到黑人的处境的？然后这个女作家的回答使大家都很吃惊，她说我也是有色人种。

张新颖：你刚才提到陈映真，我有点明白了，因为你经常提到这个“国际写作计划”，我当时不明白为什么在你的经历中特别重要。刚才讲陈映真的那句话，其他国家都有问题，这样一想，这个意识对人太重要了。

王安忆：对，我们刚刚从一个经历过创伤的国家走出来，总是耿耿于怀，总觉得有很大的问题，他呢一开始是喜欢听我讲大陆的情况的，听到后来他也不耐烦了，因为他发现我讲来讲去也不过就这些东西，这些他在报纸上看到的比我讲得更夸张，他不想听，想听我们是不是看到别样的东西，我提供不出来，所以经常会很对立，对立的时候他就说你看大家都有问题。他英语很好，能用英语对话，就告诉我很多这个人干什么，那个人干什么，他告诉我很多的事情。我们确实各有各的问题，尤其是波兰的一家人给我印象最深，我觉得他们过得非常的凄惨，前途没有着落，比我们早离开爱荷华，据说纽约那里要上演他的戏剧。他邀请我们到他的房间里去，也没什么高兴的气氛，刚刚适应，小孩子又要去陌生的地方。还有一对冰岛夫妻，冰岛倒是很安宁的国家，他们很奇怪，领养了一个南美的孩子，皮是皮得不得了，但是很快乐的，他们不太在乎这种血缘上的必然关系的，那南美孩子就和这个波兰的小女孩玩起来。后来发现波兰女孩好起来了，明显好起来了，开始微笑啊，拉拉手啊，抱抱啊，但是要走了。波兰作家看到我总是很有感触，我想这种感触大概是觉得我们有同样的处境，总归要抱抱我拉拉我的头发，这种亲热我感觉他是在想我们在同样的处境里，你以后不知道怎么样。后来据说还不错，在美国就这样，只要你努力找到机会慢慢站住脚就会好起来，代价却也付出了。还有个土耳其人，蛮活泼的，他好像问题不大。

张新颖：他们也很能干，聂华苓哪里搞到这么一大笔钱？这么一个持续的计划。

王安忆：持续几十年了，一开始搞到的钱大概不多，人是不多的，慢慢很多企业都知道了安格尔和聂华苓，这个计划慢慢使爱荷华大学有名起来了，像爱荷华大学是理科的学校，在文科不是很有名，这个计划使这个大学在文科方面有了声誉。很可惜，安格尔去世，以后聂华苓再退休，就萎缩了，数年以后新来了一个人，是一个瑞典人，研究捷克，聂华苓是要物色一个对第三世界有兴趣的人，可以保持原来的性质和风格。他主持的时候规模明显缩小，我后来去过一次，二〇〇一年，立场性也不像当时那么鲜明了。但是由于聂华苓的影响，依然对中国人厚爱。我们那届人最多，三十几个国家和地区，我们脑子里外国就是西方，不料一下子出来那么多“问题国家”。一个印度尼西亚的诗人朗读他的作品的时候，有一句话特别响亮：有这么多问题在面前，可我不能回过头去，只能面向它。就是这种气氛，很革命的，很左翼的。后来陈映真觉得我的思想倾向也蛮危险的，于是在我们后来的旅行中安排我的活动。他真的待我蛮好的，我觉得我挺好命的，总在关键时刻有人来救我，他就和聂华苓商量我们的旅行，我们的行程都是他参与安排的，从哪里到哪里，安排什么人接待我们或者和我谈话。

张新颖：那陈映真在这个活动里的角色有点儿特殊啊。

王安忆：陈映真是很特殊的，很早聂华苓就打算请他去，后来台湾的事情让他坐牢了嘛，所以事情拖了那么多年才实现，到了美国去，这是他第一次从台湾走出去。台湾局势那时候也很奇怪，在美国的时候他的一个小说在“《中国时报》”得了一个奖，这也意味着台湾的开放，小说叫《山路》，是挺左翼的一个小说，居然台湾能给他一个奖，得了一笔奖金，这笔奖金就让他太太去了一次美国，他的父母正好也在美国，他的弟弟妹妹在美国开餐馆的，聂华苓特别为他们家举行了一次宴会。他的爸爸、弟弟、妹妹、妻子，还有其他中国人聚在聂华苓家里，等于搞个欢迎宴，他父亲讲话讲得特别好。陈映真刚刚被抓到监狱的时候，聂华苓夫妇当时花了很大力气，要给他请美国律师，用美国的法律帮他打官司，他的父亲说，还是免了吧，中国人的事情还是中国人自己解决吧。

张新颖：他父亲好像是牧师?

王安忆：是牧师，一生都在传道。这个老人我特别尊敬他，他能讲这样的话，人格很高的。他们有些说法我们是没听说过的，比如飞机飞到那里去，劫持台湾就嘉奖，台湾再有人劫持飞过来，我们捧为英雄。他们知识分子会觉得很羞耻，觉得都是中国人，不应该鼓励变节，不应该让别人看笑话。在跳出一种意识形态的时候，好像会看到另外一种标准，你也可以说它是更高道德的。我们那里还有一个很有问题的作家，来自巴勒斯坦，长得好漂亮，但是会经常不高兴，经常忧郁，经常觉得自己是没有家乡的人，她是一个有特别意识的人，在任何场合都要说我是巴勒斯坦人。我们那一届都是有问题的人。她性格特别强烈，个人生活不知道是离婚还是单身。还有一个保加利亚的作家，长得特别英俊，也是离婚的，我发现祖国的命运和个人的联系在一起的话就会变得非常尖锐。你个人生活起步好的话，也可以顺利度过民族危机。好像社会主义阵营的人都蛮要好的，很奇怪。这个男作家也蛮喜欢我的，他虽然英俊，但女作家对他打分并不高，大家认为陈映真更美，因为有内涵。社会主义阵营的人蛮孤独的，当时发生了一件事情，苏联把南韩的飞机打下来，说是打错了，其实怎么会打错，是客机。当时有韩国的作家他非常难过，同时东德的作家也哭了，他感到很羞耻，因为是发生在东欧的社会主义阵营里的。所以我觉得很奇怪，很多国际问题都在我们这里体现出来了，正好一九八三年决定要“九七回归”嘛，香港的一个作家叫潘耀明，就是现在《明报》月刊主编，天天翻报纸看他们股市，股市跌得一塌糊涂。后来发现那一年是国际事件发生最多的一年，每个人都碰到自己的问题。

张新颖：这样到那里可能就是会产生出一个比较宽广的意识，自己的问题仅仅是一个问题，不会那么自恋，老是想好像全世界就只有我这么一个问题。

王安忆：而且你会觉得你的问题解决了以后，你还有新的问题生出来。

张新颖：而且还有一点也很重要，就是说在八十年代整个中国改革开放学习西方的背景下，好像在一般的中国人眼里一个是中国一个是西方，这样一看就完全打破了中国／西方那么简单的一个概念。

王安忆：对，感觉很强烈的就是我们的问题解决了又怎么样，还有问题，好像这个世界永远有问题。而且到美国有个非常清醒的认识，就美国是个例外。美国肯定是在很多问题上是例外，我们到农场去玩，印象很深刻，农民生活特别安逸，门口竖着一面国旗，那个农民和我们讲：我觉得我生活在这个国家很幸运。你会觉得这个国家那么特殊，那么和别人不一样，首先它的先天那么好，因为我插队落户过嘛，中国根本不会有这么肥沃的土地，而且没有灾难，庄稼长得那么好。你看他们地图会觉得很奇怪，他们州的边界会划得这么整齐，这就体现出后天的优势。像我们就犬齿交错。你看那个英国和爱尔兰也犬齿交错得厉害。这个国家得天独厚，看地图就能看出来，就像用尺划出来似的。

张新颖：这样的经历到底对写作有什么影响？

王安忆：具体的也说不上来，可是要从抽象角度来讲，肯定是把你的背景给拓宽了。我记得安格尔生病，他们请了一个大师，从纽约来，顺便给我们每个人看，也不是看，反正就是估算我们的命运，他讲得很复杂的，我实在没能力去复述，他讲五行啦就是金木水火土，等等，他当时对我有个预测蛮有意思的，他说到水，说每个人的“水”是不同的，最宽广的是海，第二宽广是川，第三是河，最后是塘那种，那种封闭狭窄的生活。他当时看我，说我水字一栏是川，我觉得他对我有一种预示，我在想我的生活大概会比较宽广。

张新颖：这可能是一种比较好的暗示。

王安忆：而且我觉得大师的话非常有道理，非常文学化的，他说我和我母亲，他说我母亲非常不容易，她很坚韧，他说你们两个人的命运都很艰辛的，可是你妈妈是苦的艰辛，你是乐的艰辛。讲得很有趣了。我是挺好命的，但他也讲了点儿我的问题，说你有怨，所以提个建议，就是在你的床前放个镜子，我懂他的意思，就是一早起来就看到的景象是比较宽广的，他说一定要把你的怨解决掉。

张新颖：你有什么怨呢?

王安忆：当时我就蛮怨的，我就觉得大师说得很对，也是陈映真跟我说的话，我总觉得自己来自一个很不幸的命运，自己生不逢时，我们八十年代出去的每个人都带着怨的。

张新颖：其实不是个人的怨，是普遍的时代的，年轻人都觉得怨。

王安忆：都是苦闷愤青的那种。而时代又使我们的愤怨合法化了。这个大师挺有趣的，说到木，金木水火土里的“木”，他说最硬的是槟榔木，特别不能圆通，他说我妈妈就是槟榔木，最不容易受人家影响。

张新颖：那你现在的作品陈映真他看不看？他会跟你谈吗?

王安忆：不谈，他不跟我谈这种琐碎的事情的。我在想，我是听别人说，他只是通过别人对我的评价，或者听台湾媒体对我的描绘这种方式，来了解我，所谓上海风情啊，或者怀旧啊，还有前面一段写性啊，我感觉陈映真都是从媒体对我的评介来对我了解的。所以他好像对我是有点不满的，对我的写作不满。但是我在想，他没有真正看过，他要是真正看过也许不会这么失望。二○○三年底不是在马来西亚给他发了一个奖吗？发奖的时候我觉得还是蛮激动的，我特别愿意他得到这么一个奖，虽然我知道这个奖其实也不能说明什么，第一届是我得的，第二届由我上一届得主给他发奖，我觉得应该是颠倒过来。好像我觉得这也蛮好的，觉得这种颠倒或许象征了一种特别的传承关系。

四　陈丹青

张新颖：这次出国还有些什么值得说说的事情呢？

王安忆：好像有很多风云际会似的。我是一九八三年在美国嘛，正好是我们这里有些精英开始出国，我就是在那里认识的陈丹青，原来他也知道我，我也知道他，可是就没见过面也没交谈过，我就看过他的《西藏组画》，他连我作品也没看过，就知道有这么一个人写知青的，挺有名的，他爸爸跟他讲的。我到了华盛顿，中国大使馆有个官员叫舒章，是文化一秘，他就说我们这个年龄出国都很幸运的，我来给你介绍认识一个人吧，我说谁呀，他说陈丹青，画画的，也是上海人，舒章也是上海人。我记得很清楚的，看完戏很晚了，就在他的办公室给陈丹青打了一个电话，然后就和他约好在纽约见一面，陈丹青当时也挺孤独的嘛，他也就欣然答应了。我到了纽约之后就和陈丹青联络，约了见面的地方。第二天我就去了，他已经到了，坐在林肯中心的喷水池旁，他坐那儿，哎哟蛮严肃的，我觉得特别严肃，当时他思想上很苦闷。其实陈丹青的苦闷，蛮引起我尊敬的，当时所有的留学生生活都很困苦，但是陈丹青生活没有问题，因为他到那边立刻就有画廊的签约，他的居留也不成问题，哎哟，当时他非常不高兴，很苦闷就是，就好像跑到那边受到很大的很强烈的冲击一样的。我觉得在美国这段时间认识陈丹青非常重要，然后他就带我去看大都会博物馆。我每次到纽约，他总归是带我到大都会博物馆，像他们家一样的，总是大都会博物馆。我到现在都无法整理出他当时的苦闷，有一个突出的印象就是不肯学英语，我没想到他英文那么差，后来好了，但那两年不喜欢学英语，只看中文书。我当时带给他两本小说集，他就在地铁上看，当时这种气氛真是挺寂寞又是挺苦闷的，然后看到家乡来的人给他带两本小说，写的又是他同时代的人的生活，他就在地铁里哭，一边看一边哭，别人都不晓得这个中国人发生什么事情了。别人都忙着向西方认同，他却在向中国认同。我第一次到纽约的整个旅行经验都是和他在一起的。他难得一笑，不开心，对美国的生活我看他毫不了解，就说跟他去吃饭吧，总归是吃得很差，因为他不晓得应该到哪里去吃饭，就沉浸在他的苦闷当中。跑到大都会博物馆，他带我去看这些画，然后他就讲，我记得印象特别深刻，坐在画前面的长凳上，他说事实上我到这我才知道，我们现在所做的一切——他当时在上海，在国内已是一流——

张新颖：对。

王安忆：他说我们所做的一切都是铺路的石头，这油画不是我们的东西，真是看了以后就晓得差距多远多远啦，可却不是没有信心，而是——我们在铺路。他生活上绝对没有问题，不像别的人都在为打工啊，语言啊，怎么吃饭啊发愁，这些问题一点都没有。想家，强烈地想家。这种想家，而且很无望，不像我们插队落户时候想家，到过年总归好回家了吧。我回到上海来以后，他就连连地来信，可是我呢因为回到上海以后生活会比较丰富嘛——

张新颖：心情就不一样。

王安忆：不一样了，情绪不一样，过了好久我才写封信，这封信到现在我还记得很清楚，写了到他家里去的一些状况，因为我想他那么想家，我给他写他们家里边的情况，哎呀，激动得不得了，就好像回到了自己家一样的感觉。由他带我去看大都会博物馆，我觉得蛮幸运的。后来我第二次去纽约，他还是带我去大都会博物馆，好像没别的内容。那个时代很好，大家都是认真地想些事情，正经地在学习，总之就觉得做梦也没想到会有这么一天，所以大家都牢牢地抓住这个机遇。我和他经常会谈到一个匮乏的问题，其实我们有的时候觉得，必要的匮乏是应该的，一定程度的匮乏是必要的，不能太满，不能太多。

张新颖：那过去太匮乏了，就像陈丹青说的，说我们老是去看那个绘画的复制品，都把感觉给搞坏了，没办法做好这样的事情。

王安忆：我觉得这话他是后来说的。他现在回来以后情况不太一样。

张新颖：我也觉得他现在很会说话，没想到你说他那时候很苦闷，他现在一说话很有效果。

王安忆：他现在说话很有效果，在美国时，没人听他说话，现在太多人要听他说话。我不久以前，上个礼拜，就在元旦假期当中跟他通了个电话，我感到好像又有点恢复过去的对话方式了。后现代理论我不是很了解，我觉得它挺不讲理，就好像给我印象当中就是先承认一切存在的权利，然后取消一切存在的理由。有一段时间我和陈丹青没法说话，这大概就是一个原因。你就想问他讨个意见，永远讨不到的，他以前给你的回答都是很肯定的，好或者不好，高或者低。但是有一段时间很奇怪的，他总是说，这样子蛮好嘛，就这样好呀。永远没法讨论问题了。但是最近我和他打了电话——

张新颖：可以讨论问题了？

王安忆：可以讨论问题了。因为有十个画家要和我对话，都是油画家，我一点都不认识，不了解，我就问他打听情况，然后他就问我看他们画的感觉、印象，我说我就想知道他们为什么这么取消细节，他们为什么怕落后，或者生怕没现代性。他就说你这个问题提得很好，他可以肯定我的意见提得很好了，已经在很长的一段时间里边他都不说这种肯定或者否定的话了，他觉得你的意见是没有意义的，你的困惑是没有意义的，我觉得好像有点慢慢回来。他有一段时间真的很奇怪，他怎么会变成这样？我觉得还是后现代理论在起作用。

张新颖：不一定是后现代理论。

王安忆：可是它确实有一种取消性的方法呀，方法就是取消一切。看起来好像是肯定一切，但它骨子里是取消一切的，它取消差别，它认为没有差别的，差别是没有意义的，那你就没法讨论，因为我们有差别我们才能讨论嘛。这很可怕的。

张新颖：没差别我也可以做画家了。

王安忆：陈丹青就认为你也可以做画家。没法说话了，好久不跟他打电话了，最近好像好一点。这个人蛮好的，好像始终是我的思想的伙伴一样的，多少年来就是这样讨论思想，哪怕是讨论不下去，那也不会放弃。

张新颖：那你对绘画本身感兴趣吗？

王安忆：感兴趣的。

张新颖：怎么会有这种兴趣的？

王安忆：我从小蛮喜欢画画的，我妈妈偏不让我画。

张新颖：就是你一开始讲过的，那后来做过一点训练吧？

王安忆：没有，一点训练都没有，但是我对画画蛮喜欢的，不是画，我不会画，我蛮喜欢看画，看一些直观性的东西，包括戏剧。我对绘画的喜欢超过对音乐的喜欢，音乐我也搞过。

张新颖：说到戏剧，你喜欢戏剧我也是想不大通的，这个是因为受父亲影响还是怎么？

王安忆：戏剧和文学连在一起的呀。

张新颖：不是啊，我是这样感觉，戏剧和小说比较起来，戏剧是一种很夸张的，不自然的一种艺术，而小说是日常性的，不一定像戏剧那么集中啊，那么冲突啊——所以我觉得它们两个在性质上有很多地方是相反的。

王安忆：年轻时我也这么认为，并且经常要强调我是要取消戏剧性的，可是戏剧性和戏剧是两个概念是吧，事实上现在我就觉得，戏剧它有一个把小说里面很隐性的东西变成显性的功能。小说应该是做的，一定要去做的，就是你一定不能和生活是一样的，这点我现在刚刚搞懂了，刚刚自觉地去做。它一定是做出来的东西，它绝对不是一个把生活原型照搬上去的东西。而戏剧把这些东西显性化了，它一上来就告诉你，此和彼是不同的，界限分明，我觉得这很好。我记得小时候看契诃夫的剧本《海鸥》，真是感动得热泪盈眶，其实我到现在来给人家复述这个故事还是不很能复述出来，我始终是有一个问题，就说那个女孩子，她出去学戏剧，她那么失败地回来，我的问题就是，为什么要表现她的失败？我到现在还在问这个问题。我很喜欢看契诃夫的《海鸥》，就是说一个女孩她失败到这种程度了，可她还在舞台上，站在那儿。我觉得戏剧很好，喜欢看戏，真的喜欢看戏。

张新颖：这个是不是一种补充？比如说，戏剧可以看得热泪盈眶，看小说你也会这样吗？

王安忆：小说更可以热泪盈眶。像我这人看电影一般不大会的，最容易热泪盈眶就是看小说，语言的力量特别强烈。你看雨果《悲惨世界》的电影，冉阿让最后和那个小姑娘珂赛特讲，我现在还记得：你是那么的幸福，你母亲是那么的不幸。音乐啊，又是什么大特写啊，可感动你的还是那些语言——你是那么幸福，你的母亲是那么不幸——直感总是有限的，不像文字有那种无限性的。

张新颖：那么我们再回到刚才那个话题，就是那次在美国，通过陈丹青是不是还认识了其他一些中国人，接触了一些什么？

王安忆：没有，陈丹青这人生活很封闭的，你不要指望他有什么社会生活。你说很奇怪吧，陈丹青在美国的生活，一个是很封闭，另外一个就是很像匠人，就是画画，其实艺术家吧，真的就是匠人。

张新颖：他现在画不画，他现在不画了？

王安忆：一说这话他好像又那个了，他上次还发脾气了，一天到晚叫我画叫我画。我也不晓得这有什么好生气的。我就觉得一个小说家就得一天到晚写小说，画家就是不断地在画，哪怕你画的只是素描或者素材，你也得画，这是个重要的标志，标志你是一个画家，不是标志，说标志不好，就是说你在过着一种绘画的生活。这很糟糕的，一个职业的专业性慢慢消失以后吧，你要找回来都找不回来了，真的很难找回来了，我觉得他是很聪明的，他知道自己的问题，他太知道了，所以他就会这么发火。

张新颖：最近看到你们之间讨论一些问题的对话，觉得有时候特别能互相理解。

王安忆：在我的生活当中，我觉得和陈丹青的交往是重要的，虽然有时候会生气，可是我觉得他真是我一个思想的伴侣，我们会很长时间不谈话，可是忽然之间会谈，就像昨天刚刚谈过的一样的，会在某一点上达到契合，互相特别能够提供材料或者说提供一种积极的反应，会谈得很好，但是也会非常非常谈不拢，也会有这种情况，但我就觉得始终是可以在一个水平线上。

五　史铁生

张新颖：还有什么人对你很重要呢?

王安忆：还有什么人对我重要呢?史铁生。我说我第一次是在讲习所看见他，后来我上门去，我经常上门去，我有时候就在想，我这人是一种不太喜欢别人上门的人，可是我是喜欢上门的，我觉得我上门是有主动性，我可以选择，别人上我的门我没有选择。我是非常勤快地往史铁生家去的，大概都超过了史铁生自己的预想。我到北京去，尤其以前他们家住在那个雍和宫大街26号的时候，每一次去北京必须要去的，有时候是今天去明天再去，到他家去特别放松。

张新颖：为什么要去呢?

王安忆：首先是他是一个不大方便出来的人，你要见他就要上门去，他有很严格的作息制度，我记得我第一次去吧，他父亲出来就挡我们，不让我们进，今天不是接见时间，这时候呢史铁生在里面大概听到我说话的口音了，他晓得我是从上海来的，他就给他爸爸一个暗号，敲敲玻璃窗，当时住的小院子，他爸爸就放我进去了。那时候冬天么，我就看史铁生的家里也没有暖气，烧的炉子，他那时还没结婚，还没女朋友，穿得挺单薄的，那我回到上海就给他织了件毛衣，我动点小心眼。

张新颖：那是哪一年，应该是比较早的。

王安忆：也不是很早，八十年代中期吧。我就觉得要讨好讨好他，从此以后他爸爸就不拦我了，只要是我，去好了，他父亲连我叫什么名字都搞不清楚，只知道我是上海来的，给史铁生织毛衣的。有一次我记得很清楚，我和史铁生还有他爸爸三个人在吃晚饭，那时刚好是奥运会，三个人就看奥运会，他们家的电视机破得不得了，必须要有一个可乐罐钉在上面，还有用手扶着它才有图像，那种破电视机。

张新颖：哦，奥运会，那是一九八八年的时候。

王安忆：一九八八年。吃饭时候，杨文意得了一个奖，正好从游泳池里出来，他爸爸就说你看她，和你名字一样。史铁生说人家叫王安忆，不是杨文意，名字都没搞清楚。他爸爸那个时候已经对我大开绿灯了。我爱上他家有很多原因：第一个我觉得到他家去真的很放松，就是很放松；还有我就觉得与他个人的魅力很有关系，你渴望和一个人接触，这个人肯定是有魅力的。

张新颖：什么魅力呢？

王安忆：我觉得他是那种思想很有光彩的人。他也是可以谈话，可是和他谈话要辛苦得多，他会进入一个玄思的世界，因为他是没有什么外部生活的，他外部生活非常非常简单，所以你和他谈话很快就到形而上去了，你就跟着他形而上，很辛苦的，和他谈话真的很辛苦，就像看他某些小说一样的，但是很有乐趣，真的很有乐趣。像有的时候他讲一些比较现实的事情吧，倒觉得挺没意思的。

张新颖：他是一个内心想事情的人，想得很多，很深。

王安忆：二〇〇三年我到北京开政协会，我到北京第一天晚上就跑他们家去，他突然之间要给我们讲笑话，这个笑话讲得又长又没味道，他就自己一个人在那笑，我们也不好意思不笑。我就觉得他讲一个比较现实的事情反而就很无味，但如果他要给你讲他的思想，讲得非常有意思，他有很多看法就和我们不一样，而且我觉得他所有的看法都是他自己思想的果实，不是说看哪本书啊，都是他自己挖掘出来的，他自己慢慢推理推出来的。比如讲到同性恋的事情，有那么多同性恋理论，他却认为，同性恋就是什么呢？因为男女之间关系已经方便到唾手可得，太容易了，太方便了，所以说人总是在向艰难的欲求不得的地方攀爬。他的思想和别人的这么不一样，但你晓得是他自己独立思想的结果，独立搞这种东西。史铁生是一个很特别的人，有的时候你和他在一起你会觉得，哎呀，你会觉得他很健康，觉得他很健全，你不觉得他有什么缺陷，他有一种思想上可以不断激发人的力量。史铁生就是一个偶像，你觉得不能和他有过多的接触。我想张文江应该和史铁生两个人对对话，他们两个人说不定能对到一起，都带有玄思的。

张新颖：他们两个有一个很大的区别。张文江，你别看他讲得很玄，可他所有的想法都是跟自己亲身的体验有关系的。那么史铁生有一个问题，他要把他的思想跟自己的体验剥离开来，他的思想、他的抽象的想法，其实是为克服自己的局限性，特别是命运的痛苦，思想成为拯救痛苦的一种东西。他一定要往抽象的东西走，越抽象，就越离开自己具体的痛苦。他是这个方向，可是张文江强调的方向倒是相反的，你一定要走到你贴心贴肉的那个方向，思想再抽象、再玄虚，一定要跟自己的东西结合起来。我是比较赞同张文江的方向，所以我对《务虚笔记》是多少有点失望。我特别喜欢史铁生这个作家，我就觉得这么好的一个作家，然后他经受这样的折磨。一般的人当然不能故意去经受这个折磨，但是他已经有了折磨，这个折磨其实是一笔财富。不一定是直接去写痛苦，但是如果能把亲身经历的，把痛苦的信息带到文字里去，这样的东西一定是最好的，一流的。但是，他的问题是，一定要使自己的思想跟这脱离开来，否则没法过下去。所以，从人上来说，史铁生是一个非常好的人，非常了不起的人；从文学上讲，他的力量还没有达到既可以使自己能够接受这样一个命运，又可以直接地面对它，接近它。他克服痛苦的办法等于是离开它。能力更大的人就是完全可以接近它，正视它，把痛苦挖掘到更痛苦的地方，把痛苦扩大。当然我这样说，是过于苛求了，也是站着说话不怕腰疼。

王安忆：上次台湾出《务虚笔记》，不是要我给他写序嘛，那我真是看到血都要吐出来了，我必须要找到一个脉络。

张新颖：我看到你那篇文章，我觉得你写得很好，就是感觉好像没有结尾似的。但这没有结尾，不是你的问题，是他的问题，就是到了那儿。

王安忆：这个长篇真是非常难读，最主要还不是我读不懂，是我读的时候，心里很怀疑，这里面是不是有那么多东西？是不是我将它们搞复杂了？这是一个很大的问题。

张新颖：他把一切都抽象了之后，符号化之后，这东西有的时候就会感觉有点空了。其实对于他自己不是空的，是实实在在的，可是经过这样的抽象化的文字传达，就有点空了。

王安忆：你要去看他生存吧，其实真的是不容易，一切，所有，都绷了筋，哪一根要松了，就哗哗都下去了。而且最困难的事情在于，我们还没有宗教。我觉得中国人没有宗教是个很大的问题。有宗教吧，你会接受，你会平静很多。在法国，我就看到，那是在一个最底层的地区，也有一个教堂，教堂的样子也挺朴素的，门口还有马粪，但当我进去以后，我就发现那些神父很尽职。是星期天，就走过来两位神父，一位坐下和一个男的对话了，安慰他。另一位看看我，我说不需要帮助，他就绕过我，走向一个黑女人。那个黑女人一直等在那儿，他问黑女人是不是有需要帮助的，黑女人说，是的。然后他们就到一边去。我很尊敬他们，就远远看着他们，这个神父坐在椅子上，这个女的就先跪在地上祷告，祷告了蛮长的时间，然后再坐起来，开始聊天了。我在想，这都是最穷的人，他给她做心灵的抚慰。我们现在就没有一个地方，可以让你先生出一种尊敬、信任，然后把我的苦水倒给你，让你来告诉我，不是告诉我怎么去争取福利啊争取补助，是让我来怎么接受这一切。中国人没有宗教，心中的疾苦只有自己承受。

张新颖：现在中国人信教的越来越多了。

王安忆：可是信教不是这样信法的。我们中国人信教信错了，太功利，太短见了。在国外生活的时候，你不论到哪里去，往往碰到墓地和教堂。当你在一个小地方要待上一段时光，你恐怕没什么地方好去，走走就到教堂，走走就到墓地。我曾经在靠近荷兰的一个德国小镇上待了一个星期，闷得简直是没办法，他们的墓地就像个雕塑花园，还有它的教堂，是我经常去的地方，我就跑那儿，坐在墓地或者教堂里面。有一天晚上，我碰到教民正好做晚祷。在我后面，一对老夫妻带了两个孩子，都是残疾，而且是严重的残疾，可是他们收拾得干干净净，并且非常安宁。我是很不礼貌的，很好奇，老是去看他们。外国人，即使是小孩子看到一个畸形的病人，他们也不会盯着你看的。我一看他们，他们就对我笑。我心里就在想，先不讲深远的事情，我们就讲普通日常生活，在做晚祷的时候，这个小地方的人穿得干干净净的，像参加小小的社交，否则他们这些好衣服也没机会穿，他们到这时候聚会在一起，做好了祷告以后，大家一起聊天。从日常生活来讲，有一个这样的社交环境，一个礼拜有一次吧。不是卡拉OK，是安静的；也不是喝茶，和我们的物质享受是没有关系的。然后我们再讲更深一步，也许这对父母能够接受他们的命运，就是至少是每个礼拜能够到这个地方来，和大家在一起。有时候真的觉得，你要了解德国，不要到柏林，而是这些偏僻的地方。在教堂里，我总是看到这样的场景，太阳已经偏西了，阳光射进来几缕，几个老年的妇女坐在那儿祷告，一些比较粗壮的中年妇女在那儿洒扫。这是非常日常的场景。我不晓得他们祷告什么，但我在想，你就想象所有的问题，在这时候，面对着上帝。

张新颖：过去中国农村也有，它的抚慰不是宗教的抚慰，就是传统的民俗啊，风俗啊，节日啊，社戏啊，这一类的东西。但是从二十世纪以后就没有了。

王安忆：这应该理解成娱乐吧。

张新颖：不是娱乐。它既是娱神的，也是娱己的。比如社戏这种东西，每年有，有的是在春节，有的是在秋天，它一定是要唱的。第一天上午唱的社戏，一定是歌颂神、酬谢神的，就是那种很严肃的，肯定小孩子是不要看的，没意思的。然后到了下午才出现这种很热闹的，人间世俗的戏。看热闹的戏的时候，一边上面戏台上在演，一边下面是很热闹的，吃喝，或者聊天。完全不像城市在一个空间里看戏。你把精力集中在舞台上。这个环节对他们来说很重要的，你想，农民的生活多单调啊，但这是一个交流，对他们是有精神作用的，酬神，他自己也高兴。他也是穿着干干净净的衣服；平常很节省的，这个时候口袋里会装一点零钱，买零食吃；然后周围几个村子的人大家说说闲话，也是一个社交。每年会有这样一个机会来发泄，或者就是精神上得到舒缓。还有这种很严格的风俗节气，几月几号做什么吃什么，应该怎么怎么的。季节轮换是个很重要的概念，和农民的作息、他的生理周期是有呼应的，现在完了，乱掉了。

王安忆：还有一个很坏的东西，就是大棚蔬菜和暖房。它把季节都打乱了。以前什么季节出什么水果或什么蔬菜，都是有定规，其实就是仪式感，现在天天都有得吃，也就没有仪式感了。

张新颖：沈从文写到这样一个细节，现在人会把它看成迷信，但这对当地人生活是很重要的，他们一直是这样的。湘西产橘子的地方，每年做母亲的要找两个小孩子，一个男孩，一个女孩，在树底下一问一答地说：甜了吗？甜了。有了这以后，她就相信第二年的橘子是会很甜的。其实她也知道不一定是因为有这么一问一答就甜了，但每年是一定要说的。这就是艺术啊，这是跟他的精神生活连在一块儿的。二十世纪以后，特别是科学观念的普及，都把这当成迷信来看待了。按照鲁迅的说法，迷信和淳朴的乡民的精神生活是连在一块儿的，然后这种迷信的东西被扫除了之后，这个问题其实很严重。他生活的完整性就被破坏了，农村就变成只有简单的劳动了。劳动之余，干什么呢？不识字的人，他也有他的精神生活，但是这些东西被扫除之后，他的精神生活就没有了，他没有精神生活的渠道了。所以你现在看农村，真是破败得不得了。

王安忆：这就是艺术，我觉得艺术就是一个没有用的东西，现在我们什么东西都要有用。像葬礼，我参加农村的葬礼，真觉得是艺术。盖棺的时候不是要敲钉吗？小孩子就要喊，奶奶，躲钉！这就是艺术呀。因为它是没有用的，我们现在把没有用的东西都取消掉了。

张新颖：科学有一个观念，科学就是要有用，没有用的就是不科学。科学其实是很专断的。

王安忆：现在这个世界剩下来的都是有用的东西。所以这个时代发展下去对艺术是蛮损害的。

张新颖：科学有点自大，科学认为，没有它不可以解释的事情。其实，世界是有很多事情是不可以解释的，你一定要为不可以解释的事情留下一个空间。

王安忆：像上次张文江讲的，《庄子·寓言》中说，“四年而物”，到了第四年才格物嘛，真正的唯物主义者不是否定未知，而是否定迷信。我记得我们在全国政协开会的时候，有一位院士，是专门研究生物基因的。我问他，你相不相信鬼？我想，他们科学家肯定是唯物主义者。可他回答我，回答得特别好，他说，你用了一个很好的词，你知道吗？你用了“相信”，相信是不需要证实的。他就承认很多东西是无法证实的，但是它不一定不存在。

六　再谈传统和反叛

张新颖：那你前面说到文学讲习所和“国际写作计划”这两个关节口，以后还有类似这样的重要的关节口吗？

王安忆：以后好像没有了，我也不晓得怎么回事，以后就不大有了。

张新颖：以后可能人就比较成熟了。

王安忆：稳定了，就是说趋于成型，再没有遭遇这么强烈的冲击性了，没有这么明显的嬗变。一九八九年以后我经常感到不满足的地方，就是没有承继，好像没有前辈呀。人们经常说，上海现在后继没有人啦，没有新人出现；我倒不担心新人，我就担心前面没有人，前面没有人后面肯定没有人啦，不行的，没有承继，所以有的时候，真的好像拼命要给自己找一个领袖，有这样的心情。

张新颖：为什么要一定要——你这样讲，年轻人会觉得蛮难理解的——为什么一定要前面有人？

王安忆：这种事情，我们用很感性的话来讲吧，就像父母一样的，因为我现在父亲母亲都没有了，陈村他也是和我同一年里最后一位长辈去世，他有一句话讲得很对，他说其实父母到后来吧对你已经没什么作用了，但他们是个象征，他们在的话你就会觉得好像树还有荫，他们没有了，你就是自己一个人无遮无挡在前面了。需要的，前面需要有人的，就像我们有的时候拼命要看书，看书就是要找一个传承呀，我倒不是说一定要把我自己挂在这个传承上面，但有和没有大不一样，即便是要反抗，也有反抗的目标了。我很羡慕西方人他们有本《圣经》，有神和无神都有出处。

张新颖：有一个好像可以找到的源头一样的。

王安忆：这个东西非常有力的。故事也好，道德支持也好，感情资源也好，都可以在上面找到。就讲《红楼梦》，宝黛的爱情如果仅仅是大观园的那些事，挺琐碎的，就像我们日常生活一样的，生生气呀，闹闹别扭啊，再喝喝酒，就这么点事情，甚至很无聊，可是你知道它后面有一个太虚幻境，三生石，有了三生石以后所有的一切全都不一样了。有的时候你就需要找到这个三生石，其实就是一个传统、源头、背景，否则的话甚至你都会怀疑我为什么写小说。如果没有那么多好小说在前面放着，没有雨果、托尔斯泰的话，你想你为什么写这些东西啦？是需要的，其实是需要的，我觉得我们年轻人的反抗都是很没道理，他没有什么可反抗的，他就这样反抗了，这很危险的，人没有一点敬意。对传统没有敬意，反抗也就缺乏严肃性。

张新颖：我们上次谈到传统与反叛的问题，其实就是这样，我们不能以为自己是石头缝里蹦出来的，没有父母，没有前人，如果前面有人就把他反掉。没有对传统的体会和敬意的话，连自己是谁也搞不清楚的。

王安忆：我记得是三年前了，顾彬，就是德国波恩大学汉学家顾彬，在华师大做访问学者，有一次我到那边去和他见面，我和他已经是好多年没见面了，那么就好像，他有很多话要说，一下子有很多问题，他感到最最奇怪的问题就是，他说当然不是不可以，就是觉得很奇怪，就是说你们怎么就可以这样子非常轻松的，任何一个人都轻而易举说不要鲁迅，不要巴金，什么都不要；如果在德国，我说我不要，是一件很慎重的事情。那是一件带有危险性的事情，我就觉得非常奇怪你们现在可以那么轻松，那么随便地就说，这个不好，那个不好，这个应该打倒，那个应该取消；如果在德国我哪怕只是说出这么一点点意思，我都要有足够的准备，非常慎重的。

张新颖：所以我们就是一点点东西都积不下来，因为前面的你都不要。也不是现在，就是二十世纪二十年代、三十年代就有人开始不要鲁迅了，就一代一代地不要，不是从我们开始不要鲁迅巴金的，其实这倒已经是一个顽固的传统了。

王安忆：早就已经有人揭竿而起。然后就越来越迅速，三十年代的人不要二十年代的人，四十年代不要三十年代，五十年代不要四十年代，六十年代……

张新颖：现在就是速度比原来加快了一点。

王安忆：加快了，真的是很快啦，转眼烟云。

七 写作习惯

张新颖：刚才你说到你不喜欢在晚上写作?

王安忆：这恐怕和家庭生活、居住环境都有关系的，因为我结婚以前和我父母住在一起的——我结婚以后有几年也和我父母住在一起，房子也不是很大的，并且我们家的习惯就是，晚上嘛，大家都应该过家庭生活了。看看书，聊聊天，假如一个人要过自己的生活也没地方给你去过。老实说，家里住得也蛮紧的。

张新颖：一般很多人是喜欢晚上写作的。

王安忆：好像我从来就不在晚上写作，这很奇怪了，真是奇怪的，我妈妈倒是在晚上写作的。我宁可在办公室写，我在《儿童时代》工作的时候，在办公室里面，那时候用纸还很节约的嘛，我们便条纸都是裁边裁下来的，我有很多小说就在那个裁边纸上打的草稿。其实办公室是一个很闲的地方，你别看坐在那，没有什么事情的呀。

张新颖：对。我研究生毕业后在报社里工作，应该说比较忙乱吧，可那几年还是在办公室里写了不少文章。

王安忆：所以我经常会在办公室写作，回家晚上也不写东西。我很多小说都写在便条纸上的。

张新颖：现在呢？现在的小说是写在笔记本上的？

王安忆：笔记本上的。

张新颖：为什么是笔记本？笔记本方便还是怎么？

王安忆：有的是活页本，有的时候是笔记本。

张新颖：这个蛮好的，这个保存起来也方便。

王安忆：我倒并不是保存，放在家里都碍事得很。我只是习惯打草稿，一遍草稿再一遍誊抄，我不会直接在格子纸上写的，格子纸上不会思考了。而且我很重视第二遍，第二遍其实很享受，享受自己的成果嘛，当然也是一个润色的过程，可以很冷静地很客观地再做一遍。写作这件事情本身是没什么色彩的，它很单调，就坐在那写字，而且其实也不像想象当中那样会有那么多戏剧性的事情发生，因为都是一个人在工作，你没有什么人可以交流啊，和你一起共同做啊，共同做的话你可能会有一些碰撞，会有一些什么事情发生，可是事实上不可能，就是一个人，其实写作生活是很单调的。

张新颖：那你写作是先想好再写，还是可以先不想好，先就是某一个灵感的一个点，然后自己写到哪里也不知道，这样开始写？

王安忆：两种情形我都有，我自己个人更倾向于后一种。就说前面一种，事先规划好的一种写作吧，操作性就更强一些；最好的是你方才说有一个模糊的轮廓，很模糊的轮廓，然后你往这个模糊的轮廓上走的时候，发生一些意外的枝节，这种状况很好，自己都很有兴趣，每天坐下来很开心，会有不期而遇。所以说让我衡量这个东西写成是多少篇幅，这个衡量主要来自它可能发生多少枝节，有些东西已经规定好了，一看就是不可能有什么意外的，不会有什么不期而遇的，所以就是个短篇；有些东西会超出自己的想象，不断地生发，不断地生发出旁枝错节来，那篇幅会长。但是我到现在吧，你或者说机械也好或者说熟练也好，基本上我事先都可以判断这是有多少字的。或者说判断，或者说是已经规定好的，也可能有了一种本能的判断。

张新颖：岔开来说一句，海明威站着写作究竟是怎么回事？站着写作，而且写得也不算少啊，偶尔写一个短篇这样写还可以，但是长篇怎么这样子写？

王安忆：我看了一些后人对海明威的描述，印象记啊什么的，我觉得这是个很造作的人，我怀疑他是造作出来的，我记得有一个记者写得蛮好玩的，那时大家都喊海明威爸爸嘛，这记者有一个机会与“爸爸”见面，他很激动，可是“爸爸”一上来就给他两拳，说：“就你？能不能顶得住我的拳击？”他往后踉跄了几步，海明威还要再给他几拳，然后这个年轻人，从此以后就打消了接近海明威的愿望，他说就让我远远地追逐“爸爸”。我感觉海明威他这个时代已经到了一个追求风格的时代了，已经到了追求个人风格的时代。所以我真的怀疑这些说法是不是真实。

张新颖：究竟站着写还是坐着写是个有点无聊的问题。但其实有一些特殊的写作习惯，这些特殊的写作习惯是有意义的啊，还真的是无聊的？

王安忆：如果是真实的话也许有意义的，如果它只是个人塑造的风格，就有点无聊。我觉得现在风格化得厉害，而且我觉得现在有些人写作吧，哎呀，我老是觉得写作不是这么写法，写作就是劳动，日复一日。电影电视要表现作家的工作，其实是困难的。它外在的形式实在很单调。只有将他们变作疯子。

张新颖：这个是一个比较可笑的东西。电影电视不大会对写作的日常性，一笔一画的日常性感兴趣。

王安忆：好像我至今还没有看到哪一个电影描述作家的生活描述得……但是我有的时候蛮喜欢去作家故居的，作家故居你去了以后呢你会知道他——也不能说知道，感受一下而已。譬如易卜生的故居，易卜生的公寓里面，尤其他到晚年人又不大能动的时候，他们就说他老是坐在这个椅子上面看外边，你从他所坐的位置望出去，望见了什么？是不是和他望见的景色是一样的？你就会想易卜生他写那么多室内剧，他的故事都是发生在室内的。

张新颖：对，还可能和那里的气候有关系。

王安忆：看他的故居你好像会慢慢地和他有点接近，挪威这种地方冬天特别特别漫长，人大部分时间就是在房间里边，和家庭在一起活动，所以他有很多戏剧，都是写家庭的，他的家庭戏剧里边未必有我们那么强烈的社会意义，你到了挪威，他们会给你讲，说易卜生的那个《傀儡之家》，它的原意好像和你们中国人的诠释很不一样，然后你会理解的。

张新颖：本来他就是这样生活的，是日常生活。

王安忆：家庭生活对他们始终是巨大的压力，不能够脱离的命运，因为那个地方冬天太漫长了。你想那么漫长的冬天，人口又那么稀少，全家人聚在一起——就像安妮躲在阁楼上，你看安妮的日记里边，她写的就是他们两家人之间的矛盾，为一张床单也会吵架，他们相依为命，可是彼此憎恨。可以参照那种室内悲剧。到作家的故居我是很有兴趣的，我在挪威去的几个故居，这种印象是很强烈，就是冬天的漫长，你要过冬，他们的生活没有那么宽广，视野都很小，但是人性确实在这个期间经受强烈的考验，我觉得是考验。

张新颖：那你写东西每天的那个工作的时间，是不是那种比较机械的，比如说一天工作几个小时。

王安忆：没有规定，但是我一般上午写，上午肯定是最好的，早上肯定是最好的。

张新颖：吃完早饭就开始，然后到吃中午饭？

王安忆：哎。所以我一般总归早上写，我记得有的时候李章在家里待的时间长我也蛮烦的，一个人很怕打扰，刚刚实行双休日的时候我特别生气。

张新颖：你生气得没道理啊，你写作不能把人家的双休日都牺牲了。

王安忆：我特别生气，我就觉得等于是一个礼拜工作五天了嘛，少了一天；而我是在家里工作的人，并且我一天到晚也不过这么几个小时，不是说我从头到尾一直坐在那儿的，每天几乎就这么点时间是可以写作的。

张新颖：其他时间就不做了？

王安忆：其他时间我就看看书啊什么的，可能就做些抄写性的，不能够去创作什么。

张新颖：那你在写一个东西的时候，特别是写长篇的时候，你今天上午写到这里了，然后比如说你下午晚上就看看书，这会不会影响写作？

王安忆：不会影响，绝对不会影响。

张新颖：就是两回事了。

王安忆：其实写长篇吧，是一个非常非常操作性的事情，就是你必须匀速前进，一点也不能急，急的话是害自己了。

张新颖：急的话就坏掉了。

王安忆：我看那个路遥写的那个《早晨从中午开始——〈平凡的世界〉创作随笔》，他就讲他写那个《平凡的世界》，他就写这个过程，让我觉得路遥太苦了，写长篇不能够这么做法，他不是一个匠人的做法，他是一个艺术家的做法，太辛苦了，你不能这样劳心劳力的，因为这么多的字，只能慢慢走下去，你坚持到底的话就是胜利！你怎么能这样子在劳动啊，我觉得他把心都操碎了，给我的感觉是好像那么迫切要达到目的地，这种强烈的愿望，就使他自己非常焦虑，这个散文是六万字，整个给我感觉是焦虑，呕心沥血。

张新颖：路遥是一个极端的例子；就说我们一般的长篇小说，一般的当代小说，总是到后面给人的感觉不像一开始那样，到后面的感觉就不对了，这个跟写作方式可能也有关系，就跟你刚才说的，那种不讲究操作性的艺术家的写作方式。

王安忆：我觉得一个是写作方式，还有，我觉得中国的作家还是不会规划大东西，所以我还是要谈到源的问题，我们都是笔记小说的那种传统，我们都不会规划大东西。上次陈彬妮来的时候我不是让你们看我做的图表么，其实我心里面一直很好奇，就是他们那些古典作家是怎么规划他的结构的。我现在看我们的长篇，看我们的东西，规划好的很少的，《九月寓言》规划得不错，能看出它是规划的。

张新颖：给人完整的感觉。

王安忆：就有完整的东西，有规划感。

张新颖：前后浑然一体。

王安忆：没有什么浪费的空间，空间都已经用上了，你真的是很难看到的。

张新颖：是不是我们比较善于写中篇？短篇，比如说好的作家吧，短篇呢觉得才华发挥不出来，长篇呢就会有你说的这样一个问题，我们好像确实没有这个传统，没有这样一个规划一个大东西的传统。

王安忆：还有，我觉得中国人的思维方式就是艺术家的思维方式，还是比较具体的，和我们没有抽象的逻辑的训练有关系。短篇我们还行，还可以期待像苏童啊这一些意外的表现；中篇好也是因为我们都是靠实力，都是靠生活经验，靠材料的，我们的材料正好到这个体积是差不多了；再大的话，你如果没有一个抽象的思维方式，你没有理由写那么长的，你凭什么让它这么长下去？你必须要有一个动力的发生的链，就像机械，齿轮带动下一个齿轮，再带动下一个齿轮。

张新颖：这个理由很重要，因为长篇的世界是一个完整的、独立的世界，要有自己支撑自己的理由。

王安忆：所以我们现在只能用一种什么办法，以编年的方式，像《白鹿原》什么的，都是历史小说，很长很长时间，那么好像有一个可以依靠的东西了，就靠自然时间，或者就靠人数众多，大家族。

张新颖：但是这样一种结构方式，找到的理由还不是自己的理由，它多半是靠历史的结构，把历史的框架当成文学的框架，其实没有自己的框架，文学就成了填充历史框架的东西。

王安忆：所以我很喜欢画这些图表，你看，比如说《悲惨世界》的空间、时间、人物、事件，我就把它列表，我看它们是以什么理由结构在一起的。中国人是比较具体，太过于具体。你去看戏剧，看外国戏剧，像最近看的《求证》，它语言的逻辑性一环扣一环，它就靠语言这么扣住，扣紧，然后推理到一个目标去，或者说彼岸。好多现在的长篇小说基本上是靠编年，时间长度很可靠啊。但《艳阳天》很奇怪的，《艳阳天》的这个体例特别奇怪，它写了那么长，写到两本吧，就写一天的事情，就写那个人——萧长春——回来，回来那一天的事情。

张新颖：《艳阳天》是蛮有意思的，如果严锋在这里他可以谈一谈。

王安忆：他可以谈很多。你看现在，我们的作品好多尤其是长篇，都是靠材料，一旦没有材料，就写得一塌糊涂。短篇非要有灵气，一定要特别机敏才行。中篇就可以靠我们的经验，中篇对经验来讲是最合适的体积了。

第三章 — 『看』

一　鲁迅的“看”和沈从文的“看”

张新颖：第一次谈话的时候，我们就谈出了一个题目，就是“看”的经验。今天就谈这个吧。

王安忆：“看”，怎么讲法，我想首先“看”应该是在一种安全的处境里边，所以我现在有的时候也会有点懊恼的，如果我年轻的时候就知道会有后来命运的发展，可能我年轻时会心情好一点，会多留一点注意力给外边的世界。我就觉得整个青春时代吧，就光在看自己，就是光在审视自己或者沉浸在自己的苦闷之中，没有怎么看外面。有的时候感到很惋惜的。比如说我现在写作的时候往往会回想当时是个什么情景，会一点都想不起来，想到的都是当时的心情，当时自己在做什么在想什么，这是很清晰的，可是对外边的世界，对客观的一些场景吧，真是没有印象。有一次上海开我的作品的讨论会，是第一次，那时候我人还不在上海，我到徐州去探亲了，开那个讨论会的时候，我母亲有一个发言。后来我看她的发言，她说我那时候给家里写信，在信里描写看到的那些场景，可是我自己都忘记了，当时在信里面写过就算了，没有往心里去。可是这些场景如果放在今天的心情，我可能会很注意的，很有心情去看。“看”

吧，真的是需要心情的，自己处境要特别安全。“看”吧，首先是一个本能，我应该是一个比较会看也比较喜欢听别人说闲话的人，很多东西，很多细节，别人不在意的，我会很入心，到后来写作慢慢变成职业以后，我就觉得我有一种心情了，就是真的是有时候会很自觉。但是“看”有的时候也不是那么自觉能做到的，就是说它还是属于那种可遇而不可求的。

张新颖：你讲你年轻的时候不太注意“看”啊，我就想起沈从文，沈从文他也是很喜欢“看”，他说他永不厌倦看一切，但是他年轻的时候呢，我觉得跟你那个状态不一样，你的那个状态是比较专注于个人，专注于个人可能就忽略了对外界的“看”，沈从文不一样，我不知道这样一个本能是怎么发展出来的，他好像从很小的时候、很年轻的时候就注意看外面的世界：比如说他年轻的时候出来当兵，其实是因为家境不好才出来当兵，可是他出来当兵的时候呢，就是心情很好，当他知道这个事情的时候他忽然感到无量的快乐，就很高兴，那么这个时候家里的人，比如说他母亲安排他出来当兵，心情很不好的，因为家道衰落。这就又想到鲁迅，就和鲁迅比较，鲁迅回忆当他母亲告诉他要他到南京去读书的时候，他就写了一段很有名的话，就是说，有谁从小康之家坠入困顿的吗？在这当中就可以看到世人的真面目。我觉得鲁迅和沈从文表现出来的“看”，非常不一样，我觉得鲁迅是非常注意看自己的，他其实是很关心我家的情况啊，别人怎么看我啊，然后我怎么受屈辱啊，他很注意看自己，比较起来好像不大注意看外面的世界，而沈从文好像有点无心无肺的，不知道自己怎么回事，还很高兴的，就去当兵了，然后就看到很多东西。

王安忆：我觉得这恐怕有两种情况。一种情形和这个人的性格有关系，往往就是那种性情比较温存的，和周围世界比较和谐的，就会注意“看”，我现在回想起来我童年的时候其实看得更多，因为那时候生活比较好，就和周围环境比较和谐，我就会有闲心，会有兴趣去看别人。我觉得“文化大革命”我看得最少，因为“文革”时候我心情最不好，又正好处在青春期。处境还是很重要的，首先你要吃饭，那是最现实的，将以何为生计？还有一个，情感也没有归宿，自己纠缠在一团乱麻里面。个人和周围环境的协调性，像有些人是天生的协调，我们作家里面有些人是很协调的，也是他们的福气吧，我觉得这是一种福气。出生在一个很自然很和谐的环境里边，生活得不是有那种很跌宕的变故的。其实沈从文生活应该讲也是有变故的吧，可是我去过凤凰，我觉得凤凰那个地方吧，自然好像比人大，周围环境比人大，你会觉得自己不重要，因为周围环境是那么有力量，这是一种情景；还有一种情景，我感到也很奇怪，我觉得像鲁迅他们这个年纪的人，在十九世纪末和二十世纪初出生的这批人，对家庭都很厌恶，都不喜欢家庭。从我的父亲的经历里边我就看出来，我就觉得他们都不喜欢自己的家庭，为什么他们不喜欢自己的家庭？首先他们不喜欢自己的父亲，很奇怪，有很多人，好像毛泽东也不喜欢。

张新颖：这个男性不喜欢自己的父亲，好像有点通例的。

王安忆：我觉得，他们那个时代里边男性都有问题，我觉得中国男性在那个世纪末世纪初的时候都出毛病了，我讲得具体点，就从我自己个人的经验来讲，就说我的祖父和外祖父都有一个癖好，就是抽鸦片，那个时代么，鸦片战争以后的中国。好像尤其是知识分子，读过一点书的，有点知识的烦恼的人，都不喜欢自己家庭，都是以离开自己家庭为出路。我觉得沈从文离开家感到很快乐，觉得天地很宽广，心情很好，一个是天性，一个会不会是一种通病啊，那个时候好像每个人都以离开家为出路。

张新颖：但是鲁迅他不高兴，离开家的时候他觉得自己好像走在末路上，实在是没办法了，就那个心情。

王安忆：鲁迅在任何阶段都不愉快的，他是一个特殊的人，他在任何一个阶段他都不开心的，他不开心我觉得他是一个责任感太强的人。

张新颖：这样说啊，其实我觉得如果说到“看”，鲁迅也很喜欢“看”的。

王安忆：对，他说深夜的时候让许广平拉开灯看一阵，那真是非常感人、动人的。

张新颖：跟你刚才说的“看”，有点不一样，你刚才说的“看”，其实是和“看”的东西有一个距离，自己要有闲心。

王安忆：是在一个安全的壳子里边。

张新颖：但是鲁迅他“看”的时候呢，他跟那个“看”的对象之间的感情特别深，就是说这个东西这些事情都与我有关，然后我要管这个事情，就有这种感觉。

王安忆：我觉得鲁迅的“看”和我们不同在什么地方，鲁迅的“看”就像是在俯瞰人间一样的，他把自己放在一个战斗者的位置，为人类而战，特别严格高拔的一个位置，他忽然之间就会有一种体恤的怜悯的心情，要去“看来看去”地“看”，看看这个世界的表象，还是令人亲切的吧。我觉得鲁迅是一个对于生活不会有太多热情的人，因为他生活在那么一个崇高的、严格的思想里边，对日常生活的态度肯定是觉得它是庸俗的，平庸的。我觉得“五四”的作家都有这种思想，他们对日常生活的态度都是觉得不够满意的。鲁迅当时“看来看去”是因为他在病中，这时人总是有种软弱，他忽然觉得被他批评过的这些东西都是那么可怜，它们的存在又是苟且又是合理，我在想大概他忽然想到要看看它们。

张新颖：他在垂危之际，非常柔弱无助，对这个世界的感情和眷恋一下子就泄露无遗；他平时不这样，平时是把深情藏在冷峻的抗争与搏杀后面，看不大出来。

王安忆：他那个文章里面写“看来看去”，我就觉得特别悲怆，因为像鲁迅这样，如果他始终身体很好很强壮的话，他绝对不会去这样看的，他都是俯视的。当然我们不可能像鲁迅那么崇高了，我们和周围的环境还都是可以商量的，作为我个人来说，我必须是安全的才能分出心去“看”。

二　站在哪里看作品里的人物

张新颖：一个是安全，还有一个，就是你谈到鲁迅有点俯视，你在“看”的时候会不会也是这样，因为我注意到你很喜欢屋顶，从屋顶看也就是从高处“看”。

王安忆：这是两个概念。我觉得我可能也会俯视，但是我俯视不像鲁迅，因为他有那么高的理想，那么高的立场，然后他就觉得你们芸芸众生真是——看你们可怜吧；我觉得我是这样，当这个事情不需要我参与的时候我会去看，可能是缺乏行动能力，我不是一个积极的参与者，什么事情我一陷到里边去我马上就觉得没有心情去看，你不可能去看，人在事中嘛，你肯定就是个行动者、参与者，只有退出来，自己和那个事情无关你才可能看，就只能是一个他者。客观的是可能“看”，主观的是不可能“看”。

张新颖：就是离开那个身在其中的位置——但是离开其实还有一个位置高低的问题，就是屋顶其实还是高的。

王安忆：恐怕是一种特殊的环境，你看我看别的地方，不大从这么高的位置看。上海这个城市，在屋顶底下的城市，都是苟且的人生，不好看的，只有在屋顶上看你才会有略微壮大一点的感情，我是这样子看的。小市民的生活——这就是我写上海时经常会感到的，你要把它剥开来看，里边没有什么太好看的东西，但是我自己还是可以和它们商量的，不像是鲁迅一定要批评他们。我觉得鲁迅写《一件小事》吧，也是他心情一下子软弱的时候写的。蛮奇怪的就是，我们都没有像鲁迅这么强大的战斗力了，我们有的时候要妥协，因为不妥协的话会觉得很寂寞。

张新颖：虽然说不会像鲁迅表现得这样决绝呵，我觉得还确实不是在人群里边看人，是在人群外面看的。你比如说如果把你的《长恨歌》的开头部分去掉的话，这部小说好像也可以的。

王安忆：对，那时候有不少人要求去掉。

张新颖：但是去掉的话就不是王安忆的作品了，我就觉得去掉的话可以让别人去写了，有这么一个位置和没有这么一个位置，写出来的东西是不一样的，包括整个的感情啊，对小说描写的整个世界的看法，都会不一样。

王安忆：我现在也是同意这个，但是做起来也有麻烦，也会感到障碍。古典作家，就像托尔斯泰，俄罗斯那批，他们有个好处，他们人道主义的立场是非常明确的：我真的同情你们，你们真的是很可怜，你们真的是可以解释的，你们所有的都是可以解释的，但是我不因为你们可怜那我就同意你们苟且，你们依然不能无耻，我不能和你们同流合污，我还是要批评你们。我觉得人还是应该崇高的，不放弃崇高的概念。我觉得到二十世纪以后，人道主义吧都是同流合污，尤其是现代小说，我上次在班上讲到《玉米》的时候说，最后的结局我感到不舒服，我觉得很遗憾，还是同流合污，好像人道主义走到这儿的时候只有同流合污。

张新颖：我们好像把对人性的理解变成了对人性弱点的妥协和迁就。

王安忆：你想象托尔斯泰写《复活》，罪犯流放到西伯利亚去，他们的苦难已经大大超过他们犯的罪行了，可是他也没有放弃批评他们呀。他让这个惩罚里包含的壮阔性，升华了他们猥琐的精神。我就觉得他一点不把自己的精神降低，这是古典主义者。到了今天呢，我们这个时代确实变得——有很多的理由为人开脱了，有很多理由变通。

张新颖：一切不能接受的，现在好像都可以解释，解释通了，就变成可以接受的了。

王安忆：不断地解释它的合理性，它合理，然后就可以原谅了。在我们很单纯的时候标出来的高度，已经受到了怀疑和颠覆，你现在跟他们讲人应该是崇高的，谁来听你的啊？大家都不愿意听，因为马上就能和我们刚刚经历过的之前的时代里边教条主义人性认识挂起钩。所以说现在的事情很讲不清楚。

张新颖：那就是说，你的观点其实也是蛮纠缠的，一方面决定和周遭的平庸可以商量，另一方面又有着内在的高一些的人性要求，这两方面的因素都有。

王安忆：比如说，具体到写《长恨歌》吧，一方面我就觉得《长恨歌》里边的人物都不是我真正敬爱的，都不是我所敬爱的人物，但是我又是通篇在写他们，最后我只能给他们这么一个反讽的结尾，就把他们的命运给颠覆掉了。那么只有我站到屋顶上看这一整团生活，只有我在想他们这里的生活不是一个人的，他们是很多很多的生活，累积起来，以量来说明他们存在价值的时候，那我觉得或者还可能称得上宏大。

张新颖：具体到个别的人物就不可爱了。

王安忆：所以说我写《长恨歌》，写《我爱比尔》，我心里面都感到有点矛盾，好像觉得我要不写他们的话，他们那些故事那么有戏剧性，我好想要写，可他们都不是我理想中的这种人性，那么我怎么处理他们，那就只能批判。我觉得到今天，一个作家吧，一个像我们这种资质比较一般的作家，只能走批判现实主义的写作道路，你要走浪漫主义谈何容易呀，很难浪漫的，像雨果这样的浪漫主义，需要很强大的生命力，要在批判之后再能够建设起来。真的是你很难浪漫起来，所以我们走来走去，就是走在这个批判现实主义的路上。其实我个人是不喜欢批判现实主义的。这是我心里面感到的我的写作的一个很大的、很难挣脱的东西。我现在毛病出在什么地方？只能说自己好像不是那种浪漫的情怀，但是好像也觉得自己是有这种向往，然后只能用背景性的东西来渲染它的气氛。其实《长恨歌》这东西和它的那种背景吧，是有一点……

张新颖：有一点脱离的。

王安忆：所以当我写《富萍》的时候，我就觉得好像自己找到一条路，找了一条什么路呢？至少他们是正面的，这样讲正面不是讲意识形态那种正面，至少他们都是正常的生活，他们是一种简单的生活，从这种简单里面我们可以看到一点点理性一样的东西，这时候我倒觉得反而可以协调了。我是一个特别注重现实，注重合理性的人，好像很难真的给自己找到一个浪漫主义的故事，我很重视故事，可是你要找到浪漫主义的故事真的是非常不好找，可遇而不可求的。

张新颖：你写这样的事情，你写市民的这样一些事情，写多了之后呢我觉得很多读者会有一个误解，就觉得你很认同你笔下的人物，很多读者会把对你作品当中的人物事情的批评，当成对你的批评。

王安忆：对，会有这样的批评。

张新颖：但其实你自己心里觉得，就你刚才说的，不是你十分敬爱的，不是你理想当中的人物。但是你这几年写的比较多的还是这些人物。

王安忆：还都是这样一些人物，所以我有的时候就觉得要找，好像真是在找，就真的是在看能不能有这样的奇迹发生了。我就觉得这种难以寻找都是和生活的状态有关系，尤其是这种我们这样的城市作家，生活在太多的人里，周围环境都是芸芸众生，你简直找不到一个精英。到了今天这个民主时代，我觉得民主对艺术是一个很大的伤害，我就看不到英雄了，我就看不到一个，生活当中很难找到英雄了。

张新颖：但是像《乌托邦诗篇》这样的，差不多可以说写了一个英雄。

王安忆：这样的东西就很少有了，你看《乌托邦诗篇》里面，我的写作手法和我的整体性的写作可说是背离了。

张新颖：但你的读者当中，有一部分其实是非常喜欢这一类的，你的作品当中比较少有的，像《乌托邦诗篇》《伤心太平洋》这一类的，这样的读者很可能表现得不喜欢你写市民那样的作品。这一类，我觉得和那一类有点区别，就是在这一类的作品里面有你的感情投入，有个人的感情投入。

王安忆：在这类的作品里边感情是显性的，我一般来讲喜欢讲生活的故事把情感放在里边，而这类写作其实里边物质性的情节已经淡化了，物质性的东西非常少，它主要就是情感，直接的、裸露的表现，就是那种像散文像诗歌那样的东西。

三　一座废弃的锡矿，一座废弃的钨矿

张新颖：这个话题我们要不以后再谈，我觉得很有意思。我们谈“看”，谈到了这里，好像跑得远了点，那么再回到“看”，接着开始的话来说，就是：老是“看”的话它有一个好处，就是说有一个安全感，你跟那个生活有一个距离；但是也有一个坏处，你老是看着别人的生活，有的时候会感觉很寂寞，你跟那个生活没有关系嘛，自己在那个东西之外会感觉很寂寞。所以我听你说写作是很寂寞的事情，我觉得这个寂寞还不仅仅是写作带来的，可能还是生活方式带来的。

王安忆：对的，其实这就是一种补偿了，写作真的是蛮寂寞的，但是由性格选择的，因为你不是一个积极参与的人，你很害怕生活，那么你就只能过一种假想的生活，虚拟的生活，我们其实过着虚拟的生活，问题还不在于你寂寞不寂寞的，你光是去看的话很多事情你就看不懂。

张新颖：有些事情，没有身在其中就真不懂。

王安忆：很多事情看不懂，而很可能的，你的想象距离事实越来越

远，甚至完全脱离，以至成为另外的一件事情，一件虚拟的事情，所以我说我们过着虚拟的生活。但这也不要紧，要紧的还是缺乏材料。看、想象、虚拟是要有材料的。很多问题看不懂，这就需要我们想象了，看不懂需要想象。上次我也说过了，像我还是一个比较缺乏材料的人，这个就非常矛盾。材料多的人，容易去接受参与生活的人，他恐怕不甘于过一种虚拟的生活的。而像我，严重缺乏材料，倘若能多看到一些，就相当兴奋。

张新颖：那我们就具体地来讲讲看。

王安忆：讲一个例子，大概和你上次说的国外旅行经验也许有联系。今年我去马来西亚，我本来想留后半截时间去新加坡，看看我的亲戚，结果后来是签证上出问题，就去不了，那我这个礼拜就只能安排在马来西亚，《星洲日报》给我安排，我说你们就给我制定一个时间表好了，其中一段给我安排的节目很有意思，在西马的东海岸有个地方叫观丹，那个地方不大有人去的，他们呢因为其中有个记者曾经做过观丹分站的记者，所以他对那边很熟，他说那边就靠海边，就靠南中国海啊，那么就过去了。那天下午一到那个城市，就觉得这个城市非常像我去过的欧洲的，尤其是近海的小城市，那我就问他们，我说这个城市是不是某个年代受过欧洲人的影响啊？可是马来西亚有个很奇怪的现象，这都超出了我们经验范围的，马来人对时间没有概念的，没有意识记录历史，对历史都没自觉性，华人呢他们从来不以为马来西亚的历史是他们的历史，他们也不屑于去记录，所以没有人回答我这个问题，你就不晓得它这个城市经历过什么故事，你根本搞也搞不清楚。我心里面也就很存疑，然后他们问我去哪里，我说首先我要去博物馆，去马来西亚历史博物馆，去看看，说不定在博物馆里面能找到点线索。其次是林明，就是它那边的一个锡矿，英国人开的锡矿，蛮远的。那么上午去的博物馆，基本上没什么收获，因为他们的博物馆基本上就记录了他们酋长的历史，酋长也不过就五代，其实是一个家族的历史，好像对观丹的整个建设也没施加什么影响，因为它是很原始的一种文化状态。那么下午就去这个锡矿，哎哟，这个锡矿让我非常非常地震撼，看到了许多不期然的东西。这一个“看”是相当精彩，是“看”里面的经典，带着悬念，有铺垫，步步深入，最后且有了答案。下午去的时候，车首先是开离了大公路在小路上开的，这就是进入腹地了，一到小路上你就会觉得很奇怪，羊和牛就在路中间，所以车要开得很慢，要绕过它们，它们不让的，不让车，不让人的。这些羊呢，长得特别标致，黑黑的，眼睛长长的，态度安详，没有一点惧怕，好像通灵，是印度人喜欢养的羊。于是就进入这么一个世界，进去，进到了这个矿。这个矿已经废弃了，已经完全开采完了。这个矿没有人的生活了，所以你就觉得它像一个布景，一个空的舞台，有房子、店铺，却没有人，可是，忽然，就听到一个歌声，《红梅赞》的歌声。

张新颖：在这样的地方听到《红梅赞》，确实有点想不到。

王安忆：后来我知道，这地方的劳工多是上世纪初从中国输进的，于是，矿上就形成一个小小的华人社会，无论是种族，还是情感，都认同于中国，因此，意识形态上便也倾向了，“文化大革命”中，他们还成立了毛泽东思想宣传队，就这样，在一个会馆，我就听到一个女声在唱《红梅赞》。然后有一个先生就来带我，他在当地也算是一个小记者吧，就等于那种业余的记者，给《星洲日报》写些文章。

张新颖：通讯员。

王安忆：通讯员，对，他就带我们去这个矿上看，那我一下真是“看”来了很多东西，他也解答了我的最初的疑问。这里有一条河，当时有一具码头专门是运机器设备进来，把采来的锡运出去。英国人在这里边开矿，是英国人的殖民地，它的管理就到这个程度，这边上班时间是和英国伦敦时间一样，为了便于通信，所以它的时差是没有的，它用的是英国时间。这个矿在这，就回答我了，因为英国人在这采矿，采了上百年，他们就把观丹这个城市建设成他们的小后方这个样子，到那里休假啊，买东西啊，慢慢把它变成很英国化的样子，那我就解决了自己的疑问，我当时一到这个城市我就想它一定有过欧洲人的影响，欧洲生活的影响，包括它房子的格局，和海滨的关系，道路的安排，等等。那个地方真使我觉得看到很多东西，这些劳工都是从中国过去的，就是我们讲卖“猪仔”，卖过去的。照理是悲惨的，可是，他们对他们的人生挺满意的，到了傍晚的时候，还剩下的一家咖啡馆里面就坐了一些以前的工人，老工人，现在已经都是不干了，喝喝咖啡，他们看起来很好，很健康，很开朗，所以我觉得他们对他们一生是满意的，就这一大团的印象。我完全不晓得它将来会用到什么地方，应该怎么编织它们，这条河给我的印象也很特别，就像一条缩小的湄公河，因为都是热带风光嘛。它这里有一个悬吊桥，有一个老工人在那里修那个桥上的木板，看上去很恐怖的，下面是很深很深的水，我就不敢走，我们开始很清静的，因为这里边人走楼空了嘛，这老工人他就把木板给我临时铺上，他说没事情，你走，你走，没事情，他就很鼓励。其实我晓得他想和我多相处一会，那个地方挺静，因为都没有人了，到现在我还看得见他拖着木板给我铺路的背影，寂寂的。看上去非常奇怪的一个景象，一个曾经生产量那么高的，生产劳动那么活跃的地方，现在没有人了，所有的设备房子全都废弃在那里，房屋都是用木板啊铁皮啊，颜色都很鲜艳，热带的色彩都很鲜艳的，非常漂亮的，就是像一个空了的舞台。我们就在那里待了半天。像这种经验，在我生活当中不多，我是很注意搜集的。

张新颖：这还是一个没有用起来的经验。

王安忆：它和我毫无关系。我很注意搜集这样的经验，这些经验说不定在我的哪部小说里会运用上，就派上用场，那我就不知道了。我想这是我的一个“看”的经验，比较有意思。我一般每一年都想办法要出去做一些——从来不叫采访，因为采访其实是很麻烦的，假如你要去那里采访的话，被采访的人肯定要求你去写他或者颂扬他，我一般都是以别的理由去，但是我去的时候是非常非常注意我所看的地方。大夏天的时候我还去了一个地方，我的母亲曾经在浙西那边读过书，那我想就去看看我母亲以前生活过的地方，事实上我就是找了契机去看，看的东西有许多和我母亲完全没有关系。

张新颖：我看过你写的去浙西的两篇文章。

王安忆：其中有一篇文章，我不知道你有没有注意过，写我去过一个黄山的尾脉，叫大明山，被一个私营公司开发了一个旅游区。在这个山上我注意到的不是它的旅游景点，我注意到它的是什么呢？它是我们一九五八年开发采掘的一个钨矿，就是电灯泡里面钨丝的钨，钨矿，在这座山上你就会看到当年劳动的痕迹，非常壮观，那种悬吊的吊车，还有铁轨，采矿劈开的山的裂缝，如今算是一个景点：一线天，还有当年的那些工房，它还有一些残留的标语痕迹。你看了以后会觉得真是惊心动魄，但是劳动者都没有了，然后就被这些老板们变成一个旅游地。这些遗迹还在，你从它们的遗迹能看出当年他们的劳动是非常壮观的，很有力量的。人的力量是那么大，这些地方也许会成为我某一个小说中的舞台。

四　看熟悉的东西和看不熟悉的东西

张新颖：“看”的时候会不会有这样的情况，就是看熟悉的东西和看不熟悉的东西，看到的结果两样，这个话怎么说呢，我上次为什么会想到你到国外去的那个经验，因为那个国外基本上跟你是没关系的，越是在看跟你没关系的事情的时候，你脑子里越可能没有抱一个成见，其实是……

王安忆：没有经验准备。

张新颖：没有经验准备，没有想法，然后越是在这样的时候，你的感受，一个是强烈，另外一个就是，因为你事先没有给你的感受设定一个轨道嘛，然后它这个感受这个时候更能够敞开。作为一个对比，看熟悉的事物的时候，因为事先我们总归有些自己的看法已经形成，就很容易受这样一些看法的左右，自己的看法或者是社会的一般的看法来左右了你的看法；但是看一个完全没有准备的东西，没有准备的经验的时候，那些看法还没来得及在你的头脑当中发生作用，那个现象已经打进来。会不会有这样的区别？

王安忆：好像情况正好相反，就是说哪怕在我最陌生的地方吧，使我注意到的东西，还是和我的经验有点关系的东西。有一次我记得上阿姆斯特丹去，去宣传我的书，很孤单，就我一个人，我的翻译他是荷兰人，他把我放在旅馆就走了，所以就是我一个人。这个旅馆它不是那种大旅馆，大的酒店，标准化的——你进了标准化酒店你会觉得是在任何一个国度，包括中国，就跟住希尔顿差不多，它是那种很地方式的小旅馆，越是这样的地方你越是寂寞，因为它和你的经验完全没关系。第二天早上的时候呢，我就把后面窗帘拉开，底下是个后院，我就想到这个院子就像上海弄堂房子里的天井，然后，从晒台上面走下来一个男人，拎了点工具，那我就觉得这个情景和我以前生活是联系起来的，这个时候像才感觉到安心，这个陌生的城市终有些看得懂的地方了。好像还是要和自己的经验有某些联系，如果完全没关联的话可能进入不到眼睛里去。

张新颖：没有联系的话好像就不好理解。

王安忆：所以还是和看懂有点儿关系的，还是看得懂的东西你能够记住，会进入虚拟的生活。在国外旅行，我又想又怕，就是住那种欧洲式的家庭旅馆，它往往是自己家开旅馆，带有他们个人生活很强烈的气氛，个人气氛特别浓重，特别加入不进去，你在里边就特别寂寞，非常非常寂寞。旅馆里会养点动物啊什么的，看着旧的书报在那儿，你就会觉得你撞到别人家里边去那种感觉，然后你就会觉得自己特别孤独。

张新颖：这么说还是标准化的酒店亲切，没有排斥感。

王安忆：那种标准化酒店其实最没有性格，没有趣味，可是也正是这样没色彩，你就会觉得可以解点乡愁。所以这真的是很矛盾，我也知道住这种家庭式旅馆恰恰会给予你新鲜的经验，但又使你非常寂寞。很奇怪，所以看呢是需要很多条件的，我觉得第一是要心情好，不过也很难说，有时候心情不好也会印象很强烈。

张新颖：会不会产生印象在于感受器官有没有打开，有的时候是自觉去打开感受器官的，有的时候不自觉就打开了。还有的时候，想打开也打不开。

王安忆：反正我觉得“看”的时候吧，人好像就是某一个器官突然之间通了，或者是永远不通。作家都很重视“看”，我曾经看过汪曾祺做的一个节目，他被打成“右派”以后人家就问他，你打成“右派”以后你的情绪还好啊，你也没怎么消沉啊，然后汪曾祺他回答得很好，我直到现在还记得很清晰，他就说，你叫我怎么样？叫，哭，闹，上吊，自杀？那算什么，我还不如活着，看看，看看生活。其实我们有的时候听别人谈他的见解，谈他的故事，谈他的经验，或者谈他看过的一本书，为什么事情都差不多是这些，但是各人看的不一样，所以就愿意听别人说，事情本来没什么太大的差异的，但看到的可能完全不同。前不久我看一个电视，江苏台的，它讲一个变性人，一个男的手术成为一个女的了，然后她结婚了，就说别人怎么议论她，她心里面怎么难受啊这些，我都觉得非常正常，我也可以想象的；但是我就想象不到她的那个丈夫，她丈夫原来就是她的好朋友，他和她结婚了，他非常非常让人想不到的一句话，给我一个极大的启示。别人问他，说到当她还没变性的时候，她还是男的时候，你们打交道，你有没有觉得她古怪呢？因为她自来都有很多非议，觉得她非男非女，十分诡异。他非常果断地说，没有。就是说，是个男的他也不觉得有什么怪，她终于变成个女的他也没有什么怪，他全盘接受她。

张新颖：他反倒没有我们这些外面的人可能会有的那些复杂的想法。

王安忆：我完全没想到他的回答，而且像他也没受过什么教育，他也没什么特别认识上的准备，他说出的话是很真实的感受，这是非常奇怪的一个启示了。我们往往会想他和一个变性人结婚是不是他会觉得这个变性人特别女性化，或者他恰恰中意她男性残余的那部分，抑或他自己亦有性别上的模糊，我们会从这个角度想，而他什么都不是，他就是说，她以前是个男的时候我也不觉得他有什么女性化，而且变女的他也能够接受，他们就过得很幸福。这种人这种事情都很有趣的。

张新颖：那在国外看的情况，你觉得和国内有什么不一样吗？或者不要这么谈，不要比较，就是谈谈在国外的一些经历。

王安忆：有很多不同的地方，也有相同的地方，就好像在国外看的经验吧，总归不如在国内心情好，我不大喜欢出国，出国在外总是寂寞的嘛，我经常一个人出去都是因为工作的关系，所以我总是觉得在国外的看不像在国内那么闲定，国内的看心里边是很闲定的。国外的看呢，是这样子：好像最初时候你会觉得它的一切都很新鲜，很奇怪，越看到后来觉得就差不多，生活都是一样的，人的基本需要都是一样的；然后你又会看到一些和我们很不同的事物，这些不同是从相同里浮出水面的。于是，在国外的“看”比在国内的“看”更具有看的意义了。

张新颖：更是“看”了。

王安忆：更是“看”了，因为实在是和你毫无关系。而且在国外的看往往好像还会看到自己，因为自己在国内是太稔熟了，里外都是稔熟的，在国外有的时候你却会觉得自己怎么会是这样子的，会觉得很奇怪的，会看自己。但现在出国比较方便和经常，似乎，已经是比较日常化的生活经验了。

张新颖：那为什么你去爱荷华的那一次是个特别的经验?

王安忆：我在想，首先是第一次，而且我们从那么封闭的状态下第一次走出去。我记得那时候，他们那些留学生都也不过是刚出国的，大多数还正处在艰苦奋斗当中，所以我当时觉得出国留学是一件非常艰苦的事情，可是所有的人都以为你王安忆肯定留下来，没有一个人会觉得你还会回去的，因为无论多么艰苦，出国总是康庄大道。我在耶鲁的时候，当时郑愁予在东亚系，他们都准备替我申请奖学金，就是觉得我肯定在那里的。可是我就觉得哎呀不行，这个决心太难下了，我没有什么信仰也没什么理想；八十年代我们刚开放，刚好处在变化的阶段，大陆还没有超级市场，我到超级市场去已经感到很震动很震动了，那么丰富的物资，我们国内还没有可口可乐，真空包装的食品，甚至方便面。现在想想当时最震动的事其实是很简单的，他们的思想我也接触不到，他们的艺术我也接触不到，我接触最多的是物质，它的物质的丰富。我觉得这也是给我打了一个预防针，我后来对这些物质生活比较有抵抗力吧，恐怕和这次经验比较有关系的，时间也比较长，四个月。这次是对我的震动很大。

张新颖：还有可能跟那个时候年龄有关系，比较年轻，写作不久。

王安忆：年龄也有关系，写作不久，当时跑出去还是有一个很大的震惊，因为我们是在一个“国际写作计划”里边，周围是来自世界各国的作家，于是便遭逢了世界各国的问题，那么就产生了一个问题，就是说，你写的故事有什么意义。我回来很长时间没有写小说，大半年没写，我觉得这一个问题是比较尖锐的，它对于我来讲倒不是说你的生活有什么意义，我好像对这种生活也没什么极度的羡慕，也不怎么为自己的生活发愁，我就觉得——你写这东西还有什么意义。

张新颖：怎么会产生这样一个问题?

王安忆：不晓得怎么搞的，可能是对自己的怀疑吧，觉得自己写得不好，在那边因为有很多作家在一起，看见了大家写作的状态，我们有交流会，当时他们给我们配了个翻译，挺好的，我们和作家之间就可以有很多交流，结果你会看到一个很广泛的写作的环境，写作题材是那么广泛，是我以前未经验过的。总之我这次出去回来以后，有的时候就觉得，哎，写什么都没什么意义。怎么让自己写的东西有意义，这是很重要的一个目标。

张新颖：那后来当你再开始写的时候，就是对这个问题是有稍微明确一点的想法了？

王安忆：也没有明确，所以我是觉得我运气好，回来不久，就碰到我们这边兴起一个寻根文学，我觉得这两个事情简直结合得是天衣无缝，就等于说，正好是在我开始怀疑自己的时候，寻根运动来临。寻根运动其实对我的帮助是很大的，说是找了另外一个角度也好，立场也好，背景也好，总之是，推开了一扇门，门里面又是一个新天地。

张新颖：从《小鲍庄》中能看出跟寻根文学的关系，但一般的不会想到和去爱荷华有什么关系。

王安忆：这两件事情的结合，发生在我身上，在我的写作当中是从一个低潮到一个高潮，这么一个衔接。这个低潮，我在想，不去美国可能也会有，后面的高潮恐怕没有美国我也会有，可是美国之行使这个衔接变得有名目了，当然它给我提供了养料。这两件事情怎么契合，我自己也没有好好地思考，不可能对自己的生活有那么清醒的认识。

张新颖：反正是两件事情连在一起了。

王安忆：从时间上说，事情正好是连在一起。因为在我去美国时，一九八三年，我写作也已经开始蛮有名了，开始有抢稿的，我的稿子已经不会被退了，就这种状态，应该说是比较看好了；可是到美国以后那些日子，在那个大环境里，总是觉得自己的书送不出手，当时出两本书了，一本是《流逝》，一本是《雨，沙沙沙》，当我把这些书拿出去给别人看吧，心里面总是揣测别人会怎么看。对自己不再有信心了。那次我是和我母亲一块去的吧，我觉得这也可能是个压力，别人都不以为我真是个作家。

张新颖：啊，都以为是茹志鹃带着女儿来了。

王安忆：而且他们外国人看中国人都觉得很年轻嘛，我记得有一次在一个party上面，有一个女教师就说，呀你不该和我们在一起，你应该和我女儿她们在一起——她女儿才十九岁，她就把我带到她女儿那边去了。那么这种情形对心情也会形成压力。他们特别爱带我玩，跳舞啊，旅游啊，干什么都是喜欢带我，我觉得他们都没有把我当作正经的作家，很少有人说我认真地和你谈一谈文学啊什么。这大概从心理上有点刺激的，他们以为我是我妈妈带过去的。

张新颖：你那个年纪的中国人，是比外国人年轻啊。

王安忆：他们现在看懂了，中国人接触多了，他们知道应该加十岁，现在很有经验。那时候他们真是吃不准你是干什么的，他们就认为你是跟了妈妈来玩的，他们觉得这也挺好，妈妈带着女儿。所以当我送给别人书的时候，我心里面总是要嘀咕一下，哎哟，人家会怎么样看我的书。那时候他们就把我当孩子一样的，我们出去到农场去参观，其中有工作人员，我记得还很清楚，他什么都要给我，地上捡了一根羽毛也给我，说是天鹅的毛，递给我。他居然还从圈里抓了一只猪哦，那只猪当然很干净了，我不知道它怎么会那么干净，一定要让我抱一抱，这就是个宠物了。猪怎么能抱呢，我就把它扔掉了。后来，等到十八年以后也就是二〇〇一年吧，我又去了，那次聂华苓把王蒙、北岛、苏童，还有我，集中在一起，专门搞了一个讲演会，当年专门管理我们的一个先生，叫Peter，他和聂华苓讲：她现在已经是个成熟的女人了。

张新颖：这话好玩。

王安忆：他这句话讲出来我就晓得当时他根本就不把我当成一个作家，这也是一种很大的激励。人总是有虚荣心的，我在文学讲习所的时候也没写什么，也就是写了个《谁是未来的中队长》吧，那种激励也是非常强大的，那个时候编辑部来人啊什么的都不向我来约稿的，他们都是向张抗抗啊，叶辛啊，向这样的作家约稿，你坐在他们旁边他们都不说你也给我们一篇稿子，他们也很怕我给他们。刚刚起步的时候是需要虚荣心的一种刺激。我觉得在美国那一次我真的是看到很多东西，现在回想起来，我十八年以后再到这个小城，觉得这个小城镇又小又封闭又乏味又无聊。

张新颖：感受上的反差特别大。

王安忆：我在那里住了两个多月，然后才出去旅行的，回过头去看，我觉得这个小地方真的是太闭塞了；可是那时候去对我来讲这是一个十分开放的世界了，当年我在那里竟然会跑到那么多的角落去玩，就这么小的一个地方。十八年后，它有一点小小的变化，不像我们国家变化那么大，还真是变化不大，就是物是人非之感。我们当时住的公寓，对着爱荷华河，到了傍晚太阳开始落下来的时候，那个河水是泛金光的，然后他们小孩子的划艇，就从这个金光里面穿过去，就是这种剪影，睁眼面对就是这样的景象，生活很不真实，会极端不真实，你睁眼就是这个不真实。那是美国的腹地，就是美国的中部地区，很美很美的，自然风光很好，你下了公路就到树林里去，到了秋天的时候，地上金色的落叶就可以几寸厚，走在上面，很不真实，充满假象，觉得这地方怎么那么不真实。十八年后还是那样，它真是非常的安静，却是我生活中的大转折。你要叫我一五一十地说，它对我到底有什么促进和改变，我还真说不出来，可是这段经验真是很奇异的，就好像你本来是好好地在生活着，突然间就出现了特别突兀的，特别没有连续性的，上文不接下文的这种东西，这么一段东西。

张新颖：后来的那些次出国就没有这样的感觉，没有把自己的生活打断了，横插进来一段内容的感觉了吧。

王安忆：那个时候出国机会不是很多，我在三年以后才第二次出国，去德国，那次待得也很长，待两个月，德国那么小的地方待两个月。我到了德国以后就觉得其实美国挺没有历史挺无聊的。后来就是频繁出去，一九八七年以后就开始频繁出去。我现在回想起来，好像那个年代哦，整个八十年代的时候，我的生活真的是蛮活跃的，老是在跑，好像老是在奔波，或者是出去旅行，而旅行都很长时间，一个月两个月这样子，然后就回来写作，生活就在旅行和写作之间往返。到了九十年代好像就变化了，慢慢地变化了。

张新颖：变成什么样的状态？

王安忆：我感觉从九十年代慢慢开始变化了，到了现在，我就觉得已经比较安定，现在好像找到节奏了。在这之前，在四十岁之前，好像觉得时间是无限的，而现在吧，真的是会觉得时间很紧张的，会有一种紧迫感。所以不敢浪费时间，特别不敢浪费时间。

张新颖：那我觉得，不敢浪费时间这个感觉，就是比较典型的中年心态了。就像你们啊，你们这一代人，其中有几个已经写了这么多年了，但还一直一直这样写，让你写下去的动力到底是什么呢？

王安忆：这肯定不是思想觉悟的问题了，就是一种需要，我真的是把写作这个东西看得很重要。

张新颖：在你就是一种需要，那就肯定不是一个外来的推动力，现在像你们这一代作家，从外在的方面来说都很成功，世俗的东西差不多都满足了，那你还这样写下去，肯定不是为世俗的需要。

王安忆：有也是有一点，因为人总是俗人，有的时候会有，很少，有一点，就是要证明自己蛮优秀。当我做上海作家协会主席的时候，我自己其实心里面在害怕，我真的很害怕，我有一种命运感，是不是我从此就不能写了，因为很多人当了官都不能写，我虽然其实也不算什么官，但是我有一种命运的暗示一样的，挺恐慌的，怕自己写不出来了，结果那一年我写得特别特别多，写得很多，但后来发现我更加怀疑自己。我忽然觉得完全没有必要这样穷写，一下子就安静下来了。

张新颖：到你们这个年龄，还需要不断证明自己啊。不过有的时候也很奇怪，像沈从文他四十几岁的时候，大概一九四八年左右的时候，他还是觉得要证明自己，他跟他的儿子有一段谈话，他跟他儿子说我已经写了很多书，但是我还要写很多书，他儿子说我看有一个叫安徒生的人，写得蛮好的，你写得不太好；他儿子说还有一个叫托尔斯泰的人，写得也蛮好的，好像你写得没有他们好。他这个时候就跟他儿子说，其实我要写的，我是写得没他们好，但是我要写得像他们一样好。其实那个时候早已经是功成名就，以后就不能写作了，他可能还预料不到自己的命运，但是他那个时候其实还是想证明自己的。

王安忆：有这种心情，真的有这种心情。这种想证明自己的心情是有，但是好像具体情况不是完全同样的。从大的方面来讲，其实还是写作有乐趣，你没乐趣那你就不会写，你一天天这么写，你没有乐趣写什么，肯定是有一个极大的乐趣在里面，我想这个是最重要的；但在小的环节上，在写作过程某些具体的情绪中，想证明自己亦是个事实，比如说我现在刚写了部长篇，已经在抄写的长篇，这部长篇我就有点想证明自己，因为我里边全部都是男的，没有女的，因为我知道我写男的写得不好。我就想证明自己还是有能耐的，可以突破局限，写得比以前好。我好像没有特别大的要求证明的事情，没有。都是具体的，阶段性的，比如说前一段时间我就想向自己证明我还能写。其实我最怕就是自己不能写，很奇怪，我也不晓得为什么我要这么拼命写。

张新颖：没有人会觉得你不能写，这个完全是你自己的问题。

王安忆：像是觉得有一种命运感，因为很多人都是做了官以后就不能写了，别人也会说你做了作家协会主席——所以我当时特别恼火他们叫我作家协会主席。那一年我写得特别积极，穷写。有的时候吧就是怕自己才能丢失，有这种恐惧的心情。这两年平静下来了，又开始变得比较闲定。

五　写爱情

张新颖：你说到证明自己的写作能力，写男人，因为你以前写的多是女人，我在网上看到一篇文章，批评你，说你不会写爱情，你写的这些个爱情大多数是写女人的爱情，但这里面多数都是算计，勾心斗角的成分太重，很少看到感情纯洁深挚的那种。

王安忆：我觉得他说得有点道理。陈村他对我曾经有过一次批评，也不是批评，评介，我觉得讲得特别对，他就把我和杜拉斯去比较，他说杜拉斯写的爱情，写的《情人》，是轻盈的爱情，而我是很结实的爱情。我想这和我的写实观有关系。因为我是特别喜欢生活的质感的，爱情这样的东西特别容易有假象，罗曼蒂克的假象，因而失去生活的质感，所以，我觉得写爱情很危险的，写得不好就变成了风花雪月。这是一个解释。其实应该说我是会写爱情。

张新颖：我没有这个疑问。就是你不太把爱情孤立出来，放到一个中心去写。

王安忆：可能是对爱情这件事情本身评介得还不是太高，或者觉得这一件事情太通常了，太普遍了。我个人觉得，如果写不到像《呼啸山庄》这样的爱情的话，别的爱情又满足不了我。你看所有的爱情故事里边都是需要别的条件来支持的，都是需要现实条件来支持的，包括《呼啸山庄》也是需要现实条件来结构的，比如说门第的观念，出身的观念，性格的观念，还是需要别的东西来支持的。其实《情人》里边外界的东西特别多，现实的含义多得不得了，杜拉斯是笔调比较轻盈，但是事实上，“情人”就是一个殖民和被殖民的关系，或者是一个移民的关系，种族的关系，这故事是不错的，也只有法国人会这么写，法国人是有一种气质，这种气质你可以说它是优雅，也可以说它是轻佻，它可以把很多大的事情变成轻盈的故事。

张新颖：那《我爱比尔》有没有这种很大的东西在里面?

王安忆：《我爱比尔》其实是一个和爱情无关的故事，因为名字叫《我爱比尔》，他们就以为是写爱情。我就想我哪一个小说是和爱情比较有关系的，我自己得想一想看，我觉得我写爱情的还是《香港的情和爱》，但是它的爱情需要很多很多别的东西参加进来，它最后是有爱情的，爱情其实不会那么多，那么多叫滥情，像《廊桥遗梦》啊这种算什么，太小资产阶级的伤感剧就是了。我也没看到过什么特别好的写爱情的。

张新颖：在我们的现代文学作品里面没有什么特别好的写爱情的作品，我们回想一下，这一百年来我们文学里面好像没有什么特别特殊的那样的作品。

王安忆：现在回想起来还是《红豆》里边的那个爱情，因为最后不成眷属，特别遗憾，它是写爱情的。那你看一下雷马克写的《凯旋门》，雷马克他很会煽情嘛，他就说那两个人，最后的时候那女的，琼恩，马上就死掉的时候，忽然之间他们各用本国语言说起话来，他们所说的对方根本听不懂，可是他们却达到了空前的互相了解。这一段真是写得好极了，可你没有前面一堆乱七八糟的东西支撑的话，后面就不能成立的呀，但前面的故事不是一定要和爱情有关系的。有一天如果一定要写一个爱情故事，单纯的爱情故事，很不容易，就算是一个标高吧，暂时作一个标高。你要说爱情的话，我觉得《约翰·克里斯朵夫》大概写得比较好。

张新颖：就浪漫主义而言大概写得比较好。

王安忆：就浪漫主义而言写得比较好。你看克里斯朵夫遇到那么多女人，可是其实他只和一个人有爱情，而这个有爱情的人是连手都没碰过，对话都没对过，就是安多纳德。最后葛拉齐亚和他说的话是对他一生爱情的总结，他那时候想和她结合，葛拉齐亚就说我们之间很庆幸没有发生任何关系，否则我们就会被日常生活玷污。你看浪漫主义的爱情就这样子，不能有生活的加入。《巴黎圣母院》里边那个丑人卡西莫多和艾丝梅拉达两个人写得都好，他们两个人死在一起，拥抱在一起，当你刚刚要看到这个场景的时候一切就化成灰了。我觉得真的爱情就是这么脆弱，那么碰也碰不得的，就这样子，所以当你真的要正面去写爱情的话，一定是俗世的，我们现在没有这种浪漫的情怀，也没有浪漫的环境。

张新颖：浪漫主义的时代早就没有了。

王安忆：这个爱情问题和那个英雄的问题是一样的，这跟时代是有关系的。其实我也很想找到，看到一个英雄，比如就像《复活》里边的那个贵族聂赫留朵夫，或者像《悲惨世界》中的冉阿让，但是你说现在哪一个人是这样？我真的觉得想象力穷尽了。

张新颖：你如果想象出这样一个人的话，也没办法放在这个时代里写，他跟生活一定是脱离的。

王安忆：我觉得英雄到这个时代吧，就有点像卡西莫多一样的，就是说他是埃及的神，但是他已经受尽了人间的折磨，他变形了。我觉得今天的英雄吧，如果我们说有的话，都已经变形了。变形到什么程度啊，变成罪犯了，或者是变成一个怪人，或者变成一个精神病了，我就觉得英雄都变形了。总归是古代好，也不是古代真的比现代好，就是每个艺术者都对自己的时代不满意吧，所以都说是古代好。

六　小说，散文，戏曲，年轻人

张新颖：古代的人也以为他的那个时代不好，也是比他古的古代好——再回来谈“看”，我注意到你在看的时候，在看了以后，很愿意把看到的这些东西记下来，写成散文。

王安忆：其实我散文写得不多的，我的出国经验，写成的东西大概只有看到的百分之一，非常之少，其实我在国外碰到古怪的事情可多了，我有的时候看到有些作者在国外问个路啊什么的都写成文章，很觉惊讶，而我似乎不容易发现其中有什么意义。我觉得好像找不到太多的意义。

张新颖：那么你写的这些散文，是不是其实你没把它怎么当回事？

王安忆：我是不大重视它的。其实我写散文大部分是还债的，人家向我约稿我就去写，好的材料是要用到小说里；还有一个方面，我从根本上不是很尊敬散文这种形式，我觉得是小道和偏道，和创作力无关。

张新颖：但是，比如说，那你肯定是不同意了，如果那种很尊敬散文的人，把《乌托邦诗篇》也看成散文呢?

王安忆：可事实上它不是散文。

张新颖：有什么理由呢?

王安忆：第一个它一定是虚构的，这是我自己的观念，它是被虚构的东西。还有一个，散文我觉得它不一定要有一个结尾，我觉得小说是一定要有结尾的，散文是不需要有结尾的。我就想散文是可以没有意义的，小说不可以没有意义。

张新颖：这个观念正好是和我们古人的观念相反。古人他就是把文章看得很重嘛，文章一定是很重要的事情，而小说肯定是小道啦，小说就是随便说说，道听途说，东家长西家短。我们到了二十世纪以后，正好又把这个观念给它颠倒过来了。在我们的这个二十世纪的文学里面，一定是小说是最重要的。

王安忆：所以我们现在一定要纠偏的，就是小说的概念，我们现在中国人很喜欢讲我们中国小说的传统，《红楼梦》啊什么的，其实我觉得我们现代小说，是从"五四"以后的小说过来的，"五四"小说的概念是西方的。

张新颖：对，是西方的一个小说传统。

王安忆：我感觉，还有一个，就是西方小说比我们的资源多，它有戏剧的资源，有诗的资源，还有思想哲学的资源，我觉得它那个资源好像饱满一点。

张新颖：但是如果我们重新看我们的传统的话，也可以看到一些东西，比如说台湾的张大春，他谈那个小说，谈我们那个传统的小说，他说到《庄子》,《庄子》就是小说嘛。

王安忆：它里边有几篇像小说。

张新颖：如果你这样说就错了，为什么？你说它有几篇像小说，就是说你把那几篇比较像西方小说的东西给挖出来，这一部分像小说；而他认为呢，比如说它讲道理啊，还有其他什么乱七八糟的啊，其实都是被我们通常排斥在小说之外的东西，他说这个就是小说，小说本来就应该什么东西都有的，我们到后来发展下来就觉得小说应该怎么样，小说不应该怎么样，越来越窄了，就讲道理那肯定不是小说。

王安忆：讲道理要是虚构道理的话也算小说，我不太喜欢他们这样做，我觉得一些事情已经够乱的了。

张新颖：这样一讲更乱了。

王安忆：什么艺术都是有形式的，我觉得他们这样否定形式的话，还是因为穷途末路了。我现在写小说，有的时候甚至会有意写得非常传统，我觉得这种形式很重要，否则的话我不能解释我为什么写小说，小说到底给我什么快乐，一定是和它的形式有关的，如果它是什么都行的话，那肯定不是我所要做的事情。很多事情我们必须要给它搞搞清楚，也就是说它终究是什么形式，你不能否认形式。我觉得应该是非常尊重小说的形式的，我是很尊重小说的形式的。

张新颖：但是你不尊重散文形式。

王安忆：散文呢，散文我就觉得谁都能写，现在可能也是给这世道搞的，谁都能写散文。只要识字好了，报刊又多。我觉得对我来讲，写散文其实蛮难的，像我自己安排的话，写散文就像在磨刀一样的，写散文它有一些难度，写什么就要像什么。小说呢反正你是虚构的，画鬼画狐都可以。我觉得写散文有的时候对我是一个训练，就好像绘画里的写生课，我就只能从这个角度去看，我本人对散文确实没有太大的兴趣，就好像是一个余兴节目。

张新颖：这好像有点普遍，作家当中比较普遍，基本上这样看散文。

王安忆：散文我觉得就这样守本分还好；有些东西现在搞得很模糊。虚构，和纪实互相变通，想虚构就虚构，想纪实就纪实，搞得实在太模糊了，我觉得都是偷懒的结果。小说就符合我的创造原则，散文就像创造的副产物，但是好的散文也比较好，像《我与地坛》这样的散文。史铁生的创作是一个例外，我个人是不太喜欢写散文的。

张新颖：你上次讲到经验停滞这个状态，那这以后，“看”就会越来越重要吧。

王安忆：会变得越来越重要，其实你看我后来写的小说大部分是从“看”而来，真的是从经验出发的东西吧也就会变得比较少。我本来一开始写小说就不太喜欢直接地抒写自己的经验，我不太像很多人把自己的经验全盘托出。

张新颖：但是在你的小说里面，有一部分其实蛮多的，就是说起来有自传成分的。

王安忆：有自传成分的，应该讲就是《纪实与虚构》。

张新颖：那你以前写的《69届初中生》呢？

王安忆：《69届初中生》也不完全是呀。

张新颖：我不是说它就一定是自传，我觉得是有自传成分的，或者说它不一定写的是你的经验，但是跟你的经验是同类的。

王安忆：也不同类，但比较切合的，其实比较接近自己的就是《纪实与虚构》，说是说用了我，又用了我的家族，但其实小说里边虚构的成分还是很大的，因为什么？因为我对所有的材料都进行了重新的诠释，这种诠释就是一种虚构。比较接近自传就是那一篇比较短的，叫《忧伤的年代》。这个可以说是和自己生活比较接近，《忧伤的年代》里几乎每一个情节都是真实发生过的，可以这么说，但是后来赋予它的意义又是虚构的。它一定要是虚构的。

张新颖：那这一类的作品，和“看”来的作品，在你自己的感觉里面有什么不一样呢？

王安忆：像《忧伤的年代》这样的作品吧，你可能会发现它有一个和“看”的东西不一样的地方，《忧伤的年代》它的故事不完整，都是碎片，拼凑的，也不是说拼凑，就是说这种残片它没有整体性，它不是一个整体性的故事，就不像《我爱比尔》。但在情节的残片之下，却有着连贯的故事，那就是经验的肯定性吧，它不需要组织情节。还有《姊妹们》也是，但是《姊妹们》其实是写人家的，是写他者，但贯穿着自己的经验。像我后来写作大多是“看”来的。

张新颖：《富萍》我想是“看”来的。

王安忆：都是“看”来的，所以我就很重视。写到富萍离开奶奶家的时候，让她去哪里，临到头我都没决定，当时很苦恼，后来一下子就想到了，距离写作十年前，我跟钱钢走过苏州河，于是我翻笔记本，居然还给我找到了，我以为笔记本我弄丢了，居然找到了。我特别相信命运，我觉得真的是天意很成全我的写作。

张新颖：就我自己觉得，是写到了苏州河之后感觉不一样了，我觉得好。原来呢在家里做保姆的时候，就显得天地还是比较狭窄的，然后一到了那边就很开阔，那个感觉，虽然那个地方很破，很穷啊什么，但是那个感觉一下子就敞亮了，天宽地阔的感觉。

王安忆：所以有的时候，也不是说“看”来的东西就比较单薄，看东西它有空间的，有空间的话你反而可以和自己生活划出分界线。我写东西特别怕的一件事情，就是别人会觉得你写得不合理，所以我就是有点苛求自己，我特别要求它合理，就是说特别要求写实的结实性。这样就带来一个问题，和现实贴得太近，离不开了。这点上我真的是很佩服托尔斯泰，他写实那么结实，可是最后把这个贵族聂赫留朵夫弄到西伯利亚去，他前面铺的路铺得结结实实的，这条路，没有一个岔口是断掉的，要是雨果来写的话他肯定是很容易就把他变成圣人，或者神，然后降临他到世间。但托尔斯泰就是给你做得那么严格，一点点渡过去。你想这种故事，中国也有的，像《玉堂春》也是差不多的呀，也是有一天在法庭上碰到了以前的那个苏三，碰到以前的一个妓女，也是因为自己然后搞得非常悲惨，卷到一个很冤屈的官司里面，中国人就是说我促成你们，让你们进了洞房，这个洞房还不是正房的洞房，是偏房的洞房。非常圆通的大团圆。可是俄国人他就会叫你接受教育，让你去忏悔和赎罪。

张新颖：上次你在课堂里讲小说的时候，你会把你的小说跟曲连在一块，当时我觉得有点奇怪，因为我觉得你的小说就是一个西方的小说传统下的东西，那个传承是很明显的，然而曲完全是一个中国的东西。当然你讲的它跟世俗生活比较贴近，那个是有道理的。但其实我觉得你的小说的精神不是曲这一路的。

王安忆：但是我又有点喜欢曲的趣味性，曲有生活的质感。所以说这事情也蛮麻烦的，就像我经常对上海的市民的看法一样，一方面觉得他们不够崇高，不合乎我的理想，另外一方面我也蛮欣赏他们的性格，而且我也很欣赏他们的聪明，哎呀，他们真的是很聪明。前两天我去陪李章买裤子，那个卖裤子的，也是一个中年妇女，她向我传授一条经验，可真是宝贵，我从来没这么考虑过问题。她说你要买裤子，要试裤子的好坏，你首先要看它这个——她就用这个灯芯绒裤子给我讲，她说有的裤子似乎很便宜，她拿一条裤子，可是它是这么裁的，它贴这个边裁，贴边裁以后还可以倒过来，再裁上一条裤子，裤子不是斜的么，可以套裁一条裤子，可是这里面就会发生问题，什么呢，布纹不对，它会拧，所以说真的好裤子是费料的，它是正中裁，顺着这个布纹裁，就不会拧。她就教我这个技术，我觉得她真的是很伟大的智慧。

张新颖：我肯定不懂这个。

王安忆：我现在懂了。我觉得生活上的很多经验都是很可贵的，其实她这么讲是很科学的，这就是经纬的关系啦。她给我讲了我觉得果然很对。有一次我给李章讲解怎么叠衣服，这个事情要是讲起来是复杂的，首先我就解释这个服装的结构，延伸到人体的结构，解释到后来我就发现，西式的服装结构马上就涉及解剖学了，简直是科学之光了。你不要小看这些劳动人民，对他们这种智慧我蛮欣赏的。

张新颖：有一些东西你要看出来，你要看懂，就有一个前提，要放弃，就是要把自己放得比较低，才能看出来，有的时候把自己放得比较高就看不到了，也看不懂了。从这个角度讲，有的时候我就会觉得知识分子常常把自己放到一个高的位置上，反倒看不到这个世界了。

王安忆：就是“五四”以后的作者的问题。

张新颖：“五四”以后的作家，我觉得这个很明显，他们当然是看世界了，但他看到的是什么呢？他看到的是他自己。他其实没看到那个世界，看到他自己的理论预设了，一个价值预设。因为他戴着一副有色眼镜，一个价值评判的东西，就是凭着这个就把自己放得比较高。

王安忆：我觉得一个是高度，还有一个就是说有的时候还是要谦虚一下。我现在回想起来我插队落户的地方，我上次不是说我挺痛恨那里的嘛，早知道我会有今天噢，那我一定会好好地看它，我肯定会怀着比较从容的心情去看它，当时其实很多事情是很不公平的，后来证明是很不公平的，但这个对不公平的愤怒就把我这段时间全都扭曲掉了，你现在不可能再回过头去重新看了。

张新颖：这个是很正常的，那个年龄，处在那种境遇里面。

王安忆：上次我在某一个报纸上看到，有一个水利专家分析安徽的河流，淮河，我觉得他讲的每一点都和我看到的事实是一样的，当时我就特别懊恼，我如果是多点心情去看看周围的我的地理环境，那我会掌握这么多的东西。我那时候在农村，特别苦闷，我妈就说，你要珍惜你现在的经验，你要写日记，要把你看到的东西都写下来，我不听我妈妈的，其实我妈妈当时也并非对我的未来有什么期望，她只是希望我心情好一点，现在是有点后悔了，有点懊恼。当时心情真是很坏，都想不到看别人，都很厌烦，我都觉得他们讲的那些话无聊得要命，什么也不想听。

张新颖：可能现在的人也是这样，特别是现在的年轻的人，听他们年轻的人说话，看他们写的东西，都是我、我、我，就是没有一个“我”之外的世界，我之外的世界是进入不了这个“我”的视野，就是说缺乏基本的对“我”之外的世界的一个兴趣。

王安忆：但是我觉得他们比我们糟糕，就是说他们这些都变得非常正面。

张新颖：受到鼓励。

王安忆：很多理论都支持他们这种态度，于是就有了正当性，他们不会有一个机会反省。我上次和谁在说的时候，我也讲到这一点，比起现在的年轻人我感觉我蛮幸运的。大家的青春都是苦闷的，谁都是苦闷的，我一点都不以为今天和以前有什么不同，他们苦闷的时候是在咖啡馆里面度过，而我苦闷的时候我是在淮河旁边度过的，不管怎么样，强迫我看到一个更加广阔的背景，在某种程度上可以把我的苦闷放大和提升一点，我还有个他者，他们就没有他者，我有的时候这么想，心里面又觉得比较平静，虽然说我很不喜欢那段岁月，可毕竟还是价有所值。

张新颖：我觉得他们现在这个样子，应该负责的，不仅是他们自己，还有我们八十年代以来的社会思想。比如说我刚开始上课的时候，做老师的时候，我在课堂上一定是讲，如果当一个个人和一个比个人更大的东西发生对立的时候，我一定是站在个人这一边的，为什么这样讲？因为我们从八十年代一步一步思想解放出来的时候，总是觉得个人在我们这个社会里面是受压抑的，我们那个思想就一定这样强调。后来我发现不对，我发现现在的孩子其实那个历史感是不一样的，他们从小就被宠出来的，你再这样讲，在理论上让他们觉得自己老是说我、我、我，更加理直气壮了，其实是不对的。

王安忆：现在就是怕他们没有机会认识自己，其实我觉得年轻的时候都是这样子，都是一样的，他们在咖啡馆里面喝酒，我们不过在草房里面喝酒，道理真的就是一样的，方式也是一样的，区别在于，我们自以为是不合法，不正当，而他们正相反。他们觉得他们是现代化的，这是最奇怪的事情。有了现代化做支持的话，他们就觉得他们先进了。这个是很糟糕的，他们青春期之后还会一直延续着这种精神状态，几乎不会再有发育的可能了。还有那么多理论，还有那么多诠释，媒体一起来渲染，烘托。

七　对知识的兴趣

张新颖："看"，其实是一个对世界的兴趣的问题，那我觉得这里面除了一个直接的"看"，还有对知识的兴趣的问题。有些作家会对文学知识有兴趣，对其他的知识似乎不太有兴趣。

王安忆：我好像对什么知识都蛮有兴趣的。

张新颖：我看你的文章，有的时候会看出这种对文学之外的知识的兴趣。

王安忆：我是数理化没好好学，如果学过一点点数理化知识的话，恐怕我的兴趣范围会更广大，我是对这个世界蛮有好奇心的。"文革"当中插队落户的时候，曾经有一段，我们都准备上大学，曾经有一度，在张铁生出现以前不也一度有过考试入学那种说法么？我在农村里已经开始学代数了，都学到高等数学了。

张新颖：就完全是自学了？

王安忆：有朋友教我，而且我觉得一点障碍都没有，非常喜欢，解题的时候立个公式一下子就把这个题目解开，这种快感很强很强的，我觉得数学也是一个很有意思的事情。我前几天看了一个话剧，看了以后特别激动，叫《求证》，一个美国人写的话剧。它就写一个数学家罗伯特，他老了，最后几年得了精神病，他的一个小女儿凯瑟琳陪着他，整个故事就是他去世以后举行葬礼的情景，他的另外一个女儿克莱尔也回来了，还有一个学者哈罗德在一起，就四个人一起。大家对这个小女孩非常同情，觉得她很不容易，陪着她父亲，一个没有理智的人度过四年的时间，把自己的爱情、生活、学业都荒废了，可是他们都不知道这个女孩子有着另一种生活，数学的生活，她自学专业，解开了一个非常非常重要的数学上的求证。在这逻辑的世界里，自有她的人生的乐趣。它就描写了一种很抽象的生活，这种生活完全在我们现实生活以外的，它又是并行的，数学是个非常抽象的东西，抽象到什么程度，和现实都无关的，它完全不能用来印证这个现实生活的，就这样一边在和一个完全没有理性的所有的印象都变成碎片的人生活，一边把这么一个抽象的逻辑的世界建构起来，真的是很感人。你会发现她也在生活，她过着一种抽象的思想的生活，这生活比现实生活更精彩，有品质。

张新颖：我们的文学里面比较缺少这个东西。前一阵子麦家写了一个《解密》，后来我就跟他说，《解密》的前半部分写得很好，后半部分写得不够好。为什么写得不够好呢？我觉得前半部分写了一个人的数学天才的发展，其实写人的大脑的这个东西啊，但是后半部分一转就转成写这个人的命运去了。我也不是说写人的命运就不好，我是说在我们的文学作品里面写人的命运这个东西是很常见的，我们的作家都会写，比较擅长就是写在生活里面这样的曲折啊，但是我们不擅长去写一个大脑的一种抽象能力的发展。我跟他说这样当然也是苛求你，你不是一个大脑专家。确实就写一种智力活动，写一种智力活动怎么一步一步地开展和深入，把这个智力活动的复杂过程写出来，能够坚持到底的话，这个作品就很了不起。

王安忆：我觉得麦家就是没坚持到底，但是这类小说我是非常喜欢的，其实同类作品已经有过，朱苏进的《绝望中诞生》和《接近于无限透明》，我觉得这两部作品特别好；麦家也是，我觉得前面那半部分特别好，他还有一部叫《让蒙面人说话》，我觉得他是有这种素质的，可是他后来没有坚持到底，他写这种绝对抽象的东西，其实非常好，我特别喜欢这一类故事，但是可遇而不可求，很难。

张新颖：因为我们的作家就强调这个人文素质、人文修养的一面，其实精神有两部分，我们假设说，一部分是人文的，那这个我们都可以理解，另外一部分是那个智力的、心智的发展，这个东西，就跟科学，跟抽象的东西连在一块。

王安忆：黑塞写《玻璃球游戏》，我觉得他想写的就是这个东西，但是它里面太缺少环节了，缺少环节就没有构成情节，但是我知道他想写这么个东西，可能是没有材料，到最后也没有说清楚玻璃球游戏的规则、内容、目的，它到底是没有说。我觉得数学是很有意思的，绝对抽象的东西，抽象到不能印证于现实生活，所以他们说很多数学家后来变疯了是有道理的，因为它和现实生活太没有关系了。

张新颖：那我觉得你比较喜欢推理小说，就这一类的东西，是有一种智力的、抽象的兴趣在里面的。

王安忆：我能够享受，但是我做不到，因为我是对世界表象特别迷恋的，对现实生活有兴趣的；再说我这方面的抽象思维，受的训练恐怕不够，我好像很难做到。但是我很佩服这样的人，这种高智商小说。朱苏进这两篇小说写得特别好，最终能够自圆其说。

张新颖：我们刚才这样一说，当然把知识说狭隘啦，我们说了心智这样一个东西；其实知识的范围宽广，我是觉得你好像除了人文之外，对各种各样的东西都蛮有兴趣的。

王安忆：对，我觉得我真的是对这个世界很有兴趣的，最近我还看了一篇文章，它是讲对这个宇宙的假设的小说。我觉得科学家很了不起，我们对世界所知道的全都是鸡毛蒜皮的东西，没办法，我们就吃这碗饭，现在再改行也来不及了。尤其那个天文学么，我觉得很好玩，都是需要具有很大想象力，它是要事先提出一个假设，接下去的事情都是去证实它。

张新颖：那平常看些什么杂书的呢？

王安忆：你看我订的刊物，你看我就订了《化石》《地理研究》《历史》《考古》，当然我只能翻翻，我不是很具备专业知识，但是翻翻有时也会有好看的。

张新颖：我刚上大学的时候读张光直的那个《考古学六讲》和《中国青铜时代》，就觉得，哎呀这个东西真的是很有吸引力，比小说的吸引力还大。

王安忆：很有吸引力，考古很有吸引力，考古和破案是一样的，它太要求线索和证据了。你看张光直的那个《中国青铜时代》，它大半部分都是在考证这些考古出来的东西，到底它的可信性如何，结论是很少一点点。我们这里做学问都是结论，全都是结论，而他都是在考证这些证据，检验这些的真伪，可能性，它里边的含量，它所支持的那一个结论可能是很微小的一点。我觉得考古特别迷人。

张新颖：像张光直这样的书，你还读过什么？

王安忆：我就读过张光直的《中国青铜时代》，已经够我读的了，我觉得蛮好的，我们挺幸福的，因为有那么多书可以看。中国的文字，中国最好的就是文字。我这次去法国，我真是有这种感受，我就觉得为什么法国这么好啊？就是留下那么多艺术啊，这文化的材料好，是结实的材料，石头、帆布，于是都保留下来了，但是我们中国艺术的材料，它的材质太娇嫩脆弱，我就觉得总算幸运，我们在用中国所有的材料里面最结实的一种，就是文字，就这样子，这个材料首先它很结实，有弹性，不会损坏，另外它又是那么丰富，那么多，也像石头一样的，可以雕出那么多东西。你到法国去看它的建筑，不能想象石头会有那样的能量，大理石照理说是很重，可是巴黎圣母院你去看，它那么轻盈，真是轻盈，玲珑剔透啦，那么剔透你看怎么可能啊，可是它就是用石头造出来的，我们中国石头只能造霍去病墓前的这块东西，很粗笨的，人家石头可以造很多不同的精致细节。所以我在想，雨果写《巴黎圣母院》，不是有一段神父和几个教士对话么，有一大段，很大的一大段议论，他就说石头，它是纪念碑，可是他说现在有一样东西它会把石头推翻，那就是印刷术。他就在房间里关着门搞这个炼金术，他还想造一种更加有生命力的，更加久远的东西。我这次从法国回来的时候，我真的觉得我自己蛮幸福的，其实我们中国的材料，土啊，砖啊，木头啊，瓷啊，容易朽掉，画画么画在宣纸上面，人家是在布上画，总归牢一点吧，这些材料我就觉得蛮不结实的。只有文字结实一点。能量大啦，文字能量是最大的，所以中国有那么多书可以留下给我们看。

张新颖：那你看的古代的书多么?

王安忆：像这几年看的多起来了，因为我古文不好么，这是我很大的缺陷。

张新颖：这可能跟年龄也有关系啊，年轻的时候不会想到要去看古人的东西。

王安忆：年轻的时候喜欢滥情的东西么，中国的文化不滥情的，都比较收敛的，就像你刚才谈的爱情两个字，中国文化不大谈爱情，中国文化讲仁义的。

八　台湾地区和马华的文学，在台湾出书

张新颖：这些年你经常去台湾么?

王安忆：去了，也不是经常去，和台湾作家交流的机会比较多，因为他们来得多，我和台湾作家关系蛮好的。台湾作家的情形吧，我觉得怎么讲，从地缘上说，台湾这地方的养料，是有些问题的；但是他们书读得比较多，学养比我们好。

张新颖：你说养料问题是个什么问题?

王安忆：他们和整个大陆是长时间隔绝的，会影响传承，当然可以读书，可生态环境总似乎缺乏了；你要说是西方这部分的文化，他们又是从日本这条线过来的，他们受的西方的影响其实都是从日本这条轨道过来的，美术也好，文学也好，音乐也好，当然他们后来留法留美，但是最早的形成，小时候的教育从日本那边过来的，他们现在的语言里边留了很多词都是日语。日语化的英语，再台湾化。

张新颖：也就是说不管和中国文化还是西方文化，都隔。这个东西

蛮麻烦的，实际上鲁迅一直强调文学它要有一个实感的世界，台湾这个就没有了，是一个隔的文化。

王安忆：所以我还是觉得他们乡土派那批作家是最好的，还有就是台大外语系毕业的，白先勇啊，於梨华啊，聂华苓啊，因为他们的人生经验是和大陆有关系的，受外语教育，又与西方文化接触。

张新颖：但乡土派后来就没有了。

王安忆：后来就分流了，或者是投身政治，或者就是老了病了，但你现在回过头去看看吧，还是他们的东西扎实。年轻一代基本上不会说故事的，我说年轻一代还不是说很年轻的，就我们这一代吧，张大春是里边很少的会讲故事的人。

张新颖：那朱天心呢？

王安忆：我个人是比较喜欢朱天心。因为我个人比较喜欢讲故事么，一个是比较重视讲故事，另外一个我比较重视她和现实的关系。朱天心也是喜欢"看"的，她对现实"看"的眼光很专注的，很紧张的，她有一种紧张度。作家要有一种紧张度，如果你和现实太过于协调，太过于平和的话，我觉得就好像不行。

张新颖：现在的台湾文学似乎并不处于一个多么让人满意的时期，他们自己好像也有很多不满。

王安忆：现在的台湾文学我也不大敢多说什么，文学这样的东西可能要期待一个个人产生，如果爸爸妈妈没有把天才生下来的话就不行，有的时候就是取决于个人，台湾目前这样的人物我似乎还没看到，但是我想总会有。

张新颖：台湾文学里面有几个马来西亚人，像黄锦树等。那么马来西亚的华人文学怎么样？

王安忆：马来西亚的华人文学我个人不大抱希望，马来西亚人的华人社会有一个误区，你出生在这个国家，你住在这个国家，可是你对这个国家没有感情，你找不到一个马来西亚华人说我爱这个国家。他就是在一个华人社会里面生活，然后他对这个国家充满了指责，马来的文化他是没有兴趣的，马来人的歌舞他们都不看的，这是和华人在马来西亚的遭际有关系，华人受了很多欺负，因为放弃了政治，没有像李光耀这样的人物出现，政权落在马来人手里了，可是这是人家的领土啊。他们有很多理由说他们很早就在这生活，劳动，生产积累了很大份额的财富，所以觉得许多政策对华人不公平。可是不管怎么样华人和马来人就算是亲戚，或者朋友、邻居吧，已经是在一起生活的人，对这个国家好像没有了解的欲望的样子。当然，也因此他们非常非常地倾向中国，他们对马来西亚的认同感就差了很多。这种认同与不认同里的思想资源我以为不足，这可能会妨碍作家的生长。

张新颖：马来西亚的华人很骄傲吧？

王安忆：很骄傲的，因为有财富，文明程度也高。南洋的华人都很骄傲的，因为有钱，钱赚得不得了，可是没有政权呀，政权在别人手里边。菲律宾的华人都富到什么程度啦，造墓，他们的墓都造得很大很大，像一幢房子一样，在里面打麻将，生活得很奇怪。

张新颖：你的作品在台湾还比较能够接受，这个为什么呢？

王安忆：台湾对我很好的，很奇怪，从人口的这种比例来说我在台湾的市场比在大陆的市场好，朱天心曾经说过这么一段话，对我很夸奖，自己这么说不大好意思，但是她这段话很有意思，人家问她，你为什么觉得王安忆的小说写得好，你喜欢王安忆的小说的理由是什么？她说我觉得这么大的世界上只是分两类，只有两类，比如说性学家眼睛里边的，所有的人就是男人和女人；政治家眼睛里，要么是革命党，要么是保皇党；一个医生，她们家有一个专门看五官的医生，不看感冒，只看五官，看耳朵，非常专门——在他眼睛里面，只有两种人，一种是干耳屎，一种是湿耳屎，两种不同性质的人；而在我眼睛里面，小说只分两类，一种"三国"系统，一种"红楼"系统。而她说她一直以为内地的作家大部分都是"三国"系统的，而王安忆是"红楼"系统的。她说了这么一句话，我想大概可以解释台湾对我的接受，就是比较日常生活化，不是这种史诗型的。

张新颖：那现在我们很多作家也都是日常生活化的，不是史诗型那样子的，可是接受程度并不高。

王安忆：那我大概运气比较好。

张新颖：用运气来解释不是一个解释。

王安忆：我在想恐怕还有一个客观的原因，还是刚才那个，台湾像我们这个年龄的作家都不大讲故事，其实我觉得人们心里面还是喜欢听故事，还是喜欢故事。

张新颖：但是有的人也会认为你的故事不吸引人，那像《纪实与虚构》这个故事。

王安忆：可是这部作品在台湾读者倒是蛮喜欢的。

张新颖：其实这部作品在大陆的读者也不会很多。

王安忆：关键我觉得这里大概还是有出版商的功劳，这不能否认。有一段时间，所有的台湾出版商都以为我已经签了某一家出版社，谁都没来找我，所以我有这么几年空在那，台湾出版商都不来找我的。只有一个人，叫陈雨航，他那个时候刚刚从“远流”出来，想自己办出版社，他就是只是想来看看我，认识认识我，他一来以后就发现我其实谁都没签，大概是一九九〇年的时候吧，或者一九九一年，他感到很惊讶，然后他回去计划了下，过了不到一个月又来了，就找我，找叶兆言和苏童，和我们签了一个约，五年里边，所有的书都给他，他有首选权，他不要的再给别家出版社，他当然预支了一些稿酬什么的，结果我和他合作特别好，过了五年以后我还是所有的书都给他。我想这是很重要的，因为他很欣赏我。

张新颖：这个人原来写过小说的，可能就是因为他原来是小说家，他知道你的小说写得好，如果就单是一个做出版的，他不一定知道你小说写得好坏。

王安忆：他很喜欢我的小说，他很欣赏。我现在觉得，他这个策略特别对，集中在一个出版社做，开始挺赔的，直到《长恨歌》，有了转机，做到后来他真的把我做出来了。他那个公司成绩非常非常好，然后就联合好多家出版社，成为城邦出版集团，业绩也很好，集团就上市了，上市以后就被李嘉诚买去了，先被李嘉诚买去还是先上市我也搞不清楚，总之，蒸蒸日上，然而问题也来了，董事会要求经济的指标了，他说我不是不赚钱，只是赚得比较慢，可经济就是这样，赚得慢等于不赚，甚至赔钱。他就一气之下跑出来了。他等于说是把自己的出版公司丢在那里，自己跑出来了，他也是脾气很倔，其实这是你办的出版社，你怎么能丢掉啊，他丢了呀，又重新办了“一方”。“一方”后来也垮掉了。所以说现在我的出版情形就变得比较复杂了。以前的书还是留给以前的出版社，同时又进了一家“印刻”出版社，也是朋友办的，对我非常恳切，我就把散文给它出，结果它就把我以前所有的旧作重新出了个系列，于是，我的出版商现在分成两家，一个麦田，一个印刻，所以情形就复杂了。不管怎么样总是好事情，我在出版上运气很好，是以一个无为而治的办法达到了一个很好的效果。其实我当时全部交给陈雨航就是懒得和那么多出版社打交道，一家包了比较省心，又与他合作特别的好，特别的默契，在任何情况下都能够互相理解，很可惜他现在不做了。我是觉得当时给他做，我宁可钱拿得少一点，我就觉得他真的做得很好，而且我很少操心，我什么都不管，他就是那种慢慢做慢慢做，然后水到渠成，好几本书都是上榜的。

张新颖：可能你的作品里面还是有，不知道是什么，肯定应该有一种什么东西，台湾读者能够一下子感到很契合。这也不是说故事啊什么，好像也不一定，当然你也不能说完全是出版商做出来的，毕竟要有一定的实在的东西。

王安忆：我在想，说句不大中听的话，台湾的读者比大陆的读者修养成熟，他们的阅读状况比我们单纯，比较容易选择到品质好点的东西，讲得简单，就是他们识货一点。我的书在大陆就是混在乱七八糟的出版物里边。

张新颖：那台湾的出版物也很多呀。

王安忆：比我们这里质量好。他们同样出那种non-fiction的东西吧，他们选择得比我们好得多。我们这里出版太混乱了，品质太低了。

张新颖：你在大陆有没有可能走台湾的那种方式，就将作品交给一家出版社？

王安忆：没有一家出版社是我能够绝对信任的，不可能将所有版权全给某一家，找不到这么一家。这还和整个出版环境、人文环境有关系。我对这边的市场是采取放弃态度的，我给他们签约也是非常限制性的，只是单项版权，其他都不包括的。

张新颖：不过我们这里好像，有点乱，按理说，比如说在国外的话，比较重要的作家，或者作品比较多的作家，基本上是有固定的出版商。

王安忆：我们现在不规则，应该是有一个固定的出版社，对大家都好。你现在叫我挑出版社，叫我挑哪一家，哪一家是值得我信任的？并且你要替我做的话，你还应该有一套宣传的办法，我原来的那个出版商他特别特别好，他们好像分得很清的，畅销书的宣传手段和纯文学宣传手段是两种手段，绝对不可能写点你的乱七八糟的事情在报纸上，绝对不可以。

张新颖：《纪实与虚构》在大陆出过几个版本，好像不一样？

王安忆：两版。一个是《收获》删节的，二十一万字，浙江文艺社的就是二十一万字，加了一个《伤心太平洋》；作家社的那套文集里的，也是二十一万字的。还有全本，三十四万字，就是人民文学社的那个版。

张新颖：台湾出的也是二十一万字那个版。

王安忆：他们就特别怕厚，三十四万字对他们来讲简直就是两本书了，太厚了。应该讲我是蛮幸运的，台湾现在出版那么不景气。我的书在那边是真的不断走好，而且挺抢手。我现在是控制这种抢的局面，因为我特别不喜欢被人家哄抢，但是已经不像当初那么单纯了，以前大家都晓得是陈雨航的人，谁都不来抢，大家也很尊重他，他也是出版界的老大哥，不能够去抢他的人，那一阵子特别好，我也很省心。现在就等于我自己要出来协调一些关系，我特别怕这个事情，所以我现在写的长篇都没告诉任何人，到时候我定好以后就立刻给出稿子，就什么事情都没有了。陈雨航那个人特别好，他一方面很现实，又很有理想，他不做我真是蛮痛心的，竞争是件很残酷的事情。

张新颖：在国外的翻译版本的情况怎么样？

王安忆：翻译的版本么，九十年代以前的时候是德国做我，以后他们也就对我的作品不感兴趣，而且他们九十年代以后大批的汉学家都转向经济，整个汉学界对文学就是开始冷淡下来。现在法国开始做我，零零碎碎的事情我就不谈了，计划还在进行。

张新颖：亚洲的国家没有？

王安忆：零零星星的这种都是不成气候的，你要有计划的做的话，才可能有气候。而总的来讲，在文学国际市场上，中国文学的声势是很弱，怎么都不可能进入主流的，那干脆还不如让自己环境清洁一些呢，你零零星星出一本书两本书，在书店里面大海捞针，谁也看不见你。我在美国时候去书店里边找中国的书，插在书架里边的，找也找不到，一般是要放到桌上才能看到的。我们习惯称竖起来和横下来，横下来是好销的书，竖起来基本上没什么指望了。很困难的一点就是，现在是印刷品泛滥的时代。

张新颖：现在不仅是印刷品泛滥，你刚才讲的那个文字刻在石头上，其实我就想起本雅明有句话说得很好，他说一开始那个文字是站着的，刻在石头上的，后来就变成躺着的了，就是到了印刷品上，那现在到了电脑上，电脑机器对印刷品的冲击还很大。

王安忆：它重复得太方便了。

张新颖：你在石头上刻一个字，那肯定是很慎重的。

王安忆：一个是很慎重，另一个是它很难复制，别人要来看的话要跑好远的路。现在就是坐家里边什么都能看到，很可怕，这种传递的快速是很可怕的。这种方便会给艺术带来很大伤害，因为艺术的本质是由不方便造成的。

九　我们有没有力量审美化

张新颖：话再绕回来谈“看”。很多“看”的东西，常常它要经过很长时间的发酵，酝酿，才有可能被用上，变成一个东西，变成一个艺术啊，或者变成一个什么。

王安忆：就是说“看”的东西吧，它要被你收获，我觉得这很重要，因为你看东西很多，它要给你收获，那怎么收获呢？我觉得还是刚才我说的，一定和你某一种的心理经验是有关系的。

张新颖：但是你有的时候事先并不知道，就是说你没办法去预设。

王安忆：可是说不定哪天就有用；而有些东西根本进入不了你的视野，就谈不上被你收获。其实这个世界很杂乱，有的时候真的会有某个场景进入你的视野，它怎么会进入你的视线？它进入你的视线以后它又处在什么地方？然后什么时候又会起作用？甚至，有的时候它没有一点动静，因为你需要它就来了；有的时候它自己也生发需要，它生发出需要来。

张新颖：它自己生发出需要来，这个有意思。

王安忆：刚才说我的经验停滞以后，我只能把一切写作的材料都取自“看”上面了，其实这样“看”还是要有一个心理的经验为基础的。

张新颖：现在其实吸引人去看的东西是很多的。

王安忆：现在人的活动多呀，外部的生活越来越多，似乎是供给看的资料很丰富，可是为什么我们就看不到古典时代那种动心的东西？我有的时候会想，冉阿让我怎么看不到呢？你就包括我们《史记》里边的那些英雄，也看不到。为什么我们总不喜欢现在的时代，喜欢古代？因为古代的东西都是通过别人审美化了以后，才传递给你的。

张新颖：可能是这样，《史记》的那些英雄其实是司马迁创造出来的。

王安忆：这都是审美化的，审美化以后才给你的，所以说都是觉得以前的好，现在不灵，所以我们现在的责任就是把今天人的生命状态传发给下面的人，还是需要审美化。可能我们这种人吧，还是想象力不足，也是那种现实羁绊太多吧，审美化总是做不好，包括写革命，为什么“文化大革命”写不好看？法国大革命写了这么多年，知识分子的思考一直没有停止，你看许多思想活动还是在沿着那条线在发生，他们追求的东西比我们好像要高尚，他们要自由。我们的奋斗只是要吃饭，然后就是权力。长征可以写好吧，比较有浪漫情怀。我时常在想这个问题。

张新颖：但长征也没有写好吧，按理说应该写得好一点。

王安忆：按理说应该，浪漫主义的性质，可是呢好像也没有，话又讲回来了，你看法国大革命也是过了一百年以后雨果他们才写。中国人写大事件写得好的很少，是时间不够，还是什么问题?

张新颖：是不是艺术家个人的力量太薄弱，就是一写大事件的时候，那个大事件本身就把你给左右了。

王安忆：还是太现实呀。

张新颖：比如说我们也有这种写比较近的历史的，像现代一百年的历史，也有很多作品，你发现作家一去写这个的时候，整个历史的结构本身它就限制住了你，就是你个人没有力量去重新创造一个历史的结构，虽然可能写这段历史的时候，你的观念和以前的观念正好是相反的，或者有什么不同，但是那个历史的结构还是一样的，而且更要命的是，这个历史的结构就直接成了文学作品的结构。所以我就觉得，这一类的作品它看不出作家的那个个人的创造力来。

王安忆：我在想是不是太近的原因。“文化大革命”之前总是简单化的，正义和非正义之间，道德和非道德之间，现在呢，思想是解放了，材料也多了，也更接近于真相，却又落到路线斗争，派系斗争，又有什么意思？

张新颖：我们对历史的理解其实是蛮模式化的。

王安忆：蛮模式化的。大概毛病出在哪里？我就是在想，如果我写“文化大革命”，这是我唯一经历过的革命么，其他革命我还没经历过，而我很难把它审美化，怎么审美化？红卫兵运动，它到底要追求什么？很不清楚的，法国大革命有它追求的东西，自由，平等，“文化大革命”它到底想要干什么呀？真的不知道它要干什么。可能我们出毛病了，我们没有力量审美化，像雨果他们有一种力量将事实审美化。好像离我们近的历史看看都是很阴暗的，清史有什么好的，也很郁闷，明史更阴暗了。

张新颖：好像在中国人的趣味里面，有一种对阴暗的兴趣，比如说如果你写权力斗争，很多人有这个趣味去看，去看阴谋，去看权术，这样的小说电视剧啊总归是受欢迎的。

王安忆：那么作为创作者来讲，应该有自己的标准，应该有自己的取向。

张新颖：我们的创作者其实也有这种趣味啊，你发现有些人就写得津津有味。

王安忆：你看雨果的《九三年》里面，他也写到路线斗争，但是他，怎么回事，不像我们这样。他的路线，分歧在于对人类命运的不同认识，而我们的，就好像拉帮结派。大概还不是事实本身的缘故，还是审美能量，他们大概有一个叙事的传统。

张新颖：我们的文学就是抒情文学比较发达，叙事文学不发达的，叙事文学的传统不够强大。

王安忆：可能是和这个有关系，中国诗歌好是很好，真的很好，但实在是太精致了。这样讲越来越玄乎了。总之我就觉得要写他们那样的革命不容易，我现在找不到革命的材料，三百年的清朝吧，你说哪一场革命值得写的。

张新颖：清朝你就不要写了，因为清朝一写就让人联想到现在电视剧啊什么的这些东西。

王安忆：好像还是春秋战国时候比较好，那个时代有点像雅典。想不出来现在还有什么革命好写。革命确实是一个非常使人醉心的题材。这也不是我的任务了，因为我不是这块料，我不是适合写革命的这种人。

张新颖：如果是按照那种写《叔叔的故事》的方式，或者这样的方向，其实也可以写革命。

王安忆：我还是刚才那句话，我们好像老是逃不出那个批判现实主义，我现在就不知道什么时候能让我走到真正的浪漫主义那里去。好像中国的浪漫主义到后来都变成一种很愤怒的东西，就只能自己气愤。雨果是真的浪漫主义，他们对人性的要求特别高——你是很可怜的人，你真是很不容易，你很苦，可是你也不能够卑下。我们都是好商量的，什么都可以通融，很糟糕的事情。

第四章

前辈

一　冰心、萧军、一些老人

张新颖：这一次我们来谈谈文坛上的几代作家吧。我看你的书，比较早的一本是冰心写序的，可不可以先谈一谈冰心。

王安忆：冰心和我只是长辈和晚辈的交往，这个老人挺慈爱的，所以我有一个习惯，那些年我到北京去，一般都会到民族学院看冰心。这里面还有我妈妈的关系，因为我母亲和冰心关系比较好。我到现在还记得我母亲给冰心写信，信里面谈到，我母亲觉得自己老了，身体不好了；然后冰心说，你在我面前谈老的话，是不是很不好意思啊。我觉得这个老太太挺可爱，所以我就会到她家去。但事实上恐怕连冰心自己都不知道，在这之前很早时间，我刚到《儿童时代》的时候，他们让我编的第一份稿子，就是冰心的《三寄小读者》。从头到尾是我做责编做到底的。整个《三寄小读者》，我和她的交流很频繁，她给我写过很多信。这些信我当时都留着，可惜都找不到了，因为放在办公桌里面，后来我请创作假，再过几年去看，我的办公桌已经被处理了，里面一包信件已经没有了。蛮可惜的，她也不晓得那编辑是谁。

张新颖：那就是说，《三寄小读者》你是最初的编辑？比那本书的编辑要早，书是后来出的吧？

王安忆：书是后来出的，最早《三寄小读者》就是我们《儿童时代》向她组的稿。我觉得她特别随和，记得有一次，她一下子寄过来两篇，是连载的嘛，编辑部觉得内容不是太充分，所以让我把两篇合一篇，问她同意不同意，她同意，挺随和的。这段交往其实她都不知道是与谁，她的信上全都留着她的姓名，写得非常仔细，笔迹很清楚，字迹很端正。有这个前提之后，我就觉得这个老太太挺亲近的，所以我总是去看她，看她的时候她总会送我书。在她家坐一会儿，坐得也不长，半小时的样子就走了。和她真是很平常的交往。然后《小鲍庄》这本书编稿的时候，文艺出版社希望我能找一个前辈写个序，我的书一般很少有序，只有这本书，因为它是一个文丛，有统一的格式。我就请冰心写序，她一口答应。她在序里谈到赛珍珠的《大地》，我第一次知道赛珍珠所在地方是我插队落户的地方，其实就是宿县地区。我在那里插队，我第一次知道《大地》写的就是那里。和这样的老人接近，似乎是很清淡的，没有什么太多话和事情，但好像有很多很好的回忆。有一次我和我妈妈一起去，我还记得，她送我两本翻译的书，是长诗，一本是纪伯伦的《先知·沙与沫》，一本是泰戈尔的《吉檀迦利·园丁集》。她给我时就这么对我讲，她说你将来一定会把英语学习得很好，等到那个时候你再来翻译，你再来对照看看我的翻译。其实我英语一塌糊涂。老太太真的是很好的一个人，我觉得这是种教养，真的很多都是教养，是天性，更是教养。

张新颖：那么你妈妈和冰心的关系是怎么建立起来的？有没有什么特殊的事情发生？

王安忆：没有什么特殊的事情。她寄给我妈妈一张照片，照片上有她和她家的一只猫。反正就是猫和她很要好的，而我偏偏很怕猫的，我到她家去她总是让她的猫坐在我和她之间，我感到很恐惧，可是她这样我也没办法，我也只能忍着，忍受这只猫。这只猫倒是蛮白的。和她的交往回忆起来是蛮温馨的，她这个老太太文章也好，也都是很温馨。当我还是小孩子的时候，我跟我妈妈讲我今天读到一篇小说，像是某某人写的，我讲给我妈听，我妈听完以后说这篇小说肯定不是这个人写的。后来我再去翻，一看是冰心写的，就是《小橘灯》。我妈就能够从它的格调里面看出是一个这样的人写的。

张新颖：我们读书的时候，《小橘灯》已经选到课本里去了。

王安忆：那时候我是偶然在家里翻到的。她总是给人一种非常温馨的感觉，而且很亲切，很有教养。有教养和没教养是大大不同了，她说一句关心的话，要你好好学习的话，你的感觉是不同的，这和文章写得好有一样的地方。同样一件事情，两种叙述方式就不一样，冰心就是这样不同的叙述方式，这点上宗璞也像冰心。

张新颖：老人里面，你还接触过哪些？

王安忆：我也是接触过一些其他的老人，这些老人在我生活中出现的时候，都已经蛮苍老，或者说蛮沦落的了。比方说陈企霞，那次我和我妈到王蒙家去，我们是在门洞里碰到他的，又瘦又老，并且，整个脸上的表情就是很失意的。骆宾基是和萧军同时见到的，那年在北京的一个什么大饭店里面，是春节前夕的时候，过来一个小伙子，然后就说：“王安忆你要不要见萧军？”我就说好呀，他就带我去。这个人是萧军的孙子，他们是坐在小包间里面吃饭的，萧军旁边就是骆宾基，萧军特别爽朗，讲话啊，签书啊，很热闹。我们问，你现在还写不写？他说不写了不写了，你们写你们写，就这样子。骆宾基就很沉闷的，我和骆宾基还拍了一张照片，胡子也很长，头发也很长。这批人进入我生活中的时候，大多数都是这种样子，像萧军是一个例外，冰心是一个例外，其他的老人，我是在他们的人生末梢上和他们接触的，但是我还是有幸和他们有点滴的接触，可惜我这人不大认人，后来有人看到照片说这个是周扬，那个是什么人，我都不大知道是谁，他们给我留下的印象确实不太强烈，因为交往比较少么。而且，年轻的时候注意自己和自己的事情比较多。老作家里面还有老舍，我自己没见过，但是听我母亲讲过，我母亲那个时候和他一块儿去日本，时间蛮长的，一个多月，她回来讲到一些老舍的事情。老舍在我印象当中也是个忧郁的人，我母亲给我讲过这么一件事情，是挺忧伤的，她说老舍在日本的时候偏偏要买一把茶壶，这把壶好像挺难买的，反正他要买一把一模一样的壶，后来他买到了。我母亲问他为什么要买，他没有说。后来我母亲不知道听谁说的，他曾经有把这样的壶，他非常喜欢这个壶，结果他大概有个儿子早夭的，他难过得不得了，就把这把壶给摔了，后来想把这把壶给买回来。我就觉得老舍挺忧伤的，尤其是当我成年以后知道，他是这么去世的，他更给我很忧伤的感觉。他们都是我妈妈的前辈了。

张新颖：萧军你还写过一篇文章。

王安忆：我写过一篇。我觉得他挺好的，怎么讲，挺宽容的，就像我这么一个晚辈，他会寄书给我的，而我就是懒懒的，也不是很及时地回应他，而他会叫他的孙子再寄书给我，他孙子也是个很懒惰的人，一直拖到他祖父去世才给我，反正晚辈的人都很怠惰的。这些人，虽然我们是在他们的末梢看到他们，但他们是我们的传统，这是一代人。

二　宗璞

张新颖：你刚才讲冰心的时候说到宗璞，说她们的叙述方式很像，怎么讲?

王安忆：宗璞也是有一种很好的修养。宗璞当时眼睛不好，想到上海来看眼睛，我就帮她联系，最后她在北京开刀了，开刀以后依然不怎么好，只能看到点光影，她给我写了封信，我到现在还记得她在信上这么写，她说我刀已经开过了，刚刚窗台上过去一只喜鹊，喜鹊长长的尾巴从我眼睛前面过去。我就觉得她们这些人的表达方式总是和别人不一样，和没有受过教育的人是不一样的。这种方式是我非常倾心的方式，和她们交往好像从来不是非常热烈频繁的交往，但这种交往总是会使我心里面得到滋养。

张新颖：那和宗璞是怎么交往起来的?

王安忆：宗璞其实还是和我母亲有关，我和宗璞的交往主要是开会啊什么的。但是宗璞这个人我倒是很早就熟悉，看她写的《红豆》嘛。《红豆》我是觉得实在是伤感，伤感得不得了，我也是很倾倒。然后母亲就和我说过这么一件事情，印象也很深刻，像我母亲她也很喜欢宗璞，她说某某人和她说，不要和这个人多打交道，这个人的情调是有问题的，听人们传说，她体验生活是怎么体验法呢？就是那些农民、乡村干部到她家里来，她则穿着丝绸睡衣和绣花拖鞋来和他们谈话。你想就是一个大小姐的形象啊。但是我母亲还是和她关系很好，也是蛮为她倾倒的。我和她之间没有发生什么特别的事件，虽然算是两代人，但是好像交往起来也是属于没有什么太大障碍的。一看到她呢，看到这种人，你会产生很多想法，你就会想什么叫大家闺秀，什么叫贵族。我们现在所谓的贵族其实是资产阶级，就是追求精致的生活，讲究物质，等等，其实所谓贵族对物质生活是非常非常随便的，对物质生活几乎是到了一种漠视的地步，她们是可脱离物质而独立精神价值的，而资产阶级的所有情调都是依附在物质上的。所以我和宗璞先生在一起，我心里面就会明白什么叫作大家闺秀，她甚至于看上去很木讷，有一点，怎么讲，与世隔绝的，对时尚是毫不知情的，她对物质生活的要求是那么低，几乎是没有什么要求的，当然，她绝不匮乏，这也许是一个条件，而资产阶级是要自取衣食的。就这么一个人。那一年她到上海来看眼睛，我搞了两张《罗密欧与朱丽叶》的芭蕾舞票，但是那个时候宗璞几乎没什么视力了，可是她依然非常享受。我说你看不见了，坐在那里会不会觉得寂寞啊？她说不会，我听音乐啊！她就是坐在那里听音乐啊。她对精神生活的享受能力是无人可企及的。我就是比较喜欢这一类的人。

张新颖：宗璞应该算你母亲这一代的。

王安忆：对，应该算是我母亲这一代的。但是她和我母亲不是同一类，我母亲属根据地出来的作家群，更加主流一些，宗璞则边缘一些，她和他们挺不一样的。

三　汪曾祺

张新颖：这一代里面的汪曾祺，也很特别。

王安忆：汪曾祺也应该算是和我母亲，和宗璞是一辈的，但他又是另一种，他是比较民间的。这个老头子蛮好的，他真是叫作亲切啊，他很有趣，和他在一起非常舒服，我和他接触是比较多的，我到现在还记得和他一起领奖，领全国奖的时候，说话也不多的，但是他老是给我教诲，他说王安忆你一定要学习好的语言，一定要学习北方话。我说为什么，南方话不好么？他也不多说，也不说南方话不好，就是说你要学习北方话，你要学习北方话。

张新颖：他家乡江苏高邮这个地方，算南方算北方？

王安忆：应该算北方的。这是一次教诲。还有一次教诲，一九八七年，我们在香港的时候，他是从美国聂华苓的“国际写作计划”过来，乘游艇，我们一帮年轻人和他打打闹闹的，然后我们就问他，写不写长篇，他说我不写长篇，从来不写长篇，好像对于长篇是鄙夷的态度。我们就问他你为什么不写，他不说，后来他说了，他就说短篇最好，短篇就是把你必要说的话说出来，长篇是把你不必要说的话说出来。他讲话很好玩的，这是一次教诲。再有一次教诲也很好玩，那次是金山国际会议，也是八十年代，他呢是用夸奖的方式，他就看我的发言稿里面用了“聒噪”两个字，他就问我这是哪来的，这样追根溯源，我讲不清楚的，说不知道，他说你好好想想这两个字哪来的，他意思是说你还有点水平，用这两个字，那我就仔细想是在哪里看到的，想了半天我就说是在《约翰·克里斯朵夫》里面，他就说对呀，这是谁翻译的，傅雷翻译的呀。这是又一次教诲。他很有趣。

张新颖：这一点是他比较独特的，很注意文字。注意到一个“聒噪”，又想到傅雷。

王安忆：他非常注意文字。还有一次在杭州的时候，他问我，你妈妈还写不写？我说不大写了。那时候已经到九十年代了，我说我妈觉得写作已经挺痛苦。他就说，她怎么会觉得写作痛苦呢？他说我都是喝了二两酒，吃点茴香豆，然后开始写，写作是很享受的。那次我们在杭州的时候，在一起相处的时间长一些，大家都非常随便了，就有一天谈到了《沙家浜》，他说，“老子的队伍才开张”，“开张”两个字用得好，他问你们知道谁写的？我们说不知道，他得意了，竖起大拇指：“我！”他非常得意，说“开张”这两个字写得好啊。

张新颖：好像汪曾祺不仅给你一个人的印象是这样，你们几个年轻的作家都觉得他很好。

王安忆：对，他很随和，也蛮喜欢女性的，但是他喜欢女性没有一点点不好的东西，他就是喜欢看好看的东西，喜欢看花，喜欢看年轻的姑娘，这些事物那么美，喜欢是很正常、很健康的，那时候开笔会总是玩到很晚么，有一天不是很早也不是太晚的时候，人都走散掉了，他在走廊走来走去，就碰到我，我是准备要上床的样子，我说我要睡了，他就很失落，问人都到哪去了呢？我说我也不知道。然后他东找西找，好像找到吴亮还是找到谁了，他就说：人呢，都到哪里去了？刚碰到安忆了，安忆晚妆已毕，准备入寝。意兴未休的样子。我就觉得这个老头子的心特别年轻。他很好，但是我觉得特别奇怪就是他在他们那个京剧院，别人好像并不对他怎么样，他老是在预告京剧就要灭亡了，也许他们京剧院的人就此不喜欢他。他去世的时候我给打了个唁电，我觉得我想的那句话挺好的，我说“天上人间共此仙”，但是京剧院过几天退电报给我，北京有两个京剧院，中国京剧院和北京京剧院，我大概是搅混了，可是我觉得哪个京剧院都应该知道这个人啊，这封电报没有发到他们家属手里。这个老人挺好的。

张新颖：他的作品你读得多吗？

王安忆：全部都读过。他还给我寄过一本书，这本书上面签了一个什么名，我还不大熟悉的，是寄错了，然后他就写了封信给我说，你把你的书寄给某某人，第三人会把那本书再寄给你。显然，三本书都寄错了，于是，推磨似的寄一圈。老头做事真好玩。还有一次，姚育明到北京去，他让姚育明给我带一幅画，画得很淡的，他就画了一窝小鸟，好像上面有雨，就躲在树叶底下，就叫《雨，沙沙沙》。我不喜欢国画的，画得很淡，颜色很浅，看起来很灰暗，我曾想要不要去裱，后来人家就说你不要乱来，汪老用的颜料都是很奇怪的，像什么雀巢咖啡一类的，一裱就裱坏了，我就原样放那儿了。和他们交往都很愉快，因为我觉得他们都有种行为艺术的人格，他们行为里面很有艺术感的。像我这种人不是和谁都能搭上话的，不是所有人都有兴趣交往，我现在谈到的这些人却是印象深刻的，会产生一些感情的，于是会去主动地交往。

张新颖：我看过叶兆言写的一篇汪曾祺的文章，他说汪曾祺其实蛮骄傲的，很随和是很随和，但是他对他的小说其实是很骄傲的。

王安忆：哈哈，我觉得汪曾祺在男人面前还会矜持一点，在女人面前就会非常放松。

张新颖：那你怎么看汪曾祺的小说呢?

王安忆：他到后来是越写越短了，这个和年龄是很有关系的。写作毕竟是需要精力元气。像我觉得汪曾祺的小说，写两类东西最好，一个是劳动，一个是享受。

张新颖：你这个说法很好。

王安忆：其实他就是写这两件事情啊。可以见出他对这两件事情最尊重。你看他写的劳动。我特别喜欢他写的炕小鸡，小鸡出壳的那一瞬间，那师傅一直不吃不睡，两只眼睛都放出病态的光芒。谁也不能和他说话，不能打扰他，好像在等一个神旨，忽然间，跃身说出一个“起”，小鸡满炕地瓜拉瓜拉叫，那种辛苦和欢乐！很奇怪，现在往往都是把劳动写得非常辛苦，没有乐趣了。汪曾祺就不同，他就非常能写劳动里的乐趣，还写了一个叫文嫂的女人吧。文嫂就是西南联大驻地给这些学生洗衣服做做家务的一个女人，干的都是很琐碎的活，但是挣了自己的一份衣食，你会觉得她有一种特别大的满足，安居乐业的满足，她女婿允诺将来可以养她，后来她女婿死了，她前景变得暗淡，对目下的生活也无兴致了。他还写到厨子炒菜，这不是一个下海的人，他是一个玩票的人，他的兴趣并不在赚钱，就是在炒菜，后来就来了一个真正的炒菜师傅，这个师傅不感觉炒菜有什么乐趣，就是拼命要挣钱，最后菜馆就被这位职业厨师盘下，风格大变，人看上去很邋遢，店里面也很邋遢，鸡蛋是散了黄的。我觉得他写劳动写得非常好。写享受，就更加不用多谈了，比如说他写一个鉴赏家，看别人画画，很喜欢，说有风，因为紫藤是乱的，这么有趣。而且他所有的劳动和享受全都不是那么伟大的，都不是那么壮阔的，全都是很日常的。

张新颖：你这个说法提醒了我一个很有意思的问题，就是我们的文学里面写劳动，把劳动写得带有享受性质，这个很好，但是太少了，在当代作家里面，刘庆邦有的时候会写，但是总的来说确实是很少。大多都是把劳动写得很苦啊，我觉得是有点问题的。正常的劳动——

王安忆：这和知识分子的遭际有关。知识分子遭遇劳动一般都是受惩罚。

张新颖：我们的作家写农民的劳动，其实体会不到农民的劳动是怎么回事。农民看庄稼一点一点长，其实心里是有感情的。

王安忆：会干活的农民会干得干干净净，身上、农具上都很干净，做出来的活很漂亮。

张新颖：对。我看刘庆邦写一个农村的女孩子去挖地瓜，起早贪黑的，但是她心里有一种喜悦，一下子挖到一个地瓜的那么一种喜悦。但是这个在我们当代文学里面太少了。

王安忆：当代文学的控诉性太强了，劳动其实被意识形态化了。

张新颖：我觉得这个其实可以写一篇很好的文章，就谈谈劳动，很有意思的。

王安忆：其实劳动是很美的，当然它不能超负荷。

张新颖：还有我看你写《富萍》，最后写到一对母子在家里糊纸盒的情景，我看到这里就觉得你写得特别温暖，换一个人就会写得很苦啊。

王安忆：这正好能养活他们一家子，贫弱的人能够养活自己，有什么不好呢？

张新颖：特别喜欢后面那一段。

王安忆：应该对劳动尊重。你看我们现在是怎么教育的，如果我们写一个劳动模范，一定是写他多么多么辛苦，多么多么克制，牺牲亲情啊，牺牲很多享受，但是劳动本身给你的快乐你怎么不谈呢？所以那天陆星儿和陈思和对话的时候就说文学改变了我的生活，如果不是文学的话，我的生活不堪想象，这是她到最后说出来的。劳动本身是有快乐的，怎么会没有快乐呢？我们总是写劳动者怎么怎么受苦，其实这都是次要的，我估计现在大多数人是对职业不满意。

张新颖：因为你对这个职业不了解，不能真正深入到这个职业的内部，所以你也享受不到这个职业的快乐。

王安忆：所以这又和写作者的心态有关系。写作者自己不快乐，我觉得他自己不快乐。

张新颖：我有一个老师，就是李振声，他就写过一篇文章，他说你们说农民劳动很苦，但是农民从来不觉得劳动苦。他是无锡的，和高晓声是一个地方的。我看了很吃惊，我说农民不觉得苦么？我说我读书觉得农民肯定觉得很苦，但是他说农民从来不觉得劳动苦。可能生活会苦，但是劳动本身不苦。

王安忆：是啊，如果农民的劳动有回报的话，他是肯定觉得很幸福的。但是农民实在是觉得他没有回报，连饭也吃不饱。我到现在还记得我插队的时候挖河抬土，抬土的时候他们喜欢喊号子么，会和着你的脚步，你会觉得很轻快，就像现在听摇滚音乐一样，当时有个女孩子和我讲，干这个活要有麦面的馒头和山芋稀饭就行了，就是说，只要有回报，我有力气，那么当然是快乐的，也可能是我们没有回报，回报比较差，所以觉得苦。

张新颖：一个正常的社会秩序被破坏了，那可能就会觉得苦。如果你在一个政治比较安稳的年代，比较安稳的环境里，就会有回报。种下的庄稼它会长出来，长出来会有收成。现在是劳动不但得不到相应的回报，而且劳动本身得不到尊重。

王安忆：劳动是一件很好的事情。它把生存和艺术、思想都结合在一起。社会分工分坏掉了呀，把这些都分割开来了。

张新颖：我们现在很多作家写劳动的时候就没有看到这一点，就是你说的和精神和艺术和生存都连在一起这一点，而只看到了一面，就是劳动对体力消耗和损害的一面。

王安忆：还有，我觉得恐怕和人的命运不好有关系。一个人命运不好的时候，他哪怕是吃肉也会觉得不香的。这和我们的宣传也有关系。我最近听常香玉报告团，说常香玉练功的时候跪在地上把膝盖都磨破啦，老讲这种细节，常香玉其实肯定有更多快乐的感受嘛，她肯定很快乐，不然也不会一辈子在唱了。

张新颖：你看沈从文写摘橘子，橘子熟了的时候，那真的是很快乐的事情啊，环境又好，又美，那个橘子园的颜色，还有人的欢声笑语，打情骂俏。

王安忆：这真的是很欢乐的一件事。现在所以是这个局面，恐怕还是和我们中国作家的社会批判意识连在一起，和批判的那种自觉性有关系。但是呢，我就觉得好的小说它是那么的微妙，好的享受是那么的微妙。现在写享受都是那些年轻作家，写在咖啡馆里喝喝酒啊什么的，这有什么好享受的呢？这种享受很无聊的。什么叫享受呢？我想汪曾祺很懂什么叫享受的。

张新颖：我们已经谈出去了。索性就谈谈写作这种劳动——也可以把写作当成劳动吧，这种劳动也有很快乐、很享受的成分在吧。

王安忆：写作其实也是有劳动的快乐的，像我这种喜欢思想劳动的人，就是喜欢想象，而且想象的东西能够变得那么具体，当你想象的东西到最后能够变成像真的一样，是特别快乐和享受的。我不晓得是不是很多人都有做白日梦的经验，我听一个心理学家说过，比如小孩子，小孩子说谎不是在说谎，而是在想象，他们相信想象的东西是真实存在的。我那一次到日本去，去看水上勉先生，水上勉先生对我蛮好的，水上勉就是属于那种喜欢女性的人。

张新颖：你和他可以交流么？我是说语言上。

王安忆：这个不能，需要通过翻译。我第一次见他是一九八八年和我母亲一块儿，他就和我争论起来，争什么东西呢？就是争这个世界的发展是好还是不好。他的意思似乎是，这个世界的发展是蛮危险的，那时候我们正好刚刚是在开放的初期，我肯定不会同意他这个观点的，他就说今年你多大，然后就说我还有十年的时间和你争论。我再次去日本的时候已经过了十多年，已经到了二〇〇二年的时候了，他又老又病，但是他还认得出我来，他看到我的时候眼睛都亮了，很兴奋，说了很多很多话，其中就有一句话是说：我是一个大骗子。他就说我这个人就是个大骗子。但是他又说，王安忆你要记得啊，我是一个可爱的大骗子。他依然很风流。后来我就觉得，想象这事，小说这事，就是个“大骗子”，但是你要能把这个谎说圆了，似乎也不是那么简单。你在想象里能做那么多事情，所以我觉得我的劳动的乐趣其实是可以传达的。老先生那个时候身体不好，我们走的时候，我觉得特别像舞台上的一个场景，日本不是有个玄关么，玄关不是有个木台么，我们换了鞋就下来了，下面还有一段路。我们走到门口，他扶一个助步器，就站在玄关上，我们刚一走他就喊：王安忆！我们就回过头来，他就说：我要去中国找你！我要和你一块儿去西湖。然后他旁边的女秘书就说：所以你要学汉语啊，不然你怎么能和王安忆单独去西湖呢？呵呵。最后，他就说：王安忆啊，我一定要活着等你再回来。老头就是很滥情啊，很滥情的，但是也有点叫人伤心。没几年他就去世了。他是一个风流倜傥的人，长得又很漂亮，招女人喜欢，就是这样的一个人。到了晚年时候总归是比较凄凉的。他说我们都是大骗子是有道理的，其实我们写的都是不真实的东西，就等于是另外造一个世界。

张新颖：写作能够带来一种创造出一个世界的快乐。这可真是巨大的快乐了。说到人到老年，他们的创作，其实你会发现，有一些人他们的创作，很早就会达到一个高潮，然后慢慢就不行了；但是有些人到了晚年就会不一样，你看汪曾祺，他年轻的时候写小说，其实写得不太好的，西南联大的时候他也写一些小说什么的，真正好的还是晚年的东西，到晚年勃发了出来。

王安忆：但是我觉得到晚年才爆发出来总是可惜的。因为到了晚年精力体力都不行了，所以我们这一代还是庆幸的，在壮年的时候能够自由自在地写作。我发现写作这个东西体力真是很要紧，体力不好真不行。我觉得好的小说家看都能看出来，像迟子建就是这样。我发现写得好的人都是蛮壮的，就好像食量比较大，精力旺盛，元气充沛，看就能看得出来。

张新颖：写出来也比较饱满。

王安忆：我发现太过纤细的人就不行，写诗的话大概是可以的。写小说必须是特别健康。上次讲课我就说我的小说是曲，其实从更大的范围来讲，所有的小说都是曲，所以人要俗一点。

张新颖：和日常生活贴得比较近一点。

王安忆：总的来讲，身体好和写作的旺盛是有关系的，因为小说实在来讲是个耗体力的东西，我就看很多写诗的人吧，看上去就像诗人，他们写小说肯定写不动。对了，还有苏童，气也很壮，你看，写得好的人都是这样。

四　陆文夫、高晓声、白桦

张新颖：你父母这一辈的人，宗璞和汪曾祺之外，还有哪些作家可以讲一讲？

王安忆：我父母这辈人，有一个作家我应该讲一讲，就是陆文夫。陆文夫，他有一种气质吧，像汪曾祺，但又不完全像汪曾祺，他比汪曾祺要犀利。他这种作风甚至影响了整个江苏的作家。恐怕是和自己的生活经历有关系，他是比较介入现实，并且他能够在现实里取一个态度。我曾经写过一篇小说《酒徒》，其实我就是写陆文夫。有一次在苏州，他请我们吃了一顿饭，他给我描摹一些事情，我特别感动。他就给我谈酒，小说里面的酒经，基本上是他的原话，我就再扩充点材料。他是一个非常能收放自如的人，他和我说，我有好多朋友，全都喝酒喝死了。那确实，我也知道，其中有几个人真是喝到后来都没有尊严了。我就问他，那么你呢？他说，我就能告诉你一句话，什么时候我说不喝了，我就能不喝了。后来我在想，他在逆境里面的态度，他的人生，都是有一种这样的气质，就是收放自如，很能控制自己。这非常非常不容易，苦难大家都有，他不像汪曾祺，那我干脆站出来看看生活，他是坚持在里面，但不允许自己下滑，这种自律性给我很大的震动。所以他有些小说，你好好去读，读到后面，这个人，你就觉得蛮有力量的。可是我觉得，好像至今为止，他小说里的人物没有一个像他这样强的。他喜欢写弱者，可能也是因为他比较强吧。比如《井》里面那个女性，其实这个人物应对现实的能力很强，可是为什么有这么一个软弱的结局，挺遗憾的。还有《美食家》。他写的人物总归不像他，他比他们都要强，他写的却多是对生活服从的态度。

张新颖：他后来写得少了。

王安忆：这也是跟他收放自如有关系，有些作家觉得，写不到我期望的那么好，我就不写。

张新颖：那么高晓声呢？

王安忆：他们这代作家里，高晓声很像乡下的智士。他很聪明，人情世故皆通，会看出很多的奥妙。他的小说有一点像笔记小说，有点诡异，写农民的时候也有足够的同情，文字也好。反正我觉得江苏作家都蛮好的。

张新颖：你刚才说到陆文夫对江苏文学的影响，这怎么理解呢？

王安忆：江苏给我感觉，特别丰饶。那边会不会有一种气脉？你很难说，有时候事情又似乎决定于某些个人，高晓声他们都有点名士派的风度的，江苏作家气质都很好。而且他们一茬茬出来那么多的人。从最初“伤痕文学”开始，就没断过。

张新颖：从“探索者”一批开始。

王安忆：可能从个人开始，渐成气候。他们有一种风气是上海没有的，就是一种写作的风气。那儿我觉得风水很好。这地方很奇怪，说是江南吧……

张新颖：其实很像北方。

王安忆：它有北风，其实蛮粗粝的。相术上说，南人北相或者北人南相，都很好。而且作为一个生存的地方来说，一个省比一个直辖市好，直辖市好像有点空。

张新颖：省有一个大的背景，而且有草根性。

王安忆：比如托尔斯泰，他不仅是有城市，他还有城市以外那么广大的土地。在上海这个城市写东西对人真是有一种挑战。上海的写作有两条路，一是走出城市，或者就是走进书斋。

张新颖：书斋，它其实也不是一个很好的念书的地方。

王安忆：这和一九四九年以后上海的处境有关系。一九四九年以后，中央一直把上海作为一个经济城市定位。你是山东人吧，你应该经常回家去看看。我有时候到外地，到那种很偏僻很狭小的地方，南通啊，临安啊，你就会看到许多年轻人在读书。他们没有那么多的诱惑。你会觉得，呀，久违了，现在还有人过着这么安静的内心生活。然后你会发现他们中间有着一位精神领袖，可能是一个老夫子，可能是一个挺现代的人……大家都会到他那里去，听他论道。这是很有趣的。其实这就是民间智士，我们上海人叫“老法师”。这种人是很重要的。

张新颖：这在上海是没有了吧，但我想上海很早就没有了。八十年代有吗？我不了解。上海人是比较个性的。

王安忆：也有的。“文革”当中，年轻人基本处于无政府状态，同时呢，又自发形成群体，就会有一个人出现，大家都喜欢到他家去聊天，听他谈东谈西，他又很有权威性。比如陈丹青提到过一个“城隍庙的拉斐尔”。当时我学过乐器嘛，我们这些人当中就有这样一个人。他其实是一个音乐爱好者，但他是路路通，认识各种各样的人。“文革”当中我们这些插队落户的人不是都想考到各地文工团去吗？各地文工团也集中到上海来招生，就需要找到一个人能提供人才。而我们呢，则能通过这样的人到各个团体去面试。他就是其中一个。其实他自己在音乐方面也很野路子的，可是，大家都很尊敬他，因为我们也都是野路子嘛。

张新颖：那你到文工团不是通过这个人去的？

王安忆：最后我是通过我妈妈的老战友。他帮我介绍了几个地方，可是这几个都是省团，我考不进去的呀。但是他却让我结交了这么一批人，像我这种无头苍蝇一般的，到处奔来奔去应考的人，有唱歌的，弹钢琴的，拉提琴的。我跟你讲，到处奔来奔去应考的往往业务都是不大灵的，都是那种中不溜的，好的人老早前线、总政都看去了。张炜也说过，他那时候在农村，听说山那边有一个人喜欢写小说，他会背着他的小说爬山越岭，到他那边，天已经黑了，就点着灯，大家坐在桌子旁边，你读你的小说，我读我的小说。非常庄严的。这情形看不到了。它本身就是审美的，那时候的生活方式很审美的。在小说《隐居的时代》里我也写过这么一个人，原型是复旦大学中文系的老大学生，这人现在想起来就是一个没有着落的人，分配他到外地，他又不愿意去，不服从分配，一个社会青年。他没什么事情，通过什么关系，到我们插队的那个县城去做客，那地方很偏僻，要坐火车要坐船。我现在回想起来很佩服他，生计都没着落，他还有这个兴致。他要来的消息很早就传开了，到了这一天，大家都到那个地方去听他谈天，吃饭的时候就到食堂里用脸盆打饭。他讲的也是些杂碎，但他是复旦大学的，中文系，我们就当他经典。我想他年纪也不大，二十多岁。好像那时代比今天显得丰富。

张新颖：说到上海，我想起白桦，可以谈一谈吗？白桦前几年有几篇小说写得挺好的。有的时候分不清楚是小说还是散文，其实写得蛮好的。

王安忆：白桦是个诗人，他写过一些散文和散文化的小说。他的文字好。他有一些散文挺动人的，我看了很震撼，但白桦这感情，到最后没有扩张出来。他的父亲是被日本人杀的。他很小的时候，有一天听到日本人又在街上杀人，他就随了看热闹的人群奔过去看，结果路上碰到他们的街坊邻居，街坊一把把他扯住，你怎么能去看，你爸就是被日本人杀的。这真的很好，这种东西其实在中国古人那里很强的，可是到现在越来越弱。我很喜欢他这类东西。他因为是个诗人的缘故，如果去描摹一个真实的场景，会写得特别漂亮。但他情感的分量，难免受意识形态影响，会变得简单化。他还写过两个小人物，微如草芥，可是日本人侵略到他们家乡的时候突然焕发出英雄的气质来。那也写得很好，短短的。他是有浪漫气质的人。

五　王蒙、张贤亮

张新颖：比你母亲年轻一点的，比如张洁、王蒙，他们这一代里有什么人——

王安忆：有啊，他们这一代应该来说给我的影响是更加直接，越来越近的。王蒙当然是第一个需要谈的了。王蒙是一个太聪明的人，真聪明啊，我觉得他真的是知道什么是好，什么是不好，人家讲认识自己很难，我觉得他真的是知道自己什么好什么不好，所以说有的时候，他心里面的那种动静，只有他自己知道，他是清楚的，他不像有些人稀里糊涂的不知道。像对待我们这批人，谁值得注意谁是一般般，我觉得他都是清楚的，他对我蛮好的。

张新颖：好像在你们这代人刚刚写作不久的一段时间里，王蒙在你们当中的影响非常大。具体说不出什么时间，大概在九十年代，还是从八十年代下半期起，你们这代人开始对他不满了，但早些时候肯定对王蒙是很崇拜的。

王安忆：是崇拜的。我不是说到文学讲习所么，导师制，王蒙就是导师之一，跟他的那些人都是很令人羡慕的，当时是最优秀的人才能跟他，跟他的那几个人都是很得意的。他是一个很有趣的人，他的有趣和汪曾祺的不一样，汪曾祺的有趣是很松弛的，非常松弛，王蒙是一个有紧张度的人，他离现实很近，他是那种对现实的责任感特别强的人，他的很多讽刺的言辞都来源于他的批判意识。而汪曾祺是不批判的，他很和谐，就是非常和谐，他好像不管在什么时代都能够找到基本不变的东西。这些东西是和他非常协调的。他曾经写过一个农场里面的故事，一个农场里面的小员工吧，喜欢演戏，他说他就演了一个院子，院子就是官府里面的一个用人吧，但是他一点也不像古人，他那么年轻，健壮，活力充沛，兴致盎然，一点也不像古人。那个时候正是我们政治上最严酷的时候，他也在命运的低潮，但是他依然能领悟那么多的乐趣，这不是说他对这个政治认同，而是说政治对他不是最重要的一个东西，在政治生命的底下还有一种潜在的生活于他是痛痒相关。王蒙就不是的，王蒙对政治很有反应的，他说笑话也好，开玩笑也好，那种讥诮，都是从这一层里面出来的，聪明真是聪明得要命，很有锋芒。像汪曾祺就是没有锋芒的，你不觉得他有锋芒。王蒙这个人物太复杂了。

张新颖：你和他有具体的交往么？

王安忆：我和他交往其实很多的，因为他是蛮器重我的，我能够自己感觉到，他大概是觉得我写得不错。还有一个他真正感觉到写得不错的人，张承志。他会对我们很好。

张新颖：怎么好呢？

王安忆：他就从来不说我们重话，他很照顾我，比如每年都要到北京开两会，我有很长时间在会上，他就总会安排饭局，带我去吃饭。吃饭不管怎么样是一个社交么，能够把会议的枯燥稍微调剂一下。有一次我和他一同去湖南，总之是我能够感觉到，他是蛮器重我的，器重这个词比较合适。他其实是一个很骄傲的人。

张新颖：他的作品呢？

王安忆：他的作品我最喜欢两个，一个就是《组织部新来的年轻人》，第二个就是《在伊犁》。

张新颖：《在伊犁》，我也是特别喜欢。王蒙很少有这么松弛的时候，所以我觉得《在伊犁》这个书啊，是王蒙的作品里面特别好的一个东西。

王安忆：我就觉得《在伊犁》吧，王蒙完全放下对政治的意见了。这也许和环境有关系，他就是在很底层，这些人就是吃饭睡觉还有爱，除此，什么事都和他们不相干，这样，就潜到了方才说的汪曾祺所安身立命的生活里；还有一个文化影响，伊犁么，就是有波斯的语言风格，装饰性特别强，很华丽的，它就是阿拉伯过来的，是一种装饰文化，你看《在伊犁》里面人物说话，全都是废话，但是那么华丽的废话，我觉得他这个写得非常好。我觉得他，利也好弊也好，就是他对什么事情都有意见，非常敏锐的意见。可是如果少点意见呢？曾经在青岛开了一个王蒙的讨论会，最后一个项目是漫话王蒙，让我们每个人都说一段王蒙，我就说王蒙太聪明了，能不能稍微不那么聪明一点，我觉得他真的是太锐利了，写作要钝一点，钝的话你的面就宽了。他的作品你看，总是有那么多的意见。

张新颖：没办法，他人敏锐，产生了这些意见，如果不把这些意见表达出来，就会觉得——

王安忆：觉得可惜了。但是我觉得这种意见，会影响人去看，还有感受。《在伊犁》是王蒙非常成熟的作品，他们这代人如果没有碰到这么尖锐的社会矛盾的话，恐怕都可以怀着这样优游的心情看待生活，或许可看得更深入。你看王蒙当时在新疆，其实是受迫害期间，但是他就没写什么《大墙下的红玉兰》啊这类东西，他写了一个《在伊犁》，所以有的时候对意识形态的反叛，就不一定是和它正面交锋。

张新颖：不一定是对着的。

王安忆：王蒙和张洁肯定是这一代人里面的佼佼者，还有一个张贤亮。

张新颖：张贤亮的小说你怎么看？

王安忆：最喜欢他的作品是《河的子孙》，我们也不是说道德，也不是说正义，我们就是说人和人之间，有一种“欠”和“还”的规矩吧，也就是“道”的意思，他写那个书记很喜欢那个女人，就保护她不让她当“右派”，让一个没家没业的二流子顶她的罪，那么，这个二流子并没有什么罪行啊，就让他去杀羊，杀羊的场景写得多好啊。我就觉得中国的小说里面的苦难，有的时候很局限，苦难都非常小。有些作品里面苦难的格局就大了，就有点像《复活》里面流放到西伯利亚去的情景，就是整个世界都是苦难的，就是这种辐射的悲惨。二流子杀了集体的羊，被判“右派”劳改，从此以后只要支部书记去和他的相好见面，他一到她面前就觉得这个人影子站在他前面，他就再也迈不开步了。再有，书记的老婆，又懒又脏很不勤快的这么一个老婆，后来他就发现她是得了一个病，这个病使她衰迈，失去了他的欢心，这个时候你就会觉得苦难已经超出了意识形态，完全超出了政治迫害这个东西，很广大。《芙蓉镇》我觉得挺好的，《芙蓉镇》电影拍得不错，电影里面有一段，那个粮站的站长，跑到姜文和刘晓庆家去喝了他们的喜酒，喝完酒以后出来醉了，一个人在这个寂静的小镇里面要酒疯，我觉得有点俄罗斯文学的意思。中国的苦难就是什么呢，都是和迫害有关的。

张新颖：我们把苦难理解得特别狭隘。

王安忆：似乎是如果没有政治问题那就没了苦难。张贤亮《河的子孙》写得是真好，这个人是有气势的人，有气势的人就是他要是想写好的话他就能做到，更多的人是想写好却未必做得到。其实那代作家里好作品是蛮多的。

六　张洁

张新颖：新时期文学初期，张洁的影响非常大；而且直到现在，看她写的文字，还是那么锐利，不像一个老人写的。你怎么看张洁呢？

王安忆：张洁我觉得她是冰雪聪明，真的是，我觉得人有的时候不该这么聪明，真是这么聪明的话会给自己造成伤害，太灵敏了，就变得脆弱。还是稍微笨一点好。张洁我觉得有一点也蛮少有的，就是她有赤子之心，她有一种天真。她喜欢的人就是完全能够对你倾倒，而她不喜欢的人多说一句她都觉得是很多余的，她会变得非常严厉，极其严厉，但是你要让她喜欢也真不容易，也很紧张，生怕哪一天她就不喜欢你了，就是这么一个人。就人来说，就性格本身来说，她是一种非常抒情的格调，非常抒情的。我觉得也许是生活遭际的缘故，遭际和本人的性格，也不是完全没关系的，当然我还是相信命，如果是另外一种命的话，她可能会变得温和一点，不会那么尖锐。她尖锐起来，无论爱恨，都会变得非常极端，爱恨都是尖锐的。从艺术家的立场来说，这应该是好的，就看她怎么处理。如果处理得好的话，真是可以出大作品的，那么极端，和宗璞就不一样。这两个人很不一样。张洁吧，我觉得她文学上最大的贡献还不在前期，而是在她的中后期女性主义的作品。

张新颖：你是说她的《方舟》啊那一些作品。

王安忆：《祖母绿》《七巧板》那一些。当然可能我不同意她的观点，我也可以保留我的观点，因为我们可能遭际不一样，对男性和女性的关系理解不一样，但是我觉得她是一个能够把男女对立关系描写到如此惨烈的一个人。她就好像用文字筑起一个城堡，在这个城堡里面男女关系演绎出最极端的戏剧。她的那个《方舟》，在复旦讲课的时候我也做过比较，就是她们这些女性在一起，那么不快乐，它不像那个《紫色》，《紫色》我很喜欢的，那两个女的在一起她们很快乐，妻子看到男人找了个小老婆一点也不吃醋，看到那个小老婆很厉害，男人很怕她就很高兴。所以说女性主义也好，男女关系也好，后面肯定是有一个具体的社会背景的，你根本很难把西方女性主义拖到我们中国家庭中来，《方舟》里面的女人和女人在一起，真的是那么苦恼、痛苦，张洁把痛苦写得很锐利。

张新颖：它里面的人好像跟谁都不会快乐，跟男人在一起不快乐，跟女人在一起互相之间也不快乐，好像都是很难处的人。

王安忆：从某一点来说吧，可能是她对男性要求太高了，但是那就是她的乌托邦，也是她的艺术。话说回来，恰恰在我们这个社会，男性其实是软弱的，而她不同意男性软弱。她是个性别意识那么强的人，我觉得她的小说具有那么强烈的女性自觉性，这种自觉意识在别的作品里是不大看得到的。

张新颖：那么女性，而且是有力量的。

王安忆：她真的是很有力量的，而且我觉得她对我们这代作者其实是起到一个启蒙的作用的，就是写私人生活了。

张新颖：私人生活也可以写得很有力量。

王安忆：我那个时候看她的《拾麦穗》,《拾麦穗》其实对我影响很大的，那是很小的一篇东西，我最鲜明的印象就是，怎么什么事情都能够写成一篇文章，什么东西都能够变成艺术，变成审美——也不是什么东西都能变成审美，而是这样子的东西也能够变成审美，而这里面的东西也确实很有美感。其实我觉得《拾麦穗》对整个新时期文学中的个人写作是个很大的推动，带有启蒙意义的。你想当时写政治生活，女性作家都写得那么抒情，宗璞的《弦上的梦》和张洁的《森林里来的孩子》,那么抒情的格调，我觉得在当时重要的还不是它里面批判了一个政治，不是说写了一个政治改革，而是说这种抒情的笔调我们多少年没有在描写中国人的生活里看到过了，中国的意识形态的生活，居然可以这么抒情。还有那个小说我觉得不错的,《许茂和他的女儿们》。

张新颖：最早得茅盾奖的。

王安忆：它也没有批判什么。

张新颖：这个当时也是影响很大的，那个时候我很小就看了这个小说。

王安忆：这个故事写得很美啊，九个女儿，这种民间故事的格式已经出来了，九个女儿就像九朵花一样，命运就这样出来了。我在想第一批茅盾文学奖，都评得不错啊，《许茂和他的女儿们》《芙蓉镇》。

张新颖：《芙蓉镇》，沈从文也夸奖过这个作品，沈从文一般不夸奖当代作家的。

王安忆：《芙蓉镇》真的写得好，现在看来还是好，好的东西怎么看都好。

张新颖：那个时候评奖，好像评出来的奖大家基本上都能够公认，那时候评出来的短篇奖、中篇奖什么的，出来大家都会觉得差不多，现在好像就没有这个感觉了，权威性已经丧失了。

王安忆：那些写知青的小说有些写得也非常好。孔捷生的《南方的岸》就写得很好的，那个时代我觉得我们还是在肯定一些英雄主义的东西，但是现在我们已经把英雄主义的东西完全否定掉了。

张新颖：现在二十几岁的人看你说的这些作品，会觉得很可笑，比如《森林里来的孩子》《弦上的梦》，他们会觉得，这个东西很做作嘛，很文艺腔啊。

王安忆：现在这些小孩子对文学的理解好像从根本上就是不同的，就像我们要做文学，我们要做的是什么呢？不是平凡的东西，而是要找一个不是常见的东西，我们要找的是一个超出平凡的东西，这个东西蛮难找的。现在人特别强调平凡的东西，特别强调普遍性的东西。毛病不知道出在什么地方，我就感觉现代人吧，他们处的这个时代不太好，这种环境好坏都不分了，历史也都被扭曲了，好比说现在的广告，总是在讲上海三十年代的风情啊什么的，这种东西的格调不高的，有什么好去怀念的呢？但是这种所谓风情现在就变成一个追求了，大家竟然把它当成一个现代性的东西了。

张新颖：你的态度很明确，不像有些人模棱两可。

王安忆：模棱两可也是因为现在媒体很混淆，实在是让人感到很恐怖，这个话如果我在大庭广众说，又要招来很多批评了。

张新颖：媒体因为没有事情做，所以它总要制造出一些事情来。

王安忆：我们还是要找一些人心当中很不常见的东西，现在真的是很难找，我觉得这和现代的民主时代有关系。

张新颖：其实从大处来看，新时期文学一开始写的就是这样的东西，但是现在好像慢慢地下来了，好像是这么一个趋势。

王安忆：新时期文学是用普通人性来反教条主义，结果产生了新的教条主义，写好人总是要强调他身上的问题，写坏的就是要强调他身上的合理性。现在越来越下来了，对平凡的东西理解啊同情啊，但是像雨果这样的古典浪漫主义，就决不允许任何人堕落。你命运不好，地位卑下，但你还是不应该堕落，你还是应该崇高。但是这个要求已经被现代主义批判掉了。

第五章

同代人

一　张承志、张炜

张新颖：同代作家里面，前面你特别谈过了史铁生；现在我们再谈谈其他人吧。

王安忆：同代人，我想张承志肯定是要说的。有个现象不知道你有没有注意到，就是张承志其实是比较晚，伤痕文学过去了，他是寻根的时候才出现的，就是八十年代——

张新颖：不是，比如说他的《骑手为什么歌唱母亲》，就很早。我是一九七四年刚刚上小学，然后新时期文学大概是从七十年代末开始，我这个年龄的人，很少有像我读新时期文学读得这么完整的，刚刚上小学的时候就开始读文学，最早的就是报纸上登的《于无声处》，家里订《人民文学》《解放军文艺》什么的，那时候地方性的刊物都发很有影响的作品。像王蒙的《春之声》啊我都读过。张承志的《骑手为什么歌唱母亲》《黑骏马》，以前都得过全国奖。

王安忆：不过我注意到他的时候已经蛮晚了，至少我也已经挺出名的了，所以那个时候我自己也是蛮骄傲的，觉得自己也有点资本了。

他是一九八三年由《收获》的一个老编辑带到会议上来的，他也是在这个会上领奖，是领一个全国优秀小说奖吧，反正那是我们第一次交谈，我觉得他特别诚恳，而且他也很谦虚的，当时我不知道他有那么好的成绩，所以我对他说话口气也蛮大的。他和我谈到他写的《北方的河》，就讲到《北方的河》里面的一个女性，一个女记者，他说，我对女性没有把握，他就这么和我谈的。当时我就觉得他是一个特别的理想主义者，而且你很不敢表态，因为你很容易就会流露出你对他的不理解。他说到这里面的男主角，没有名字的，然后这个女性对他的理解，以为他是这样一种人，其实不是，而是她根本不能够到的一个人，他是这么和我解释《北方的河》的。有了这种谈话以后你就会有个很大的期待了。

张新颖：以后你们的交流怎么样？

王安忆：他不知道我是很尊敬他的，我真的是很尊敬他的，他的意见我非常重视。后来他到日本去一段时间，那是一个消沉的时期，我给他寄卡，让人给他带酒，而且写信写得都蛮长的。那段时间他真的是很激愤的，其实那时候，大家都很消沉的。他的感受则格外尖锐，做了个决定是退伍吧，公职都没有了。那个时候人人都很受伤、很受创的感觉，我们在北京的玉渊潭公园见面，那次谈话谈得特别长，一整个下午，夏天漫长的下午，我就觉得特别放松，他也很放松，也不谈文学，谈什么文学嘛，就是像普通的朋友在公园里面聊天。那个时候大家也不急急忙忙地写东西，变得很闲，多出了许多时间，使我们反而能正常地交流。自那以后我们的相处一直很顺利，也很积极。最近的一次是在云南开会，我们有一天晚上在一起聊天，聊得非常广泛，他有一个很大的变化，就是对伊斯兰教的解释的变化，他自己也说发生了很大的变化，他是才从西班牙回来半年，和他新婚的妻子去西班牙。我感到很奇怪，到现在还没有找到答案，他现在对伊斯兰教的解释与《心灵史》里完全不同，他认为这是一种很现世的宗教，这个宗教是要求发展的，它在物质上面是不排斥的。当然他的态度依然是极端的。比如关于和自然的关系，宗教都有着对自然的态度，他就说你的说法都是巴黎沙龙里贵妇人的闲情，什么环境啦动物啦。但是整个思想的内容我就觉得他变得比以前温和得多，包括对伊斯兰教的解释。他说我现在再写《心灵史》的话，肯定会和那时候不同了，他说写《心灵史》的时候啊——这段话讲得很好，我把它记下来了——他说我们都是被那个时代惯坏了，他指的是八十年代到九十年代那个时代，他说那个时代你看我们一个个多盛气凌人啊。他这句话说得很好，我觉得，我们就是被那个时代惯坏了，他说他经常回忆那个时代，那个时代有正当的竞争，有很好的编辑，包括很好的官员，现在是非常想念他们的。他后来不大写小说了，写的都是散文。我觉得他，怎么讲，现在说这话不要紧了，他已经对我有免疫力了，我觉得他太没有匠气了，太不像匠人了；而我是个匠人。就是他对做活这件事情太不满意了，他是个诗人，他一定要直抒胸臆，他一定要抒发情感。他不像我，我就是一个匠人，我就一定要干活。没有“活”我什么也做不了。他一点没有匠气。我觉得完全没有匠气的话很难做成活的呀，他就是这样一个人。他后来写的散文写得非常好，他有一个散文叫《公社的青史》，是我最喜欢的散文了，有一些写的是国外的见闻，我倒觉得一般。

张新颖：陈村的《走出大渡河》，和你们这个男子汉讨论有没有什么关系？

王安忆：男子汉讨论基本上是来自《北方的河》，甚至来自张承志本人。《北方的河》塑造的男性是那么的魁伟，有力量，理想那么高。

张新颖：而且他还是沉默的、不说话的人。

王安忆：对，无论怎么接近他，都不能够理解他一点点。尤其是对女性的拒斥，这简直让天下女性绝望，他的魅力似乎专针对女性，可却偏偏不让女性了解。

张新颖：这个作品，当时我是很感动的，还是上高中的时候读到的。后来考上大学，坐火车，我背包里就放了两个作品，一个是《北方的河》，一个是刘索拉的《你别无选择》。《北方的河》是一九八四年的，《你别无选择》是一九八五年的。一九八五年来上海上学，当时包里就放了两个作品。

王安忆：张承志也是个很有趣的人，他和他喜欢的人在一起就没脾气了。张炜和他关系很好，张炜就敢去撩他。他脾气很大，但是和张炜在一起就不大发脾气的，现在对我也不大发了，他也晓得我对他真的是没有一点恶意的。有一个场面特别有意思的，就是张炜说，其实啊张承志，你就像个大姑娘，很腼腆的。你看他表情，他确是很腼腆的一个人。张承志说，你没看到我发脾气的样子。然后张炜就说，你发脾气还是个大姑娘。和这些同辈人相处，现在回想起来都蛮好的，首先都是很健康的，也蛮纯洁的，也互相受益，也非常真挚。

张新颖：张承志的语言有些特别。

王安忆：他的语言呢，是一种很“做”的语言，就像在刀锋上走，做得好就好，“做”得不好啪地一下就掉下去了。“做”得不好的话就实在是造作，“做”得好的话，也实在是好。

张新颖：他的作品，包括他的文字，和他学的专业有没有什么关系？

王安忆：他曾经公开地讲，他学的是考古，就是历史么，学了历史他好像积蓄了很多感情，这个专业已经容纳不下他的这么多感情。我觉得这讲的是对的。而且从某个角度来说，我也觉得他不是很合适考古的，因为考古需要的是一种科学的严谨态度，他太浪漫了，他是个感情很泛滥的人，考古实际上太严格了，每一个东西都要反反复复地证明。而感情是无边无际的。

张新颖：他对历史是有感情的，这也是比较特别的，因为很多作家对历史没有感情。

王安忆：历史里面的诗意都被他攫取了。比如他学的民族史里面有迁徙，这个迁徙就能够展开很多想象；然后战争，这种东西就是能使人激情澎湃的。

张新颖：你就看他写的小说，不管是写新疆，还是蒙古草原，还是宁夏，他小说里面的那些人物，也不仅仅是人物，那样的生活整体，总是会给你历史感的，他不是要写历史，但是就是给人这个感觉，这也是我觉得他特别的一个地方。

王安忆：中国历史那么漫长，版图那么辽阔，时间和空间的含量都特别长，就特别能满足他的悲情。还有一点我觉得他比较宝贵的就是，对人民苦难的一种反应。

张新颖：而且特别是对少数民族。

王安忆：为什么对少数民族？就是因为他们最弱啊。凡是弱小苦难者，他都会激起反应，他懂得他们，他不是在宁夏调查，准备写《心灵史》么，他给房东带的礼物我们都不能想象。我们能够想象的不外是给他们带点糖果食物啊，最多带点被子、粮食，他买了头牛，六百块钱，买了头牛。他怀着很美好的感情讲房东家媳妇，将清苦的生活过得很有意境，比如面条，就会擀得又细又长，摆成一个十字，然后中间点一点红的辣椒油，就成一朵花了。

张新颖：怎么说，他和我们不一样，因为我们是在汉文化的环境里长大的，我们一讲中国肯定是汉民族，平时也不大会去想汉文化以外的事情；他是回民，他这个工作的背景，包括下乡的背景，都是在中国的边上，老是和少数民族联系，会不会产生一种对汉文化的——

王安忆：抵触。我觉得他不仅是对汉文化抵触，他是对所有主流的文化的抵触。有一点蛮奇怪的，他绝对不吃猪肉的，是成年以后，他决定遵守伊斯兰教教律，他就不吃了，很坚决地不吃。我问你为什么不吃，他就说，人有的时候必须要找一个东西来自律。所以我觉得他是很理性地选择了信仰。

张新颖：我们的文学啊，我们一般意识不到，其实有一个优势文化对弱势文化的关系的，我们老是说中国文学中国文学，其实就是汉文学了，少数民族的文学文化表达从来就没有进入到这个主流里面。

王安忆：但是张承志其实还是在汉文化里啊，这是没办法的，与生俱来，但是他为自己建设了一个另类精神家园。我就是觉得这个人的天性里面是有一种蛮可贵的精神，比如他对自然的态度，很奇怪的，他曾经把他插队地方的几个牧民，带到北京去，他带他们去了北京动物园，他说他们看到老虎的那种眼光，怎么描绘呢，不可思议地，就是觉得你们怎么能把老虎关在笼子里，如何的轻薄，没有敬畏之心，他们对自然是很敬畏的。张承志就是一定要找到一种使他敬畏的东西，他最苦的是他找不到。

张新颖：他真的是一个很独特的人。他不写小说也有点可惜。你说的那个很对的，就是他是一个诗人，他不是一个做活的人。

王安忆：他现在好像和以前已经有些变化了。他是这一代红卫兵作家里面，思想最有发展的一个。

张新颖：你刚才说到张炜和张承志关系很好，你怎么看张炜呢？

王安忆：谈到张炜，我觉得他写得最好的，还是《九月寓言》。虽然你可以看出他很多地方是学《百年孤独》，但是学得好，它完整，他自己重新塑造了一个村庄。

张新颖：当然这样理解会比较简单，可我觉得他身上有两种性质，一种是《九月寓言》这种，一种是《古船》那种。你看他有的时候讲话也是这样，很幽默的，这个时候你就觉得他特别可爱；到他绷紧的时候，是那种批评啊，愤怒啊。他一旦松弛下来，就特别有意思。

王安忆：他身上最文学的东西，就是诗意，他也是一个抒情诗人。我特别喜欢他写那些果园里的、海边的小女孩。我和张炜说，我发现你写的小女孩，都是那种小小的、乖乖的、特别美好的女孩子。一旦他写到这种情形下，文笔也流利了，情绪也变得非常的轻松快乐。《九月寓言》是他最好的小说，将他的诗情最大规模地表现出来，《外省书》也不错。《外省书》还是在《九月寓言》那个系统下面的。《外省书》里面，他要批判的东西太多，有个批判其实很好，可是似乎资源不足，就是关于"普通话"的批判，可惜没有充分表达。他很想把生活当中现实的细节诗意化，在《九月寓言》里做得非常自如，到《外省书》就做得有点生硬。但是无疑，他是我认为正面的作家，有美好的情感。"美好的情感"这个话现在已经被批判得没什么价值了，可事实上作品的好和坏一定是这上面来见分晓的。

二　莫言、贾平凹

张新颖：你和莫言认识应该是比较晚的吧。好像《小鲍庄》和《透明的红萝卜》是发表在同一期杂志上。

王安忆：对的。呵呵，当时说到红萝卜，我就说，红山芋也可以啊，为什么非要红萝卜。因为我是一个写实主义者嘛。这句话传到他耳朵里去了，结果可想而知。所以我和莫言开始的时候也不协调的。我觉得莫言开始对我是有偏见的，因为我样样东西都和他不一样。上海，女性，在他眼里我好像是一个娇小姐。我记得我们一九八七年组团去德国，他就当众讥诮我的，但是后来慢慢慢慢我就和他变得越来越融洽了，我觉得这个人感情蛮深厚的。有一次我们两个人到新加坡参加一个华人文学评奖，然后又一同到马来西亚，讲演了一圈，大概相处了有十几天吧，相处得非常好，没有发生任何的不开心，并且我们两个人的讲演也配合得非常好，我就觉得我和他之间本来的什么一下子解决掉了，究竟怎么解决的我也不清楚。总之，自然而然。后来我想大概是因为他觉得我也蛮朴素的，他会问我，王安忆你怎么吃那么多，这个问题我没法回答的，吃得多吃得少这个怎么说，我觉得我只是正常而已的嘛。所以他发现我挺平实的。

等到他把这个成见放下来了，就开始正常地和我交往了。

张新颖：呵呵，因为你成名比较早啊，人家有压迫感。

王安忆：那个时候他们都在读我的《新来的教练》啊什么的。我觉得莫言是个元气旺盛的作家，泥沙俱下的，他是可以淘得出金子来的。有一次访问阎连科的时候，有人问到，你和莫言最大的区别在哪？他说，我觉得最大的区别就是他写得比我好。这个回答很不容易，倒不是指他回答得谦虚，而是他说出一个事实，就是写作最本质的差异，好和更好。莫言我觉得他最大的特色就是他是在农民里生长出来的。

张新颖：而且他这个农民的立场他一点不掩饰。

王安忆：他不是说替农民代言那种意义的，而是他坚持在农民中的立场，使他获得了一个独立的空间，这空间在现实的层面上是人道的，审美上则是浪漫的。

张新颖：你刚才说莫言的小说泥沙俱下，我觉得说得特别好，很少有作家这样大气，因为泥沙俱下是需要一个巨大的流量的，流量不大你带动不了这些泥沙，好的坏的都带动起来；我还有种感觉就是，莫言有的时候写得很差，有的时候写得很好，有的作家他不敢写差，他写着写着如果写得很差，那就完了，从此就不会写好了，莫言他有种非常大的能力，他写得很差这个根本没关系，他今天写得很差，他下一本还能写得很好，有的作家他一旦滑落了，那他就没希望了。莫言他写得差对他就没有伤害的。也应该说是非常不一样的地方。

王安忆：对。你看他这么粗壮的一个汉子吧，忽然之间能写出这么灵巧的东西，真的就是神来之笔。他谈到他们村庄，他父亲的故事，他父亲是个很有意思的人，我看过他和父母亲的一张照片，两边是他的父亲母亲，他坐在中间，我看到就觉得，哎哟，这真是能生出天才的父母，他父亲哦，就像树根一样的，布满生活的痕迹，却如此安静，就那样的一个父亲和母亲。他父亲很有意思的，他大哥是华师大的，假期回到家乡，和同学介绍说，这是我父亲，然后他父亲就给了他大哥一个嘴巴，说什么父亲，我是你的爹。和莫言在一起就是特别松弛，那次我们俩从瑞典的南部，一直到斯德哥尔摩，坐火车。你知道北欧的风景很单调的，看外面的树林，一溜都是树。我们一路认着树过去。我后来和莫言相处，就是那种轻松状态。莫言还有一点蛮好的，就是至少在我，从来没有听他说过很刻薄的什么话，他不攻击人的。汪曾祺也不攻击人的。他恨也就是恨，骂也就是骂，不像有些人挺阴毒的，会攻击人，莫言就不会的。

张新颖：那莫言的作品里，你觉得好的有哪些呢？

王安忆：最好的是中篇，中篇是最适合他的写作的体积。中篇里面他一方面会有所节制，不可能那么泥沙俱下，另外一方面他的才华可以发挥到最大限度。

张新颖：长篇有的时候太浪费了，不节制，有的时候太繁复了。

王安忆：短篇又太拘束了。他的自由度就是到中篇最好，真的很好。他蛮有力量的，我这个力量不是说气魄啊什么的，我的意思就是说他蛮有后劲的，蛮有力道的一个人。他也是很像农民的，农民的精明他都有。

张新颖：就不太像一般的农民，一般的农民也不会像他这样的。他们家我猜想在那个农村里是很特别的。

王安忆：很特别的，有受过教育的，有跑码头做生意的，有拉壮丁拉到台湾去，又在台湾发达的。我觉得他们家的人都是很奇怪的，都有点奇异。我觉得好的作家都有一些魅气，我觉得他也有点魅，他真有点魅的，他讲他们村的鬼故事，听听也都很奇怪的。

张新颖：他家那里的鬼故事是很多的啊，因为他那个家跟蒲松龄那个家，已经不远了。我们齐国人，都是听鬼故事长大的。讲鬼故事也是乡民精神生活的一个部分。大家凑在一块儿干吗呢？说说鬼故事和我们的文学阅读没什么区别。

王安忆：我不知道你说的那地方在哪里。我插队的地方在安徽淮北，我就觉得我们那边的人特别古板，正统，他们不爱谈鬼的。你如果说，你有没有鬼故事讲，老人就不高兴了，觉得你这个人老邪的，不可以讲鬼的。子不语怪、力、乱、神。

张新颖：我那个地方就是跟莫言的地方差不多，整个齐国的风气，和鲁国非常不一样，史书上就记载，齐国人喜欢乱说，而且谈的就是神鬼。我们从小都是听老人讲鬼故事，他没别的故事给你讲，一讲就是鬼故事，我们农村长大的孩子都有一个经验，要晚上听鬼故事，然后听完鬼故事要回家，黑不隆冬的，不敢回家，害怕。就是那种心理，特别喜欢听那种恐怖的鬼故事，但是又害怕。莫言肯定是这样长大的。

王安忆：我后来到农村，我们那个农村，真是没有上海恐怖。你讲到鬼故事我想起来，我们上海的里弄是非常恐怖的，像我生活的地方，淮海路的弄堂里面，可恐怖了。上海的后弄，不是恐怖，是阴森，非常阴森。首先它有很多传说，说是传说，其实是真实发生的事情，而且是在不久之前，说这里有个上吊的女人，那边垃圾桶里有个小孩子被人家杀掉的，那里嘛又有个精神病，我们的弄堂给我的印象特别阴暗。然后又有个大问题，后弄里面没有灯，每一次我们学校里面晚上有活动，我很大一个困扰就是，晚上回来怎么样走回这条弄堂。我老是觉得这条弄堂里埋伏了很多很多鬼怪。我家里都知道我这个情况，每次，都要派人在弄口等我。我现在想起来，我们家的后弄正好对着前面打破掉的一个后窗，这后窗上曾经有过一个精神病在那边喊叫，这个窗的玻璃打碎了也没重配，用木板钉了很多横条。这个窗户是我从小最害怕的地方。我倒从来没有在农村受过惊吓，觉得蛮明朗的，平平坦坦，我们那里的民风倒是堂堂正正的。

张新颖：我看莫言的小说，就觉得，怎么回事，这家伙把我们小时候听的东西都写出来？我一点都不觉得奇怪。莫言的很多小说，是有当地传说的影子的。我记得读大学的时候，有一天看了《红高粱》，我就想，这个小说的故事，我十年以前都听说过了，谁谁都讲过，好像是那一带流传很广的故事。当然了，不能说莫言就是照搬了民间的故事和传说，小说里面有这些的影子。

王安忆：说到《红高粱》，其实，每一个作家都是有一个庄稼做底的。莫言的高粱，张炜特别喜欢红薯和玉米，苏童很喜欢棉花，我很喜欢麦子的。庄稼真的很美，没看到庄稼的人不知道它怎么美，你想象不到一块土地里面，一个种子，它最后会长成这么样的形状，这么丰富的形态。这种形态根本不是人能够制作的。

张新颖：你插队的时候种过麦子?

王安忆：我们种麦子。我现在回想，我那地方没什么可爱的，就麦子可爱。而且我们的麦子是套种的，它为了增加产量嘛，里面套什么呢？豌豆。等到豌豆挂角，麦子还没有熟透，我们在麦田里走的时候，我们就可以摘嫩豌豆吃。嫩豌豆是我第一次吃到，真好吃，而且可以这么敞开着随便吃。我们农村有一种规定，你吃多少都没关系，但你不能带走。即便是这么贫瘠的土地上，依然保留着这么一种慷慨的风度。

张新颖：那我们是小时候掐麦穗吃，麦穗快熟了，但还有点绿的时候，就搓一搓吃了。那个味道很特别的。

王安忆：现在，农村在我脑子里面有亮光的，就是麦田。然后我们把麦子和豌豆一起打下来，麦面里面掺了豌豆粉，绿莹莹的，很有情调的。

张新颖：贾平凹呢？你和他有没有什么交往？

王安忆：贾平凹呢我和他联络不太多，但也蛮友好的，相处中一个最大的问题就是语言的问题，我听不懂他的话。他也很苦恼，为什么我的话你会听不懂，所以我们在一起交流需要翻译。那一次我到西安去，和我的一个记者朋友，他请我们在他家门口吃那个羊肉泡馍，那是我第一次吃羊肉泡馍。那次我就觉得他特别可爱。我们做了一个游戏，所谓心理测试。我是从香港学来的，就这个游戏的顺序是说，你想一个动物，这个动物的所有形容词，你再想第二个动物，然后这个动物的所有形容词，然后再想第三个。最后给你解释，第一个动物是代表你所认为的你自己，第二个动物就是说人家认为的你，第三个动物，就是实际上的你。我还记得路遥想的第一个动物是熊，第二个我想不起来了，第三个动物是牛，而且第一个动物的形容词他说得非常酷烈，就是把人一掌拍死头也不回的，这个是路遥。贾平凹的特别好玩，我记得他的第一个动物是狐狸，第二个我忘了，第三个动物是乌龟。他知道答案就笑得不得了，我就觉得他像个孩子，他个子也比较矮嘛，就在街上，就趴在墙上笑，他说，你看我自己以为是个狐狸，其实是个乌龟。特别可爱。他是陕西南部的语言，很难懂的。我比较喜欢的他的小说是《鸡窝洼人家》。

张新颖：这个作品是比较早的。

王安忆：我觉得他这个小说写了一种特别朴素的农家小康生活理想，

他也没有用先进与落后的观念去评价这两对人，只是让他们各落各的窝，各得所归。他这个小说特别像民间故事，民间传说，有一种质朴的结构。我蛮喜欢这部小说的。很多作家，如果他们能够遵从内心地去写农民的生活，会写得很好的；但是我觉得整个意识形态都好像在告诉人们，农民的生活是没有价值的，这很可怕。

张新颖：如果是一个好的作家的话，他慢慢会摸索到，慢慢会意识到，自己意识到这个东西，那就破除意识形态的迷障了。

王安忆：这真是一个很反常的情况。这又要谈到那个劳动的问题啦。农民实在是太贫困了。我记得我最喜欢的阎连科的小说就是“瑶沟系列”，我觉得他写出了农民的困苦，不只是农民，而是普世的悲怆。也因为现实是太困苦了，所以人们会鄙夷劳动，鄙夷自然。你看前几年在《中国作家》里面有一个青年作家的中篇，这个作家完全没有名气的，题目叫《夭折》，奇怪的是，他写过这个小说以后遇到车祸死掉了。这篇小说写得非常好，有些像汉姆生的《垦荒记》，他就写一对年轻男女，怎么样结婚，怎么样盖房子，怎么样慢慢过日子，然后生了个孩子，孩子死了，再生一个，又死了，又再生一个。这篇小说特别好，写的是生活，可惜一点也没有受到什么重视，而且这个作者的命运又是这样子的，我觉得很古怪，就好像天谴的一样，因为他把一个天机给泄露了，这就是生活的天机啊。我蛮喜欢挪威的汉姆生的。这种写作已经不大受重视了。山西的葛水平，我喜欢她的也就是这个状态，她现在已经是三十多岁了，三十岁以上的作家，这个年龄会相对稳定一点。我特别不希望他们这些人受到什么损害。我觉得他们多宝贵啊，就这么点硕果仅存的东西。

三　阿城、王朔

张新颖：贾平凹、莫言这样的作家，都算得上异数；和他们不一样的阿城，也是个异数。

王安忆：阿城很喜欢贾平凹和莫言的，我觉得他喜欢他们大概是觉得他们有民间的风格吧。

张新颖：那就谈谈阿城吧。

王安忆：阿城就是那样的一个人，老把式，真是一个老把式了。他有的时候很唬人的，有一次唬人真的是唬得太厉害了，有一次说新石器时代和旧石器时代的划分，就是旧石器时代是被凿，新石器时代是凿。那我就说旧石器时代拿什么凿，新石器时代又是什么被凿？我从书上看到的，是说旧石器时代就是打凿，新石器时代则是会钻眼啊这样的，我说这是书上写的。他一愣，就说，啊你知道。总之，阿城是一个有清谈风格的人。现在作家里面其实很少有清谈风格的，生活很功用，但是他是有清谈风格的，他就觉得人生最大的享受就是在一起吃吃东西，海阔天空地聊天。法国人也有清谈风格。

张新颖：那他清谈和他不写有没有关系呢，他现在反正也不写了，那么就谈一谈啦。

王安忆：他其实在写，他给我说《卧虎藏龙》就是他写的剧本，他写还是在写，当然是一些赚钱的东西什么的，但是我在想他这样的人大概是写不多的。一九八三年我和陈丹青在美国见面，陈丹青就说我认识一个人，特别喜欢写作，然后从口袋里拿出一张纸，活页纸，四折，打开以后就是阿城写的一篇小说，陈丹青再三就说你看看。在那个嘈杂的环境里我也没耐心看，也没吸引住我，我就还给他，那时候我已经很骄傲了，好像已经是作家无疑，呵呵，这就是我看到的阿城的第一篇小说，后来他就写了《棋王》。最红了。他反正特别有清谈风格，漫无边际，你不能带问题去赴他的清谈的，如果你带着问题去问他的话，你永远也得不到回答的，你问他此，他总是回答你彼，比如上次我看他的那个《海上花》，我就觉得云遮雾绕的……

张新颖：你是说侯孝贤拍的电影？

王安忆：电影。我就说阿城你能不能稍微给我解释一下那个《海上花》什么意思，他就给我讲什么啦，反正我当时觉得完全是文不对题，他谈了一通侯孝贤，又说他和侯之间如何，就是不说《海上花》。

张新颖：我们系里的一个老师，陈允吉先生，已经退了，他讲我们系里的老先生的故事，讲得很好玩。他说读书读不通，读不懂，就去请教系里的老先生，都是学问非常好、大名鼎鼎的。请教朱东润先生，朱先生就说，这个东西嘛，古人有的时候也是写得不通的；同样的问题去请教蒋天枢先生，蒋先生就说，你们年轻人真是不读书，要解决这个问题你要先读《说文解字》，读完《说文解字》再读什么什么，读完这些，你这个问题自然就解决了；然后呢再去请教刘大杰先生，刘先生就说，哎呀这个问题很简单么，他就给你讲，讲了两个小时，听完之后想想刘先生其实根本没讲这个问题，但是这两个小时也听得很过瘾，他讲得很好。

王安忆：但是阿城是直接的偏题，我问他，他就不直接回答，搞得我也很苦恼，因为我实在想知道这个电影是讲什么的。我带着这个疑问好多年，直到有一回在台湾碰到蒋勋，他才给我解释，蒋勋就解释得很好。

张新颖：怎么解释，我也有兴趣。

王安忆：他就是说中国男人从来不缺女人的，他家里有妻子，有妾，妾还要有几房。那么他们还到妓院里去干什么呢？他说他们到妓院是要去找男女的平等关系。电影里面一上来就是那个王老爷在怄气，谁能给他气怄？在长三堂子里就有，他还要哄着这个女人，在这里的男女关系，是合法社会里不存在的。

张新颖：我也看了这个电影，原著也看过，我就有一个感觉，就觉得侯孝贤这个电影里面的男人都很可怜，原来的小说里面没这么可怜的，原来的小说里面男人也可怜，但是电影就是大大强化了这个可怜。电影里面的男人，他就是去找这个妓女嘛，然后就被搞得焦头烂额的。

王安忆：蒋勋他回答了我这个问题，电影实在是太暧昧了。朱天文专门给侯孝贤写剧本的，曾经在张爱玲讨论会上她讲过这个电影拍摄的过程，提到负责美工的阿城的一句话，我觉得这句话是很体现阿城风格的，阿城说，没有用的东西要多。他说没有用的东西多了，就有气氛了嘛。

张新颖：阿城在台湾名气很大的。

王安忆：他是最早介绍到台湾去的作家，最早介绍到台湾去的当代作家。然后才开始轮到我们这些人。可以说台湾那边了解大陆的文学，鲁迅后面就是阿城。

张新颖：这样也不错啊，毕竟他是个好作家。

王安忆：他最喜欢的事情是电影，他自己说是“迷恋”，这可能和他的写实倾向有关，电影是最写实的艺术，最具有写实的手段。他有种晚清民初气质，我很喜欢他的松弛的状态，而且他的清谈的风格我也很喜欢，不过我实在还是希望他能明确一点。我记得彭小莲写过一个《他们的世界》，写她的父母，主要是父亲，然后给阿城看，阿城就对她做了些评语，说你这里面有一种共和国气质，这个评价可说是针对所有我们这些人的，他和我们气质不同。阿城要向你描绘事情的时候就会描述得非常生动，这也是写实派的特征，他很会描绘。描绘的生活状态也很好。我觉得阿城有一点很好，他喜欢一种艺术吧，他一定会在生活里面体现这种艺术。我们的艺术和生活往往是分家的，比如我在我的作品里讲这么一件事情，可是我的生活往往完全是另外一个状态；而他的生活状态却是在实践他的艺术观念的，或者反过来说，他的艺术是体现在生活上的。就是说，他有一种生活美学的观念，比如，说到老北京，他父亲带他去买鞋，到鞋店里面一边试鞋一边聊天，没有一句话是说到这个买卖，最后他终于试到一双合适的，那个店员就说了一句，穿走吧！多文啊。我觉得他是有点古风的，当然古也不是太古，就古到晚清，因为他还不够质朴。他是一个文人。

张新颖：接着阿城，说说王朔吧。

王安忆：我觉得王朔其实是一个温情主义者，他有一次喝了酒，我觉得他喝酒以后就特别可爱，脚是软的，眼光也是软的，好像有千言万语要跟你说的样子，他说我就是一个普通人，你不要来考验我，我经不起考验，一考验我肯定叛变，立刻就成为一个坏人，他说我们中国人最最可悲，就是老是遭到考验，大部分人不是英雄，是软弱的，于是不能不变得很卑鄙和卑琐了。我觉得这个人真的是温情主义者，他很容易受伤害的。他为了掩饰自己的伤痛呢，就会做出特别凶悍的样子，他会做出特别抵抗的样子，或者胡来胡闹，把事情搞成一团酱。他那部《看上去很美》，前面两万字写得多好啊，就写那个很小的小孩，在幼儿园，幼儿园被他写成充满了暴力的一个环境，其实是刚出壳的小鸡雏一下子面对的一个人世，多么叫人惊懊，他写那个那么小的小孩，夜里到洗手间看到自己的一双眼睛那么深那么黑。可惜写到这以后，就滑下来了。我在认识王朔以前，就看过他的那篇《一半是海水一半是火焰》，我特别喜欢他第一个故事，我觉得他写得特别伤心，他就写一个女孩子爱上了一个流氓青年，受了伤害，决定报复他，怎么报复？堕落，她加入到他们这一伙里面来，滥交，犯罪，彻底改造自己的人生，放弃正常生活的希望，写得很伤心。我觉得这是真的王朔，到后来王朔身上穿的盔甲就太多了，层层叠叠，连他自己都认不出自己了。

张新颖：他说自己是普通人，就是说他会把自己放得很低很低，攻击别人的时候，把自己放在很低的那个位置上。

王安忆：我觉得那是自我保护呀，他其实就是说，我已经是这样了，你还能把我怎么样。简直就是耍无赖了。这是一种抵抗的姿态，但不是上乘，有点可惜。

张新颖：真正的普通人，应该是像他早期作品里面，有你刚才说的那些伤心的、温情的东西。

王安忆：对的。他很能体会人的情感，但是我觉得他太软弱了。

张新颖：你说他太软弱了？

王安忆：是的，所以很多东西他不能抵御。

四　刘庆邦、刘恒

张新颖：你怎么认识刘庆邦的？

王安忆：我认识他，起因很简单。我记得很清楚，八十年代，有一次我翻刊物，在《北京文学》上，有他一篇小说，排在最后一篇，是个陌生的名字，但是我觉得这篇东西好得不得了，就是《走窑汉》。我就给程德培打电话，要他去看。程德培看了，也说这么好的小说，结果就收到一个什么年度的选编里面去了。后来话七传八传，传到他的耳朵里，庆邦就知道我的看法了，就开始交往了。他是我特别信任的人，这人很沉着的。在北京，有很多聊天的朋友，聚在一起很快活，但是我有什么事情的话，我第一想到的是庆邦，你提出任何要求，他一定给你办到，特别靠得住。我到北京两次租房子，都是他帮我租的。

张新颖：他的小说，现在当然注意的人多了，但以前，也一直写得很不错。

王安忆：庆邦曾经写过一篇小说《玉字》，我是向无数导演去推荐，它可以拍成一部很好的电影，可是没有人理我。它是写一个女孩子在看电影回来的路上被两个人强奸了，回到家里，她肯定是要寻死觅活的，那家里人当然都不让她死，村里的人也都来劝她。她躺了三天三夜，终于爬起来梳洗吃饭，开始正常生活。一旦正常生活以后嘛，家人却觉得挂不住了，村里人也用鄙夷的眼光看她，原来追求她的男孩子也不追求她了。这个女孩子可说是欲死不得，欲活也不得，而她似乎对此早有准备，她三天三夜不说话不吃喝的时候，她心里面在做这个准备，此时，她做了个奇怪的动作，她去找他们村上最癞最癞的人，一个宰羊的光棍，和他讲，你去找媒人下个聘礼，我嫁给你。她为什么找这个人是很有道理，那天她被两个人强奸的时候，她闻到第二个上她身的人，身上有股羊膻味，她就怀疑这个人，而这个宰羊的人又一直骚扰她。因为这个人是完全找不到老婆的人，一听到她这样的指令，立刻找了媒人去说媒，一说就成，他们家巴不得赶紧把她嫁出去。她嫁过去以后可说小说正式展开，真是写得好极了。她对这个人是这样的态度，对他很好，但是她常常会说这样一句话，很暗示性的，她说：你要是那第一个就好了。这个人一听到这句话，就非常扫兴，而她呢又总是在他最兴奋的时候讲，你要是第一个就好了，这个人的情绪就变得非常嫉妒，最后是这个宰羊的人把那第一个杀了。就是说，她终于报了仇，可说是用自己的生活，身体，杀开血路，把这个局面扳回来了。刘庆邦写的东西，真的是蛮好的，这是天生成。勤奋，认真都是后天的努力，才能是天生成。

张新颖：他的小说里面，有一种沉默在底下的东西，推动着故事发展。这个底下的东西，表面上看不出来，却是很有力量，把全篇都笼住了，所以会觉得他的故事都很紧。

王安忆：他还写过一个短篇叫《血劲》，我也向人家推荐拍电影，也会拍得很好，但也没人理我。他就讲一个矿工，这个矿工的老婆特别看不起他。当时他老婆是看到报上登了一篇文章说，矿上的工人找不到对象，她刚刚中学毕业，满脑子热情，就主动跑去说要嫁给一个矿工。领导上也很重视的，就把他们矿上两个模范给推荐出来了，另外一个模范不干，这一个就是他，就和这个女孩子结婚了。风光之后，矿上给她找工作的诺言并不能兑现，这个模范也没什么本事，就是挖个煤，生活又非常艰苦。这个女学生就开始看不起他，和他们镇上一个卖狗肉的人搞在一起了，并且很公开地搞，等于是羞辱他，她公开地不和矿工睡觉，当他的面往狗肉铺子走。另外一个，就是本来要让女孩子嫁给他的模范矿工，他很沉默地看着这一切，然后他就到狗肉铺子里警告那个人，不要把我们兄弟惹翻，不是他，是我们后面一帮挖煤的窑哥；跟那个女的也这么说，事情不要做得太过火。矿底下开的玩笑都很荤的，大家都非常嘲笑这个矿工，把这个人弄得很没面子，他发誓说，我一定会杀了他，你们放心好了。然后大家就都等着他杀，因为你这样窝囊我们都没面子。但他是一个软弱的人，杀不了人的人。终于这对狗男女在床上被人杀了。事情是明显的，就是那名工友干的，因为那丈夫是一个手软的人，干不出来，一切的疑点都集中在他身上。当公安局的人到矿下去抓那个工友的时候，她的丈夫，那个很软弱的人却站出来说，人是我杀的，他是狂叫着说的。这时候他写了一个场面很壮观，所有矿灯都亮起来，照向他。他终于挽回了他，以及矿工的荣誉。我真的觉得写得非常好，刘庆邦是一个特别会写故事的人，他天生有虚构能力，看出去的世界和别人都不一样，讲虚构和非虚构吧，区别就在这里，不虚构的人看出去，事实就是这样，一就是一，二就是二，虚构的人看出去，一不是一，二不是二。这真不仅是一个技巧的问题，是看世界的方法。

张新颖：这是刘庆邦的一面；还有一面，我看的刘庆邦的小说，倒不是有故事，他写了很多那种不太有什么故事的，但是很抒情的，很温暖的。

王安忆：写乡里的小姑娘的？这些写得很好的。我觉得他的短篇真的是篇篇都好。他的中篇和长篇也不是说不好，就不如他的短篇。

张新颖：他这个人应该是写短篇的。

王安忆：中国人的长篇吧，缺乏形式。中国人的长篇就是说书人，今天说，明天说，可以无限量地说下去，没有一个完整的结构。我有一次就对他说，庆邦，你的重点应该在短篇，而且短篇一定要靠量取胜的，一篇两篇不行，一定要一大批，像契诃夫那样子。庆邦的短篇，叫我是没这个能耐，能够连续不断地写出这么多。

张新颖：他确实是量很大。

王安忆：质一点都没有下降。

张新颖：你讲刘庆邦小说的时候，我就想到你的小说《姊妹行》，我很喜欢那个。特别是这个女孩子回来以后，又出去找她的伙伴，那种性格，百折不回的求生的意志，真是有力量。

王安忆：对啊，我搞不懂，为什么评《发廊情话》，肯定是《姊妹行》写得好呀。当时我在山东临朐妇联，她们给我讲这个故事的时候，我最被打动的，就是这一笔。如果这个女孩子回去以后没有去找她的伙伴，我就不会写了。就这一笔，我觉得这个女孩子特别有性格，性格一下子就出来了。

张新颖：小说的前面很正常，大家都可以写出来的，但是一般的人写到她自己解救出来以后就差不多了，后面就写不出来。其实好戏才开始，那我觉得你好就好在从这儿开始，然后一步一步地，越来越好，这个力量就写出来了。好多小说没有力量。

王安忆：这种好故事是可遇不可求的。小说就要写不平凡的事情，我们写小说的人都是要找不平凡的事情。不平凡的事情很少，很难找到。现在的小说最后都是一个平凡的结局，使我不满足，人们都要写平凡的事情，平凡的事情有合理性，合乎现实，但反映现实不是小说的目的。

张新颖：谈谈你跟刘恒的交往。

王安忆：我跟刘恒的交往也蛮有历史的，他是我最早一篇成人小说的编辑，《北京文学》的编辑，那时候，他还不叫刘恒，叫刘冠军。我写《雨，沙沙沙》，他删掉我一些东西，哎呀，我感到很不满意。

他还给我写了封信，意思是你要谦虚。后来写《大哉赵子谦》，一篇短篇小说，也是他责编，当时我们在北京开一个发奖会之类的，他要求我留下来做些修改，就把我安排到北影厂的招待所住了几天。那时他还没怎么写东西，后来写了，写得蛮好的。有一篇叫《黑的血》，写一个监狱放出来的青年，有点写得和别人不一样，那青年的狱友从监狱逃出来，躲到他那里去，你会感觉到，他们是一个部落，一个另类的人群，在正面的社会之外，这才叫另类。我们现在小资写的所谓另类其实是主流。所以那个释放的青年回到社会上简直找不到生活，可是，最后还是被捅死了。这个死法很有意味，意味着他也被他原先的群落逐出，无立足之地。好像现代生活里面吧，所有的英雄都被折磨得变形了，变得很不起眼，但他们那种落落寡合的表情正是英雄的遗痕。这次在法国的时候，我去巴黎圣母院，正好碰到他们做弥撒，我就从头到尾参加了一场弥撒，我脑子里就想到雨果。去巴黎很奇怪，就觉得你很熟悉，都是法国文学里面看到的。我就想象，卡西莫多就爬在这个梁上，像一条虫一样的，卑贱但是又那么有圣意，是神落到凡间的变相。我觉得在现代的民主社会里，普罗大众起来了，英雄隐在人群里，变相作罪犯、边缘人物、精神病者。他们的特殊性格没有泯灭，妨碍他们融入人流，于是他们又统统是痛苦的。

五　迟子建

张新颖：比你略小一些的作家，你有些什么印象？

王安忆：现在小一辈当中我蛮喜欢迟子建。我觉得我和她挺有缘分一样的，我最先是从照片上认得她，那时还没看她小说呢，看照片就觉得她很会笑，她笑得那么明朗，她也不是疯笑，也不是媚笑，就是一种非常开心的笑，我觉得这个女孩长得很好看，我就觉得这个人可以写出好东西，然后我看到了她的小说。我不是说她小说写得如何完美，我就觉得她有生气，这真是叫勃勃的生气。

张新颖：迟子建身上的生气，以及她自然地带到小说中的生气，和她那个地方是有关系的。

王安忆：可是有很多人都是生活在同样的环境里边。

张新颖：不一样，同样生活在一个地方，我可能不爱这个地方，对这个地方没有感情，但是你看看她写写雪啊，树林啊，河流啊，或者其他的什么，你就感受得到这个人对这些东西、这个环境真的是有感情，她随便怎么写写，就是对这些事物有内在的感情。

王安忆：这就是特别的禀性，对周遭的存在有反应，甚至是超验的。我跟迟子建说，你们那个地方肯定有魅。他们那边人烟稀少，都是树林。像挪威有那么多山鬼的传说，都是和它的环境是有关系的。你要叫莫言来讲，他们那地方老是有鬼的事情发生，他那些鬼故事多得要命。但胶东的鬼都是在人群里面，熙攘中的魅。我是相信这种神鬼之说的，但科学一定要把它解释得非常合理化。像迟子建生活的地方，人还保持着对自然的敬畏，这敬畏其实是神灵产生的根源，然后就由上天选择有特殊能力的手，编织传统。

张新颖：这个人生长的地方，对天性的养成有很大作用。我倒也不是地方决定论者，但迟子建的好，好在她没有用一些后来的东西，掩盖她身上自然的东西。

王安忆：这也是她天性特别好的一方面，她的天性不太容易受覆盖。迟子建这个作家，她和我有点像，我们都是属于一类的作家，写作很旺盛的，尤其在某一个阶段，比较初期的时候，会不顾所以，哗哗哗地写，写了再说。迟子建的东西就特别多，多了以后，你当然会感到庞杂，她的短篇相对比较完整，大多都有些问题，这都是和结构的匠心有关系的，她不大用匠心的。但是，她的宝贵就在于，她有美好的意境，这很重要。她意境特别美好，这种美好，我就觉得是先天生成，她好像直接从自然里面走出来。我们现在，还是农村出来的作家比城市出来的多。那毕竟离自然近一些，人性质朴一些。而迟子建的特异在于，我相信，那边也会有很严酷的现实，权力的斗争，生存上的不平等，等等。但是，她好像天生就知道什么东西应该写小说的。这点她和我也很像，比如我们都不大会去写办公室里面的勾心斗角。这种事情也不能说人家写就不好，但是在我们眼睛看，就觉得不能进入审美的领域。

六　苏童

张新颖：你在课堂上分析苏童的小说，讲得很仔细。我不是特别清楚现在的大学生是不是非常喜欢苏童，我读大学那会儿，可就整天读苏童了。

王安忆：他们上次寄给我一本书，是韩东写的《扎根》，告诉我说，他远远超过苏童。我就很认真地看了，这个人蛮会叙述，文字很老练，但他怎么能和苏童比呢？这是两回事情。苏童、余华这些人都是有虚构能力的。什么叫虚构能力？就是在现实之上自行构建一个存在。我对现在的孩子感到失望的地方，就是他们完全不虚构，只是描摹现实，甚至于他们的东西掉到现实以下去了。

张新颖：《扎根》好像就是有意识地不虚构。有两种情况，一种是他想虚构，但他没这种能力，还有一种就是他有意识地不虚构，《扎根》是不是有意识地不虚构？我搞不清楚。我也是听他们说很好，就去买了一本看。

王安忆：我不是要为苏童做什么辩解，我只是觉得现在有些说法都是很不负责任的。关于虚构和非虚构，也是当前一个问题。现在人们喜欢非虚构的东西，不喜欢虚构的东西。我在想，非虚构的东西，多少有一些供你猎奇的。由于它是真实发生，使人们对其传奇性的要求降低了一些，变得容易满足。但是，虚构不虚构却是衡量一个作家好和不好的区别，一个不想虚构的作家，就和新闻记者差不多了。一个好的作家，一定是有欲望虚构的，因为这是一种能力，或者说天分，或者说理想。

张新颖：这个能力不仅仅是技术问题，它还跟你说过的美好的意象，美好的意境，精神能力，有创造性的人格，是连在一起的。

王安忆：它关系到你看世界的方法。看世界的方法，虚构和不虚构是两个境界。八十年代时候，文学担任了现实的代言，大众的情感和大众的立场被知识分子广泛地认同，这其实给今天的写作带来后遗症，这也是我刚才说，现在年轻的一批作家，我很难和他们沟通的原因。就是说，一切存在都是合理的，写作者把自己精神放到和大众一起。当然，我也不是说写作者一定有能力引导大众，而是，写作者总是应当描绘一个乌托邦，开拓精神空间吧。

张新颖：你从具体的作品，来谈谈虚构这个问题。

王安忆：有很多作品当然很好，我记得曾经在差不多时期出来了三个长篇，一个是刘恒的《贫嘴张大民的幸福生活》，一个苏童的《菩萨蛮》，还有一个是余华的《许三观卖血记》。这三个作品都有写实能力，都蛮好看的，我都看了。它们都是讲如何度过苦难的生活，养家糊口，尽人生义务。或者用一个技术性的说法，他们是如何来虚构这个现实的？虚构的方法各不同。苏童的虚构是一个人死了以后从天国里面看他的家人儿女如何在尘世生存。这个形式，我能够理解他的苦心，他想用一个不真实的视角使这个故事有虚构性，在现实里不可能发生，一个人死了以后还会有一双眼睛看。其实好多作家都在想虚构的问题，怎么能不想呢？但是我觉得不够彻底。因为这个视角所看到的故事的过程，还是现实的状态。这个虚构的视点并没有有效地改变事实的非虚构性质。第二个作品《贫嘴张大民的幸福生活》，刘恒也是要造一个虚构性，虚构有的时候简单到，就是一个叙述者的态度问题，他就把张大民设计成一个特别幽默的、风趣的、爱开玩笑的人，会把生活当中所有的困难都改造成一个玩笑，事实的本质在变化了。苦难的尖锐性被缓和成可接受的，其实是一个妥协的方式。余华《许三观卖血记》也是写苦难，要养活一大家子。但是这里面有一个人物比较特别，有个小孩是私生子，这样，就要求父亲面临一个很大的问题，就是认同的问题，从此以后，这个没什么文化的人就面临一个知识的痛苦了，不断地受到挑战，要不要养他，要不要给他同等的待遇？这就使事实的本质有变化了，芸芸众生的人生被这伦理的难题重新书写，有一些伦理乌托邦的意思了。但我还是不满意，你只要对照一下，托尔斯泰把聂赫留朵夫，一个贵族，带进西伯利亚苦役犯的流放队伍里。还有冉阿让，冉阿让的任务其实很沉重，冉阿让要重新做人，但他不能顺顺利利重新做人。他重新做人，在一个偶然的机会里去做了马德兰市长，可是，为什么这个市长会跑去说自己是冉阿让？这是关键的问题，他要用自己的真身脱胎换骨，其中不能有一点点暗度陈仓。所以在古典作品里面一个低贱的人也有道德功课，也有精神高尚的任务。人受到苦难当然是不公平的，谁都不应该受到苦难。但是他也不能够堕落。但是这个题目到今天好像全被民主世界平等掉了，好像因为犯罪、堕落是可解释的，便可原谅，是合理的。

张新颖：什么都是合理的话，就没有个向度了。

王安忆：带来的问题就是我们的小说里充满了平庸甚至卑劣的人生故事。打开小说看吧，前面看看蛮好的，你就会很关心它最后怎么样了？最后还是掉下去了，你同情他，可怜他，但你无法对他抱有敬意。毕飞宇的《玉米》，我和毕飞宇当面也说过，我对你后面的结局真的是不满意，这个玉米就是放弃自己了，他给玉米设置了这么严峻的考验，多么扣人心弦，可玉米最后还是妥协了。很可惜！陈应松写过一个《雪树琼枝》，多好。其实不要结尾也可以，这结尾有点扫兴。最使我感动的是，这个女孩子，那个男孩从来没想过要和她有将来，因为她是个女工，没什么文化，在粗糙的生活里长成，他就是和她睡觉。到后来，这个女工就拒绝他说，我已经定亲了。可见她也从来没奢望过这个来自不同阶层的男孩。然后这个女工，主动说，我们去走走吧。他们就一起去走。这真的很动人，他没想到，这样一个女工也会有美好的情调，也是有精神上的需要。这句话，我觉得是对他，也就是“我”，小说中的叙述者，整个青春的一个启迪。但最后真的令人遗憾，我真的很失望。我有点怀疑，现在的小说家是故意的，是为了制造出惊心动魄的效果，就要把人给践踏一下。最差的作家是一上来就践踏，践踏到底。有的时候我感到很心疼。

张新颖：我们再回来谈苏童。

王安忆：苏童有一个给养，他看了大量的小说，尤其是那些鸳鸯蝴蝶派的小说，他很会起小说名。他的名字都起得很好。顺便说一下，北方作家吧，很会起小说名，比如说邓刚《龙兵过》，还有一个叫邓一光，起一个《左牵黄，右擎苍》，是写一批高干子弟。南方作家，我讲的是城市作家，相对名字起得差点，但是苏童很会起名字，《妇女生活》《红粉》《园艺》，都很好。

张新颖：苏童是一个比较聪明的人，他的小说一开始就写得很好，现在回过头去看他初期的小说，也仍然觉得很好。起点很好的人有一个问题，你要再高就比较困难。

王安忆：但是，如果把他的东西从时间排序上看，他有很大进步。他最早的小说，也是追求古怪的、离奇的，后来越来越平实。最近我又看到一篇，在《收获》上，写得很好，叫《西瓜船》。他就写一个乡下的卖瓜人到城里面，这个城就像木渎这样的水网交织的小城，河里有很多西瓜船，和岸上居民做买卖。这个卖瓜的青年为西瓜的生熟问题和城里人发生纠纷，打了起来，城里人无意当中失了手，就把这个男孩子扎死了。最最好的是结尾，他的母亲，一个老人，从乡下跑过来，来找她儿子的船。我觉得，有的时候，前面的所有设置都是为了最后把你引入一个空间，是引渡的工作。此时，这个母亲就找这条船，找到居委会啊，很多人帮她打听，然后顺着河去找，找的人越来越多，一程一程问过去，终于在一个油厂的废旧码头找到船，船上的西瓜被人吃掉了，船搞得很脏，老太太就撑着船回去。你就会觉得她摇的是她儿子的摇篮，一个空了的摇篮。城里人站在岸上送她，你知道，这是一个致歉的仪式，就像意大利电影

《西西里岛的美丽传说》，最后，那个美丽女人回到小镇，走在路上，袋里的橘子撒了，那个男孩殷勤地帮她一个一个拾了起来，他是代表小镇居民在向她致歉，这也是一个仪式，小说就是要从日常生活走入仪式。苏童这两年短篇也写得很好，我觉得他越来越好的地方，在于他已经不到怪的里面去找，他开始走到朴素的材料里面。

张新颖：走正路。

王安忆：走正锋，阿城经常讲到用笔的中锋。

张新颖：阿城有点偏的。

王安忆：阿城评介人家很不错的，他更属于那种鉴赏家。那时候不是说须兰很像苏童嘛，我就问他们之间的区别。他回答得很好，苏童是笔走中锋，须兰是偏锋。我觉得，苏童也像迟子建，也是属于精力特别旺盛的。你放心，他会一直写下去，他可能会写出很差的东西，但并不妨碍他继续写出好东西，莫言也是这样的。

七　余华

张新颖：谈了苏童，就接着谈谈余华吧。

王安忆：我觉得他们小一代作家都蛮可爱的，余华也很可爱。特别有意思，有一次我们中国作协一个十几人的大团去台湾，需要在香港转机，还要进到港岛办手续。我们这帮子人走在香港机场，遇见一个浙江人，矮矮瘦瘦的一个农民模样的人，显然是到台湾探亲去的，老兵的后代一类的，他很惶惑，左顾右盼，背着行李，逢人就问怎么办签证，应该怎么搭车，然后他就问到余华，他问到余华的时候忽然之间开心地笑了，说了这么句话，说你是去看爸爸的吧。很奇怪，其实我觉得他说这句话真是昏头了，从年龄上讲余华完全不可能有在台的老兵爸爸的。

张新颖：余华年轻啊，年轻得像个孩子似的。

王安忆：余华他会给你什么印象呢，他会让你觉得是一个找爸爸的孩子。

张新颖：你这个说得有意思，我觉得余华年轻，倒是没有把这个年轻和找爸爸联系起来。

王安忆：这个浙江人他直觉的反应就是，你去看你爸爸吧？我就觉得余华始终像一个孩子，处在父子关系中的孩子。他曾经写过一个短篇小说，写得特别有意思，写的是盲肠，以一个孩子的角度叙述，说他的父亲是一个外科医生，他父亲给他们兄弟讲，盲肠这样东西一点用都没有，只有当它作乱的时候才能体现作用，然后呢他父亲给他们讲一个故事，说有一个飞行员，在飞机上面盲肠发作了，然后他居然对着镜子自己给自己进行了盲肠手术。这两个儿子非常崇拜这个父亲，有一天回到家以后呢，他们看爸爸在那儿呻吟，说肚子痛肚子痛，两个人就说，爸爸你怎么样了？爸爸说，我好像是发盲肠炎，你给我去叫某某叔叔，是医生。他们俩就非常兴奋，并没有去叫这个医生叔叔，而是搬过来一面大镜子，让他们的爸爸表演开盲肠。可是万万没有想到，他们的爸爸看了镜子以后的反应是哭了，他哭着恳求儿子们去找人来，最后他们的爸爸终于得到救助，把盲肠开掉，安然无恙。他父亲就说了一句话：我的两个儿子，就像盲肠。我觉得余华就是处在这种父子关系里，寻找和认同英雄父亲是他一个母题。余华这个人很有趣。

张新颖：余华表面上有时候会给人一种痞子气的印象，好像什么都不在乎，其实这个人是很认真的。

王安忆：余华曾经在我们作家协会作了一个很短的演讲，听众对他不满意，说他不认真什么的。其实不是不认真，余华可能讲得太深了。那天他就是讲了几个他受影响的西方现代小说。那些东西非常重要，比如他就讲一个女人，头被齐根割断，可是她还是立着，完好如初，只是颈上多了一条红围巾。

张新颖：我看过，这是法国的一个小说。余华还写过一篇短文，专门讲这个小说，就讲这个红围巾。

王安忆：红围巾是很重要的。他讲的五六个小说，全是红围巾这一类东西。红围巾，它是真实和不真实的一个环节，这是特别重要的东西，有了红围巾，事情就变得可能了。其实所有的神话，都是要有一个不可能到可能的环节，没有这个环节，就无法自圆其说。他那天都是讲这个环节，但是他不是很有准备的人，他讲得不大清楚。下面的人听不懂，就觉得他在瞎讲。

张新颖：他是讲写作当中的体会，那大部分的人是不写作的人。

王安忆：这种场合也不大适合讲这种题目。那天对我倒是很有吸引力的。就像《聊斋》，很多民间的鬼故事，都要看你这个红围巾怎么处理，你怎么把这个岔口给处理好。

张新颖：那这样讲，有没有可能这就变成一个技术问题？我要写到一个什么东西，正好想到一个红围巾？

王安忆：现代小说是有技术问题的。比如有个日本女作家，写过一个小说《蟹女》，我就觉得她把这个问题解决得比较好。她写一个精神病患者，对着一个医生讲她的幻觉，这个人的病是一种妄想狂，她总喜欢多，喜欢极其丰饶的景象，她向医生讲述的，都是多的意象：一个是她小时候，战后没什么衣服的，她就和小朋友在车库里用纸剪偶人的衣裙，越剪越多，铺天盖地。再一个印象，元旦时候，他们日本人有一个登山的仪式，早上天不亮就开始登山，到天亮，回头一看，人是越来越多。还有一个意象，小孩子玩方舟游戏，想象我们造一个方舟，先上来一对小孩子，然后一对狗，一对猫，《圣经》里不是说要一个公一个母，都是一对嘛，又是很多。最后出来的意象，她觉得自己不停地生孩子，生好多孩子，一胎接着一胎。谈话的时候总是中午，医生在吃便当，便当里的肉汁也是很多。就这样她老是给特别丰饶的幻觉吸引，她以精神分裂的幻觉解决了真实和不真实的过程。但也许并不算什么，可贵的是她的幻觉是一个程序井然的世界，有逻辑推理的过程，是有机关的。现代小说都是搞这种鬼，其实我是不喜欢的，就是机关算尽。但如果它有好的东西出来，我也挺佩服。

八　年轻一代

张新颖：你多次说到跟现在的年轻作家沟通上的困难。我发现你读他们的作品，其实读得不少。

王安忆：我和他们对文学的认识不一样。

张新颖：对于一个一般的作家，整个社会风气是很重要的，它会引导他，一般的作家是没有一个抵抗力来作主心骨的。我看一些年轻作家的作品，一个基本的感受：咦，有这么一拨人，但是你不知道他们是从哪里来的，他其实是掩盖掉他的历史了。

王安忆：他有意的？

张新颖：这是非常有意的。那天，我听张文江讲，一个人要追究自己的生命来历。人怎么可能没有来历？可是这拨作家，他是掩盖掉了，有意识地掩盖掉了，好像我一下子就掉到一个非常现代的环境里，然后在这个环境里展开我的活动。你只知道，他们在酒吧里头，在咖啡馆，或者不是在这种场景里，反正这些人是没有历史的，没有来历的。这和以前是完全不一样。以前不管作家有没有这个自觉，不一定像张文江说得那么自觉，但哪怕就是我不写自己的来历，你不一定想到要写来历，但是，你总归会把个人的生命的信息带进来的。

王安忆：这好像和时代，和生活的场景有关系。现在的生活场景，看着那些孩子，我经常会想，他们的父母是怎么样的人？他们来自一个怎样的家庭？籍贯何处？我竟然一点看不出来。这个场景特别奇怪，在那种潮流化的装束里，人和人一点区别也没有，说着同样的流行语，传媒和广告制造的同样的表情，简直像从流水线上生产出来的。陈丹燕有一篇小说《吧女琳达》，陈丹燕比较少写虚构作品，但一旦虚构，就挺不错。这个吧女琳达在咖啡馆里打工，她在咖啡馆里的状态非常国际化，说英语，和外国人开国际玩笑，服饰，妆容，都是国际流行，可是她下了班，回到家里面，她写到回到家里的这种场景，一方面光线暗淡下来，另一方面是具体的，个别的，生动的细节，事实上我们要知道的就是这样。我常常给别人讲这个道理，我说，小说，我一定要搞清楚人物的生计是什么？如果不解决这个问题，这些人和生活都是抽象的概念。所有的现代性也都是抽象的概念。

张新颖：很多现在的小说是掩盖了这点，这也可能有一个勇气的问题。我印象很深，奈保尔，他本来在一个很小的英国的殖民地，他是读英语的，他的作品一写就写得像伦敦一样，他说，我写作了好多年，我从来就不敢写我生活的小镇，名字都不敢出现。他后来才慢慢地开始敢写。我们看到的那批作家，他有他自己的来历，我觉得他们也不会傻到不知道自己的真实生活，就是给大家看的各种各样的场景。

王安忆：我觉得还是感情问题，情感取舍的问题，他对哪一路的东西更有感情。因为一个人，肯定是写作自己最向往、最有情感的东西。可能他对那个就是没感情。这也是和现在生活方式都有关系。没有兄弟姐妹，就是很大的问题，我谈的不是社会问题，就是人的感情问题。我觉得，现在人的感情很枯竭，对父母基本是没有互换的，单方面的获取，也就谈不上有什么感情的活动。事实上感情都带有一些叫模仿也好，派生也好，当我们对一个不相关的人产生感情，这个感情往往是从某一种天然的亲情派生出来的。你如果没有这种感情的根，就派生不出什么感情。现在小孩子很自私，和他没有兄弟姐妹大有关系，他没有派生的源头。没有兄弟姐妹是太大的问题了，而且是整整的一代人，不是一个人。我们这一代里也有独生子女，但是他至少可以看到周围的人都有兄弟姐妹，有兄弟姐妹的感情生活。

张新颖：以后这个社会肯定是变的。他们说，作家只有好不好，没有代的差别。我觉得不对，其实代的差别是非常明显的。有的时候，就是一代人和前一代人不一样。

王安忆：但是，作家有一个特征，他肯定是和他同时代人不一样的人。你想，在八十年代，我们这批人都是从前一个时代走出来，那个时代已经被公认是一个坏的时代，但在当时，能够批判这个时代的人尤其是能够理性批判的人总是少数，可说是八十年代作家的一个共同特质。然而，由于我们的声音在这时节与主流大众一致，于是，难免会有一个假象，就是作家是时代的代言人，掩盖了一个更本质的事实，就是作家在他的时代总是孤独的。

张新颖：一方面，作家不是他时代的人，另外一方面，一个作家逃脱不了时代给他的。就他跟时代的联系还是很紧密的，这个紧密不一定是和时代相同，它可能是和时代不同。

王安忆：可是，时代和时代是不是有那么大的不同？我看过一个美国电视剧，这里面的老太太说了一句话，这个电视剧整个都很糟糕，就这句话是对的。一个妻子有了外遇，和她丈夫分手了，结果呢那个外遇又把她给甩了，很倒霉的遭遇。母亲就来安慰她。这个时候，女儿就问起她母亲和父亲的往事，似乎想以此来安慰自己，母亲很生气，就说了这么一句话：你不要以为你是新一代人，你会有什么特殊的经历，其实一代一代的遭际，没有什么大不同。

张新颖：这是一样的，因为人的感情、人的经历，这是很有限的，就像文学的母题是很有限的，反正就那么几个东西。

王安忆：时代的区别，要说有的话，在具体的细节，还是有吧。所以我看像葛水平这些写作者，哎呀，他们也不认识我，我的心情就是小心翼翼的，我真怕他们又和大家一样了，我希望他们一定不要和大家一样。在这个时代里面，做一个跟大家不一样的人是挺难的，每个人似乎都很个性，都特立独行的姿态，但是总体上是惊人的一致。不像我们那个时代，我们那个时代做一个跟大家不一样的人，也许不容易，可是却与其他人不容易混淆。

张新颖：那个时候还是有很多同伴的。

王安忆：那个时代太沉闷了，在枯寂的表面下却潜伏着活跃的内心生活。而这个时代，表面上如此之丰富，如此之先进，它很难使人不趋同它，于是，全体合流。今天的时代是很奇怪的，谁都没有碰到过，在一百年以前，时代的进程还不是那么快。每一种思潮都有足够的周期，培育出趋同者与反叛者，可现在周期缩短了。这对大家都是一个考验。托尔斯泰到了今天以后，我都不晓得他能怎样。可是，我觉得，在他们的国度里面，在都市以外，还有一大片农场，在那边还能保存一点独立精神。有的时候独立精神必须到偏僻的地方去保留。这么热闹的地方怎么保存？罗曼·罗兰写《约翰·克里斯朵夫》，写到安多纳德这一家，他写道，其实法国的精神根本不是在巴黎，而是在南部那种偏僻的农庄里还会有些遗留，像安多纳德这一家。可是他们这一家也破产了，结果他们进入巴黎。进入巴黎，多么悲惨啊！可就是这样，贵族精神进入平民世界，合成现代精神的养育过程。而今天，过程都简化了，于是，许多成分都取消了。

张新颖：从你的阅读感受来说，除了总体上的不满意之外，也总会有你觉得不错的作家和作品吧。

王安忆：一般我喜欢的作家，人格都很有光彩，有一个共同的特征，这可能并不重要，可是我个人觉得很重要，他们都是意境比较美好的人。这个成见也许给我带来一个很大障碍，妨碍我理解现代年轻一批作家。我不知道什么道理，他们会看事情那么阴暗，他们是有意要这么阴暗，还是事实上就这么阴暗？这点蛮妨碍我去了解他们。我要是好好了解他们，也会有收获的。这一代人中间其实有一些好作者，但不是在热闹的视野里。我不久以前看到一个，这人叫乔叶，是七十年代生的女孩子，她有一个中篇写一个小姐要金盆洗手，回到正常人的生活里来，她一直在为这个目标努力，物质上，人事上，社会关系上。可是，真的要回到这个生活，她也感到这个生活的种种压迫。她有一个场景写得蛮有意思，有一天晚上忽然看到街灯，她突然会想到南方的街灯，那时候她们有着一些真实的快乐。

张新颖：我还看到你写文章推荐于田儿的小说。

王安忆：她是戏剧学院戏文系的。那时候在淮海中路有一个小书店，一介书屋，一介书屋的女老板是段祺瑞的后代，老三届。她的书店办得很有品位，书店非常非常小，但她对书的选择很严格，全都是文史哲的。她在门口放了一块黑板，把《读书》上一些文章抄在上面。她这个人是读书很有品位的，和她家的背景也有关系，外语也很好，看原版书的。现在这个书店倒闭了。

张新颖：这种书店肯定会倒闭，在那种地段，它的租金肯定很贵，卖书的力量不足以支持。

王安忆：开这样的书店只能是有钱人家的消遣，可他们家已经没落了。我和她认识也挺有意思，我经常去她那儿看书，她就和我招呼，你是王安忆吗？我说，是。于田儿也会经常去买书，她们也认识。

这书店有些沙龙的意思，挺古典的。这时，于田儿写了三篇小说，自己打印成一个小册子，自己发，有一本就发到了一介书屋。一介书屋又给我看，我一看，真的写得很好。然后我就介绍给《上海文学》，他们要了两篇，另外一篇我给了另一个刊物。她写的是山东老根据地的故事，这里有一种特别难得的东西，就是他者的书写。后来，她又写了些时尚的生活，这种东西不用推荐，肯定发表的。

张新颖：其实时代的力量很大，很容易被它左右。

王安忆：还有就是金山的薛舒，我现在很注意。对这种人的心情吧，真是觉得朝不保夕的。就怕他们又和同时代的人一模一样了。

张新颖：你说的担惊受怕，我也有这样的体会，但是我没有你那么大的胸怀。我读到一个小说，开头看很好的时候，就开始担心，结果一定不要写成什么样，一定不要怎么样。

王安忆：于田儿她这三篇是一个非常好的起点。她是来自四川的孩子，四川有一个干休所，她就去听那些打麻将的人讲故事，都是山东的老兵。她把他们的话记录下来，记录下来以后写成小说。我觉得，这里面体现出一种能力，描写客观的能力。她在后记中写道，她回到干休所去，念给他们听，一开始大家还是打麻将的打麻将，念了一小段，大家就把麻将推翻，说，咱们一起听听吧。后来这些老人哭了，说，以后真不该给写小说的人讲这些事，把人弄得老难过的。我觉得这段故事本身就很有意义，现在人对他者的历史都没有关心了。

张新颖：独生子女，就是没有对他人的兴趣，不会设身处地地考虑问题。一定是“我”，开口就是我怎么怎么的。

王安忆：并且现在整个舆论，所有的讨论，都是要家长去理解孩子，孩子出走的话，肯定是说，你家长是有问题的，很少有人说，你们去理解理解爸爸，理解理解妈妈。小孩子肯定要经历对父母的反叛时期的，可是，缺乏了真正的理解，也不会有真正的反叛，一切都不是健康地发生，就不会有进步。

张新颖：现在学校老师面临的压力也很大，就是你要理解学生。其实有的时候，教育就是有点强迫的过程的。你如果完全把这去掉，教育没办法进行。

王安忆：还是回到感情的问题上，感情是种能力。现在小孩子感情的能力很差。要有能力才能去爱，能力强就爱得深一点，能力弱就爱得浅一点。那时候王尔德关在监狱里面，给他轻浮的小对象道格拉斯写信，里面有一句话是对的：爱是需要想象力的。爱真的是需要想象力，没有比爱更虚无的东西了，没有想象力就爱不成。

第六章 写作历程

一　准备期，“雯雯系列”

张新颖：这次我们就谈谈你个人的创作历程。我特意拿了这本麦田出版的《纪实与虚构》，书后面有个简单的年表，可以做个提示，怕搞不清楚。

王安忆：我自己记得清楚。我的创作如果说是从《雨，沙沙沙》正式开始的话，前面杂七杂八的几年写作，我觉得应该算作是某种准备。什么准备呢？就是把写的东西变成印刷体的。这是一个心理准备，自己适应了自己的文字变成印刷体。这其实是个很激动人心的时期，对创作本身来讲它不是那么重要。但对一个开始写作了的人，它却是一个很有益处的时期。就像得到某种签证，你的文字可以进入一个大的公共性的社会领域，至少是可以填一下虚荣心的胃口，可以培养一些抵抗力。

张新颖：这个时期大约有多长时间呢？

王安忆：应该是比较长的，从一九七六年开始的吧，写一些很短的散文，然后写了些儿童文学作品，其中就有以前说到的《谁是未来的中队长》。其实这段时期是相当积极和活跃的，我卖力地写一些散文，调到《儿童时代》杂志社之后，因为工作需要，就时常接触校园生活，采访调查，开始写作儿童小说和报告文学，同时又到大学旁听中文系课程，听各种讲座。那是个很向上健康的社会，而我似乎目标已定。

张新颖：过了这个准备期，就是从《雨，沙沙沙》开始的“雯雯系列”了。最初的“雯雯系列”和你个人的生活经验、感受，有些对应关系吗？

王安忆：《雨，沙沙沙》可说是我第一篇写成人的小说，它意味着我正式涉入小说写作，不只是因为写了这一篇，还是因为自写了这一篇以后，就打开了一个渠道，源源不断地写下去了。所以能够一下子顺畅起来，则是因为“雯雯”这个人物是与我个人的经验有关，这是一个幸运的开头，给感性以空间。好在，那时候小说的纪律还没有像今天这样松懈，所以，感性又不是无度地扩张，不会太任性，还是在一个制约里，这是于我的发展很有益的。

张新颖：后来写《69届初中生》，这个“雯雯”和以前的“雯雯”，是种什么关系？

王安忆：《69届初中生》里的“雯雯”就像是一个半蚕半蛹的东西，怎么说？她的前半段是与我的经验有关联，而后半段，我让她脱离个人经验，企图是以她来表现更大多数人的命运，这其实有些失败，什么样的命运就是从什么样的根子长出来的，或者说什么样的根子长出什么样的命运。我从个别的经验里拉扯出普遍性的命运，这违反常理，也破坏了形式的完整性。个别就是个别，类型就是类型，前者和后者都有各自的形式，要自圆其说。但是无论如何，“雯雯”在《69届初中生》里的半截变相至少是预示着我企图要走出个人经验，好比生产力冲破生产关系，我在谋求发展。

二 《小鲍庄》

张新颖 :“雯雯系列”之后，就是《小鲍庄》了吧。

王安忆：事实上，事情并不那么整齐，在“雯雯系列”的过程中，还有《本次列车终点》《墙基》《流逝》，这些变数分散在这个时期中，酝酿着后来的事端发生，那就是《小鲍庄》。《小鲍庄》我觉得和“寻根运动”是有关系的。我记得当时阿城跑到上海来，宣传“寻根”的意义。他谈的其实就是“文化”，那是比意识形态更广阔深厚的背景，对于开发写作资源的作用非同小可，是这一代人与狭隘的政治观念脱钩的一个关键契机。当然，当时认识不到这么多，只是兴奋，因为打开了一个新天地，里面藏着新的可能性。写作《小鲍庄》的直接起因，是一个小小的具体事件。当时我还在杂志社工作，一九八四年盛暑，单位给我一个紧急的任务，说在江苏宿迁县出了一个英雄，一个小女孩，她为了保护一个五保户的老奶奶去世了，被评为全国优秀少先队员，我们准备做个报道。我们请了团中央两个人来写，写出来不能用，差不多要开天窗，让我去补。当时我丈夫还在徐州工作，正是靠近宿迁，所以主编答应让我看望丈夫，并且让他与我同去宿迁，一切费用都报销，等于让我们公费旅游一次。我就去了，很热很热的天气。这个村庄向我呈现了一幅完整的画面，也许是“寻根”让我有了不同的眼光，那些散漫的细节似乎自行结构起来，成为一个故事，这就是《小鲍庄》，很偶然的。

张新颖：在你的叙述里面，《小鲍庄》这样一个作品不但跟“寻根”有关系，而且跟去美国有关系，这是一个情况。很多人把它跟“寻根”联系在一起，这是很自然的；大家都想不到把这个跟你的美国之行联系在一起。

王安忆：那段时间我是比较低潮的。我从《雨，沙沙沙》开始习惯了一种每天坐下来写作的生活，在去美国以前写了我的第一个长篇《69届初中生》，那个时候的作品看起来真是粗制滥造，完全不爱惜自己的资源。可是真能写，元气旺盛，写作的欲望旺盛，可是从美国回来后，一下子刹住了。《小鲍庄》这本书所收入的中短篇就是那个时候写的，可以窥见当时的状态。里面东西特别杂乱，有《麻刀厂春秋》，写社办工厂的；有《人人之间》《阿跷传略》《一千零一弄》，是写上海底层市民的生活的；《大刘庄》《小鲍庄》是写农村生活的；还有一篇《蜀道难》，是写爱情的。写爱情的这篇东西也蛮奇怪的。八十年代初，单位让我到成都开会，还给我一个任务，经过重庆到武汉去做采访，采访一个小学生女子足球队。我当时发着高烧，在成都上了火车到重庆，在重庆过了一夜，重庆给我的印象非常的强烈，一个石头城。夜里他们带我去看急诊，觉得这个城市很鬼魅的，老是上上下下，上上下下，人很虚弱，我就扶着墙，墙是山壁，山壁中会有灯光露出来，应是从窗户里透出的灯光，可就像砌在了石缝里，因为发高烧，意识很模糊，整个人在非常低沉的心情之下。我觉得我要为它写个故事，为这个空间写个故事。所以《小鲍庄》这本书里面的东西很乱的，完全不晓得我准备做什么，找不到一个很清楚的思路。前面“雯雯系列”很清楚的，很单纯的；这时是阵脚大乱。之后我连续地请创作假，事实上，生活已经进入职业写作状态了。在这个阶段我写了一本书《海上繁华梦》，我觉得还是可以看出一点职业写作的痕迹的。心境安静下来，写作进入日常状态，就像一个匠人在做他的活计，这表现在对材料不拘一格，能抓到什么就写什么。偶尔的采访、坊间的琐闻，我都能把它写成故事。《海上繁华梦》完全是按照掌故来写的，从掌故演绎的故事。《谢伯伯、好姆妈、小妹阿姨和妮妮》则是和生活经验有关，来自身边的人和事。《阁楼》完全来自采访，是《文汇月刊》托我去采访的，他们委托我去杭州采访一个所谓的资讯公司，这公司专搜罗信息，网罗人才，究竟要做什么，似乎并不明了。采访了几日都摸不到脉，只觉得人事关系很是纠缠，心里已经打算放弃采访回家，却意外碰到个老头，专门研究炉子，如何节约燃料，他和我谈了一下午，谈他怎么研制柴炉和煤炉，几两柴或者几两煤就可以烧好一餐饭。听起来有些病态，就好像一个小孩子，认真地看待他的游戏，其实呢，是个纨绔，玩物的趣味，先是喜欢钟表，后来家业败落，又迷上炉子。好比染上嗜好，家也不管，孩子也不管。我小说里有句话，就是他跟他老婆讲，他很对不起他们。他老婆就讲，总比喜欢打麻将好。但是他入迷到了某种程度，超越了现实，似乎就获有了精神的价值，所以我在最后给了他一个辉煌的场面。这个小说基本是照他的经历写的，这是一个奇人，特别合适艺术的虚构，因为太不真实了。这本集子其实挺好看的，我觉得我的小说就是从这时候开始好看的。

张新颖：但这本书影响不大。

王安忆：影响不大，因为它没有什么重大禁区的突破，没有什么抢眼的旗帜。怎么说？没什么对文学史的贡献。其实这本书里面的一些短篇都还写得蛮有趣味的。这本集子我个人觉得比较接近一个职业作家的写作。它们出自一种创造的兴味，有一些匠心的意思。就是说对写作这个活儿挺有兴趣，耐心地处理各个细节。

张新颖：就是从《海上繁华梦》开始算？

王安忆：也不能这么肯定，但这时候已有些征兆了。写作与个人经验的关系不那么紧张了，而是松弛下来，不只是指写作的材料，还是指写作的动机。这一段时间比较平静，写作也很耐心，似乎是，渐渐地认同了写作里的创造性因素，创造一个他者，一个客观存在，与主观自我的距离拉开了。所以，它虽然没有什么影响，这个阶段引不起别人注意，可对于我自己是重要的。

三 “三恋”和性的话题

张新颖：然后就是“三恋”了。

王安忆：“三恋”听这名字，就像一次有组织有计划的行动，又要去突破什么。其实是很张扬的，上来就摆出姿态，竖起旗帜，招摇得很。

张新颖：那么这个灵感怎么来的？怎么想到去写“三恋”呢？

王安忆：还是跟文工团的生活有关系。第一个《荒山之恋》，人和事都说得出出处，这种事传闻中也听过不少，但因是认识的人，就比较震动，你对原委和过程会有推测想象，于是，我给双方都写了前史。我的意思是，爱情虽然发生在两个人之间，但其实是社会性的，它的最后造成是由时间、空间来决定。就是说两个人在各自某一个人生阶段，背负了各自某一个人生命运，走到一个点上了。《小城之恋》的背景也是我们文工团，差不多的城市，差不多的院落，差不多的小社会。但在这里我却要做一个不同的实验，就是将一对男女放在孤立的环境之中，他们需要面对什么？于是，排除一切外在因素，余下的，只有性。面对性，他们又将命运如何?《锦绣谷之恋》多少有一点凑数了，觉得已经写了“两恋”，不妨再加一“恋”，阵容整齐一些。《锦绣谷之恋》的实验性更强，我企图让一个人独立完成一场爱情。你看，那里面的男性，面目非常模糊，女主角实际是自己和自己恋爱，完全是妄想，是一场心理剧。在当时带有很显著的现代性符号，可作许多诠释。我个人却觉得《小城之恋》写得最好，最饱满，最激烈。我其实不善于搞激烈的东西，但这个很激烈。

张新颖：后来写的《岗上的世纪》也可以划到这里面来?

王安忆：《岗上的世纪》可以划过来，甚至比它们都丰富一点。但我自己觉得还是不如《小城之恋》。《小城之恋》最有形式感，是在一个特别严格的极限里面，就是两个人的孤立处境，这个极限又比较合理，可以在现实世界成立，于是便能够自成一体。在这样一个限制里面，能够将戏剧性推向高潮，激动了再激动，我自己还是比较满意的。《岗上的世纪》就拆藩篱了，社会性的成分比较多，好处是人物和故事都有复杂性，但不如《小城之恋》有形式感。不过，这也意味着我从“三恋”的实验中脱身了。《岗上的世纪》故事来自我插队时候的一个事件，人物原型，这个女的我看见过。这时候我就发现城里人跟乡下人的眼光是很不同的，乡下人的眼光是非常欲念的，照我看来，这个女知青甚至算得上丑，但其实很肉感，肉乎乎的一个女子，可能是乡下人喜欢的那一种，马上会和身体功能联系起来。我们城里人认为好看的，他们并不觉得好看，审美不一样。这件事是很传奇的，她确实就和那个男的，两个人在小屋里待了一个时期。安徽那地方人口密集，村庄里房屋挨房屋，逼仄得很，他们能藏得住，真是不可思议，这需要多么强烈的欲望才能做到啊。《岗上的世纪》是将社会生活铺张开来，情欲只是内里的核，不像《小城之恋》单纯写情欲，将情欲写得汹涌澎湃，含量更大。《岗上的世纪》体现出来更多的写实能力。

张新颖：当时这些作品的影响也主要是因为写了性吧？比较表面的一个东西。

王安忆：好像是的。其实我当时写得很不暴露的啊。只是人们不太能接受如此孤立地写性，有人说，你写性到底是为表达什么？有什么思想意义？觉得我写的性不够意识形态。

张新颖：这个你在写作的时候有没有心理障碍？

王安忆：并没有什么心理障碍。因为当时张贤亮写性比我写得暴露得多了。关于写性的革命，张贤亮已经完成了，就是《男人的一半是女人》。“三恋”里，《荒山之恋》《锦绣谷之恋》基本上不涉及什么性，只有《小城之恋》涉及了。我记得《上海文学》发稿的时候，那个老编辑，和我母亲同辈，我们喊她阿姨的，她和我说，有一个词她觉得不舒服，这个词有些露骨了，就是“事毕”。她就顾忌里面的那个“事毕”，这个词是最直接指明这个事情，除此，我没有任何关于性的外部动作的描写，只是写内心所受煎熬的难耐。但是，《小城之恋》依然是以写性引起注意，当时真是很轰动啊。

张新颖：那个是不得了的。

王安忆：文工团的那种气氛其实肉欲性挺强的。首先大多是年轻人，男男女女朝夕相处，尤其是练功房，几可称耳鬓厮磨，练功衣很单薄，又出汗，练功房的气味跟澡堂差不多。澡堂里因为有老人什么的，气味比较衰；我们那里却是兴旺蓬勃。所以文工团里男女事故多是很自然的，身体接触太多了。在旧戏班子，人的本能更强，旧戏文又大多世情风月，男女就都容易动欲念。到了后来，新文艺的因素参加进去，教化的力量强了，气氛要整肃许多。当我进团时，就是这样的背景，名称叫文工团，来自戏曲团体的前身，其时，改造基本完成。

张新颖：你是说，越传统的剧团越容易出这种事?

王安忆：对。越没受新文艺影响，就越“开放”——或许不应用“开放”这个词，就是说男女关系上越少禁忌。

张新颖：这个跟我的想象有点不一样。我以为传统的要稍微保守一点。

王安忆：不是的，他们很领风月，这可能和我们是地区文工团有关系，与底下农村联系更密切，在民间，对于男女之间的事，其实挺通达，也挺直接，挺能正视欲念的。后来新的文艺团体的人，他们是在新意识形态下生活学习受教育，就比较矜持，那就是另一路的风流韵事，风格要婉转含蓄，所谓风雅吧。这些传统的，就很直接的，非常直接。但是有一点，那些老艺人，对小女孩，就是我们这些没结过婚的人，还是有忌讳的。女人一旦结过婚，立刻就进入这么个世界里了。

张新颖：这是一个传统的忌讳。

王安忆：对，很忌讳，这也像我插队农村的风气，没出阁的女孩非常害羞，挺尊贵的。我记得我们团有个艺术学院分来的大学生，她是从插队地方推荐上大学的，所以在我们这一批女孩里，算是年长，略比我大几岁。她是我们中间第一个结婚的。我到现在还记得她回家结婚的前夜，她家在底下县城里，新郎与她是中学同学，于是，她就请了婚假要回家办喜事去了。前一晚，她跑到我们宿舍里面来，她住我们对面宿舍的，她坐在那里，心思非常烦乱，不是说她对这桩婚事不满意，而是从此就要进入一个命运。关于这命运，虽然是有预想的，大凡女人都这么过来，可具体到个人，又变得不可测了。她长得很漂亮，一来到我们团，就决定让她报幕。我们宿舍里一个舞蹈队的小女孩，比我小好几岁，却很老练，充大地说，你这次回家肯定要超假。那个“新娘”立刻火了。我当时还不知道里面的内容呢。“新娘”对这个女孩说，某某人，我跟你讲，我以后再怎么超假，这次我绝对不超，我这次一天不会超，半天都不会超。我当时不大懂，后来懂了，这里面是有着很微妙的内涵的。她果然一天假也没超，准时归队。婚假当时是三天或四天，很短的时间。回来的时候烫了头发红着脸，低着头给我们送喜糖过来，一个女人的大事情完成了。我现在还很记得她，她结婚前的那一个晚上，我们都快睡着了，她还坐在那里。她的年龄在当时来说已经算是大龄了。文工团那地方很少有单身的，学员期一满，年龄一到，就急着赶着恋爱结婚。我到了上海，在杂志社工作，我发现单身的挺多的。

张新颖：上海单身的多，可能上海是太文明了。

王安忆：受教育也耽误了时间。我们文工团是个旧团，它有一个民间社会沿袭下来的旧的传统，它的气质跟市歌舞团完全不同。市歌舞团比较城市化，有新气象。现在地市合并，我们团也和市歌舞团合并了。

张新颖：这个好像在《小城之恋》里没有表现出来，要到后面写《文工团》的时候写出来了。

王安忆：可是这就是《小城之恋》情欲的背景。那个小烂院子，壅塞着浓郁的人气，你一进去，会觉得空气都是情欲的空气。那些学院班的男孩女孩，大多来自底下八个县，都挺朴素的，但又有一种早熟。相比较，城里的孩子其实是颟顸的。在老演员，也就是旧戏曲团体遗留下的老人员，则是裸露的风情。其中有一个女演员，已经离开我们团了，那些男的特别爱议论她。议论她的内容很暧昧，因她这时在招待所工作，他们就说，这下可方便了，床多。这么议论一个女人。她有时到我们团去玩，因为受了这许多暗示，我看她似乎是挺不规矩的样子，眼风很飘的样子。在那里，爱恨都表现得很激烈。谁和谁曾经谈过恋爱，后又分手，各有婚配，但从此这两人就不可配戏，略有差池便引发大战，从口舌到拳脚。我离开我们团以后还听说发生过这么件事，一个男演员的妻子知道丈夫跟我们团的某一个女演员有关系，一天晚上演出的时候她就潜进剧场，躲在幕条后面，等演出完，那女演员下场，经过幕条的时候，她用锥子刺了她，伤得挺严重的。那些人敢爱敢恨，特别泼辣。

张新颖：就是比较直接。这个直接里面，其实有点意思，有内容。

王安忆：但是也会有比较阴暗的事情发生。我们那么小小的一个团，那么小小的一个院子，相对封闭的环境里，什么事情都可能发生。很复杂，本能和欲望特别旺盛，又不像农村，有氏族血缘关系，可保持伦理的严格性。我不是说它没有道德观念，而是人都是独立的，就不那么受制约，比较自由。可是尽管如此，它有欲望，而且粗鲁，可是我也没听见他们说过现在我们饭桌上那种荤笑话式的言语。现在很多笑话都不知道从哪里来的。

张新颖：现在有点奇怪，好像各个阶层的人都在讲。

王安忆：黄段子、荤笑话很可怕，它没有一个脏字，却有着强烈的隐喻性。

张新颖：本来不会这样的，但现在好像荤笑话是通行的。

王安忆：他们即便讲荤话也是很直接的，不会那么隐晦和阴暗。

张新颖：我现在想，这些笑话是一点不色情的，一点不性的。他把性这个事情变成了一个可笑的事情，性一旦变成可笑的事情，色情的含义就没有了。

王安忆：我觉得特别肮脏。

张新颖：他就是要你觉得可笑。本来是一个很严肃的事情，哪怕你说你们团里人很压抑，对他来说也是个正面的事情了。

王安忆：他至少觉得这是一个自然的事情。

张新颖：或者这是一个发泄。哪怕发泄也是一个正面的事情。但是你把它变成一个笑话，变成一个可笑的东西了。

王安忆：它在里面经过了语言的转换，变成一种虚拟的东西，意淫的东西。现在这些荤笑话泛滥，是和城市生活有关系吧。

张新颖：农村也有啊。

王安忆：农村有荤笑话，但不是这么荤法的，那是要坦荡得多。

张新颖：我觉得是人对性不严肃了。因为严肃的事情你不会把它变成可笑的。现在都变成可笑的事情了。

王安忆：现在这些荤笑话让我觉得整个民族在堕落，变得特别肮脏。

张新颖：可能就是因为性从上世纪九十年代以来变成了一个不严肃的事情了。这跟性行为发生的多少，没有多大关系。是在意识里，变成不严肃的事情了。不严肃的事情我就可以随便调侃，随便把它通过什么方式变成一个可笑的事情。严肃的事情你不会这样对待的。

王安忆：我们团里曾经发生过一场大笑话，我在《文工团》里写过，一对夫妇新婚的时候，给他们床底下安了一个录音装置，第二天再放给他们听。就是老演员们做的，做了这么出格的一件事情。也是从农村听房的习俗演变出来的吧！事情做到此了，还有什么可暗示的？

张新颖：这个是真事情啊。好像农村有这样的事情，听房。

王安忆：文工团的生活好像是我这么多年的生活中，比较结实的一段，而且是我不反感的。农村生活我是抵触的，有我自己心情的原因。谈“三恋”因为谈到性的观念，谈到那么远去了。后来，我到美国去的时候，在纽约，陈丹青带我去看小电影，他说这里面有些接近中国农民对性的观念。我想陈丹青说的和农民的观念接近的地方，是不是就是，坦然。那是九十年代初吧，在杭州开什么会，有我、陈平原、李庆西、吴亮，谈到《金瓶梅》和《肉蒲团》，我说，如果不谈别的，光谈写性的话，我认为《金瓶梅》不如《肉蒲团》，我觉得《肉蒲团》挺天真的，有种天真的无耻。当然从小说的其他方面：社会生活，人物性格，男女关系的阶级性，是《金瓶梅》更丰富。他们多不同意我的意见，这个话题就结束了。再后来我看到阿城有篇文章里谈到《肉蒲团》，他的观点跟我是接近的。这样我就比较心安了，因为自己的判断并非一家之言，好像有合法性了。

张新颖：你刚才说到坦然的时候，我就想到，为什么荤笑话这么多？虽然性变得不严肃了，没有敬意了，很多人还是没有办法坦然地面对它。我要讲，又不能坦然地讲，那我只好把它变成笑话讲出来。相对来说，农村的荤笑话比较少，可能跟比较直接有关系。直接里面有一个因素就是坦然。其实讲荤笑话的人是不坦然面对性的。《肉蒲团》有些地方你会觉得很可笑。

王安忆：我觉得《肉蒲团》是很坦然的。里面不是说，其中一个人碰到另一个人，请教说你看我妻子不能让我满足，怎么办？那人说先要检查了他的话儿再说，于是，检查了，那人却说，仁兄，凭你这话儿，你的老婆不出去找人已经蛮好了，你还想怎样。这个很像农村里的色情故事，简单极了，简直是物理的性质。而《金瓶梅》我觉得……

张新颖：《金瓶梅》有点文人化，稍微有点扭曲了。

王安忆：有点酸了。在纽约看那些小电影嘛，又太直露了，你反而会觉得它像个运动。我觉得它就是一个单纯的体能运动。我经常说，美国人就像马，不是性感。我们有时聊天，认为过于赤裸了，倒反是与性感无关，怎么是真的性感？和服是真性感，整体是严密的，可后领却敞开，露出颈窝。性的话题是个很有趣的话题。

张新颖："三恋"以后基本就不大涉及这个话题了。

王安忆：我后来就不大涉及了，这个题目里面没有太多的资源。我觉得从米兰·昆德拉开始，给性赋予了太多意识形态的涵义。其实性没有那么多资源的。并且爱情这个题材也是很难挖掘的，你必须从它开始或者从它出发去谈别的事情，它本身内涵很有限的，尤其和身体、本能有关系的那部分。我觉得感官都是内涵有限的，因为很大部分可以用科学实证的方法去解释，复杂的还是精神的东西，它是虚无的特质。写一个哲学的精神肯定比写一个滥交的生活复杂，它涉及的内容精微和深刻。现在的写作给性那么多涵义，并且什么东西都要写到性，真是泛性论，其实它哪有那么大的覆盖面。

张新颖：还有一个问题。我们现在写性比较经常了，如果你现在写《小城之恋》，已经不会轰动了。但是你发现，写性也没有写得特别好的。如果我们举例来说，比如这几年涉及性的作品，你说有什么特别好的?

王安忆：八十年代写性，至少是有革命的意义，如今拆除了藩篱，可自由地写性，就发现性的本身其实很简单，差异在于用性来隐喻什么。米兰·昆德拉的《生命中不能承受之轻》，是赋予性极大负荷量的隐喻的，托马斯是个滥交者，他给他的性活动，性对象，性体验，都予以体制批判的解释，可以说引导了整个社会主义批判的现代化写作。倒是《玩笑》他写得很好，以后的写作模式此时还没有形成，经验性的东西占了上风，这是最可宝贵的。

四 《流水三十章》和《米尼》

张新颖：那么“三恋”之后的写作呢？

王安忆："三恋”之后也是被别人批评的一个低潮期。《小鲍庄》以后，他们说我没什么指望了。“三恋”出来之后，有点咸鱼翻身的意思。以后又没指望了。评论界对于写作者，就像等米下锅，等着你赶紧出来点新招来对应他们的观念。一九八七年我写了《流水三十章》，这本书写得非常难看的。

张新颖：为什么觉得《流水三十章》写得非常难看呢？

王安忆：《流水三十章》难看得不得了。我都没有勇气回过头再读一遍。我觉得它难看是因为自觉性太强了。我决定我一定要写个长篇，而且这个长篇一定要有突破，一定要用特别的语言叙述。我要写的人物就像个蚕，熬尽身心吐丝，做成一个茧子，把自己封闭在里面，然后在里面左突右进，破出一个缺口，飞出来。一旦飞出来，她就变成了一个蛾子，生命换了种类型，一个有个性的人就变成一个平凡的人，汇入正常的人生。我就想写这么个人。但我力量不到，心有余而力不足。这是一个太概念的东西，事实上我也并没有一点点生活的来源，我找不到一个和她相像的人，于是她就缺乏自然的形态。对我来说实在是哪壶不开提哪壶，因为我的长处是在写实。

张新颖：也就是说，到《流水三十章》的时候，你对你以前的长篇，《69届初中生》《黄河故道人》，都是不满意的？

王安忆：不光我不满意，别人也不满意。有的编辑就这样讲，王安忆不会结构长篇。确实到现在我还在考虑长篇该怎么结构，这是个大问题。这三部长篇都是用编年的方式，都是写一个人从小时候到成年的成长历程。

张新颖：这可能跟你看西方小说有关系。

王安忆：不是，其实写长篇都有一个比较大的问题，不写不知道，就是怎样把这个篇幅填满。这是个很大的叙述压力。

张新颖：而且你这个篇幅蛮长的，《流水三十章》。

王安忆：三十多万字。但现在回过头看，简直称得上蛮力，无中生有，硬是写成三十多万字，精神变物质。

张新颖：已经锻炼出来了。

王安忆：我可说是个有力气的人，有时候明明是强做，却也做出来了，好不好是另外一回事。这个小说真的很难写，你现在叫我写我都觉得很难，太缺乏条件了。我找不到一个替身。事情就是，要找替身，要给你的思想找替身的。有的是反过来，先有替身再往里面灌思想。不管怎么样，我知道我要做什么。不过这个东西看着很闷啊，自己都不想看。可一旦把第一个一千字看过去，再一千字看过去，就看下去了。这个小说其实就写这么个孤独英雄，却生活在人堆里，她一个人与人群抗衡，非常艰苦。这个英雄一旦要让自己快乐起来，她就已经变质了。意思是有的，就是没有能力写得好看，今天也没能力。今天即便有能力了，又会怀疑是不是值得写。有的东西就是出现在一个错误的写作时间。

张新颖：在什么时候该干什么事。

王安忆：不该干，明知要失败也要干，即使出来是个废品，不干的话以后就没有了，连失败也没有了。这是每一个作品的宿命。这是《流水三十章》，接下去应该是《米尼》了吧。

张新颖：《神圣祭坛》应该是在《米尼》之前？

王安忆：之前。这段时间写作突然顺畅了。

张新颖：我觉得很奇怪，为什么会有这么一批作品出来？这些作品是我特别喜欢的。我这样说可能作家也不太高兴，我特别喜欢你的什么东西，不喜欢你的什么东西。你别当回事。我是很喜欢《神圣祭坛》这类的。

王安忆：这个阶段大致是从《弟兄们》前后开始的吧。

张新颖：怎么会有这么一类的作品？

王安忆：好像从这时候我进入了一个状态，开始有点得心应手了，写作的时候会知道什么是重要的，什么是不重要的。或者说知道怎么把篇幅填满，什么样的篇幅填些什么东西，用什么东西填什么样的篇幅。《弟兄们》《悲恸之地》《神圣祭坛》《好婆和李同志》《逐鹿中街》，先后次序可能有些颠倒。写这些东西的时候，心情不焦虑，很从容的。写有些作品的时候很焦虑的，好像要证明自己什么，喊出什么口号，年轻时候容易这样子。潜意识里多少是想夺人耳目，尤其当评论界盯着你，随时要对你做出判断。这些东西写得很平静的，很稳当。这些小说我写得扎扎实实，遣词造句都特别舒服，左右逢源的那种感觉。这个状态其实是类似《海上繁华梦》的时期。就好像一个运动周期，骚动喧哗一阵子，然后平静前进，再骚动喧哗，再平静。然后就到《米尼》了。《米尼》是一九八九年写的。

张新颖：《米尼》好像跟你的采访有关系是吧？

王安忆：是去白茅岭采访。《我爱比尔》也是和白茅岭采访有关系的。在那里待了一个礼拜。《米尼》延误了发表和出版，所以人们多半以为是更后期的写作。

张新颖：单行本先出，我记得是江苏文艺出版社出的。

王安忆：先是给《十月》杂志，因为形势原因，退了稿。当时，叶兆言在江苏文艺出版社做编辑，设计了一个丛书，直接就出了书。过后蔡测海帮忙，又在《芙蓉》上发了一下。这么拖拖延延的，也没引起什么注意。事实上《米尼》对我的写作来讲，蛮重要的，因为是我第一次写一个十万字规模的东西。我现在觉得这个规模蛮适合我的。就像前段时间我觉得五万字适合我一样。我觉得十万字的东西挺适合我的表达。

张新颖：那你说重要，就是十万字这个形式了？

王安忆：表面上是个形式，或者说篇幅，内里却是个结构的问题。这个长篇虽然不长，是个小长篇，你说是长中篇也可以。但它超出我惯常的中篇的五万字规模，开始摆脱我惯常的长篇结构上编年的方法，不是依赖时间的自然长度来填充篇幅，它是写事情的。

张新颖：它虽然不是编年的，但还是写一个人怎么一步步地到了现在这样一个境地。

王安忆：这就是故事的结构了。前面《流水三十章》也好，《黄河故道人》也好，都是从小写到大，所有事件都是以一个人的历史来链接，这有着先天的合法性。《流水三十章》应该有一个事情了，但我没有太多的材料，所以我还得依靠时间。时间可以允许有不那么严格的情形出现，故事却要求逻辑的谨严。《米尼》对我作用蛮大的。

张新颖：它比较清楚，也简单，有一个很核心的东西。

王安忆：它很单纯，其实这个故事就是写米尼和阿康这一对男女。阿城看了我这篇小说，他评价蛮高的，他挺喜欢的。

张新颖：他怎么说的？

王安忆：他没有单说我这篇小说，只是说我是个异数，说我是中国小说家里的异数。他很喜欢看我的小说。《米尼》以后，停了一年写作，当时心态特别不好，似乎是，面临了一个时刻，需要重新安置自己的感情与认识。

五 《叔叔的故事》

张新颖：到九十年代，就是《叔叔的故事》了。

王安忆：一年没写作，然后就写了《叔叔的故事》。似乎又引起了轰动。有时候也蛮需要这种反应的，它对你是种鼓励，就像啦啦队一样。如果足球队没有啦啦队肯定踢不动了，可是啦啦队太喧闹又会分神。

张新颖：《叔叔的故事》出现在九十年代初，从文学史的叙述来说，这是一部社会文化发生巨大转变的时刻产生的非常重要的作品。从你个人来说，它意味着什么呢?

王安忆：《叔叔的故事》对我来说，是很特殊的一个小说，我使用了一个现代主义的形式，而我通常是遵循事物自然的表象的，并且向来对先锋小说持异议。但我觉得我的这个形式还是和当时的风尚不尽相同，它还不只是个形式，而是，这就是那个故事的外形，它本身就不是一个自然状态的故事，它是虚拟的故事。就是说一个关于讲述的故事，第二手创作的故事。我这么说似乎很费解，小说就是虚拟的，但我是在这个前提下说“虚拟”这两个字，它不再是小说文体的概念，或者说，是第二次“虚拟”。我曾经在一篇散文里写过我给小说起名字，我一般不大用什么什么的“故事”，小说本来就是故事，你如果说“故事”就等于此地无银三百两了。所以我一旦要说是“故事”的话，那一定是“故事的故事”。我还写过一个短篇叫《作家的故事》，也是关于讲述的故事。所以用这么一个题目，基本就标出了这个小说的形态了。就是它再次进行的讲述，故事就在于讲述的本身。其实很简单，就是我们如何来叙述叔叔的故事，在假设叔叔的故事已经是事实之后，再来虚构；或者反过来，假设叔叔的故事是人为的虚构，然后企图还原。说起来挺绕的，是非常复杂的一个形式。我觉得也不是上乘，技巧玩得太炫目了。

张新颖：也不是。《叔叔的故事》当然是形式，你在写作的时候可能形式的追求比较自觉，形式感比较强，但是读上去并不会觉得特别“硬”，里面有东西。这个东西既是叙述还原出来的结果，也是这个还原的过程。

王安忆：这个形式确实是种需要，什么都是假定的，在假定的前提下再做假定。这有点像梦中做梦的意思。我记得小时候我妈妈跟我说，我爸爸做了一个很恐怖的梦。他梦见我爷爷——我爷爷已经去世了，我很小的时候他就去世了——爸爸看见爷爷走进房间来，我爸爸非常恐惧，以为是做梦，就把灯拉开了，结果爷爷继续走近他，走到他床边上来，我爸爸更加恐惧：原来这不是梦——其实它还是梦，梦中梦。《叔叔的故事》想表达的是对没有前辈的恐惧，对前辈的缺席的恐惧。有的时候我们真是，就像张承志他必须要去找到一个伊斯兰教牢牢地抓住，要自觉遵守一些纪律，都是想要找到一个承前启后的精神链接，好纳入自己的认识。张承志有伊斯兰教，我有什么呢？我继承什么呢？我往哪里去纳入自己的思想与虔信呢？

张新颖：所以《叔叔的故事》写下来其实很沉重的。

王安忆：很沉重的。而且这种沉重到今天好像也没有释然，而且更加渗透，变成一个日常化的问题。

张新颖：叔叔那辈找不到，如果到爷爷那辈去找，或者到祖爷爷的那辈去找，是不是可以找到？因为人有的时候对自己的上一代，正好贴着的那一代，有一种不亲切感。

王安忆：似乎不够理想，我觉得应该是像链条一样一点点这么下来，传统就牢靠了，有东西可继承，也有东西可反叛。如果你要到那么久远去找的话，当然也有，太远了，像《史记》。中间缺乏链接，其实就是断裂了。说到《史记》真是辉煌，我经常在想司马迁，我在想司马迁其实在想象前朝，尤其前朝又是那么一个繁荣的大朝时，他肯定会觉得绚丽得不得了，对他来讲历史不是历史，就是一种审美活动了。你看从三皇五帝到坊间——刺客列传，无不进入他的编撰，你可以说是他的历史观，也可以说是世界观，还可以认为是文学的观念。这是盛世里的人文，天下全揽胸中。而你去看五代诗歌，人在末世时候对前朝的想象就枯乏了，只有回到自己的心境里做文章，格局自然就局促了。再看《史记》，简直就是英雄列传。我在想，每个人都在找一个前朝，像司马迁说帝道王道，找一个前朝就为了有东西继承，所谓精神遗产，而你找到什么样的前朝，又和今世的情景有关。我们今天的时代没有这么壮阔的观念了，我觉得进入到二十世纪，都是这种问题，好像什么英雄主义都割碎了，都平均分配了，于是，都平庸化了。从《叔叔的故事》开始，以后这苦闷变得越来越清晰，它没有解决，后来一直没解决。

张新颖：你以前说你不太关心自身之外的一些事情，是不是可以说从《叔叔的故事》开始，其实已经比较关心时代啊这样一些大问题？

王安忆：这好像还是很利己的，因为自己的处境变得可疑，有了新的自我经验。

张新颖：就是从自己出发的。

王安忆：从自己出发的。如果没有特别贴己的经验，我也不会有所反应，这是在职业写作中很宝贵的反应。职业写作最大的危机是经验的资源很缺失。尤其是当我们的职业化程度还不够，怎么说？我们对想象力的认识太不科学，总是要求它不断地生产独特性，这是压榨想象力，说到底，事情还是和链接有关。比如说，我看那些西方的畅销书，推理小说也好，悬疑小说也好，惊悚小说也好，它的源流很清楚，就是从哥特小说的源。基本格式就是一个封闭的空间，一个外来闯入者，遭遇很多异相。直到现代的阿加莎·克里斯蒂的推理小说，还是能看见其中的源流。就是这么一个“源”，这么一个脉络。可它就是能够不断地生发出、派生出不同的内容呢。不同的人在同样的环境里碰到不同的事情，产生不同的结果。我们就好像找不到一个可以用这么久的“壳”，再比如芭蕾舞，这个古老的形式里可以放进去那么多的内容，可以有一代一代的舞剧产生出来。我们却好像什么东西用一次就作废了，它只能用一次，第二次就不行了，很不经用。不知道问题出在什么地方。他们可以反复用，而我们一件东西还没成熟就已经消耗掉了。我们这些年，就是从八十年代到现在二十多年里边，挥霍得特别厉害。进来的也多，门一开哗一下都进来，然后就拼命地挥霍，特别能消耗，也不准备积累了。原先还有些积累，现在进来的东西太多就不爱惜了。现在的情况就是特别没有积累，特别会消耗，似乎是生产力太旺盛，消耗资源过剧，也许呢，根本就是生产方式有问题。于是，我们也就没什么东西可以留给后来的人了。

六 《妙妙》《香港的情与爱》等几个中篇

张新颖：写《叔叔的故事》那一时期，还有几个中篇，我觉得在你的创作中是特别显眼的。

王安忆：我休息一年以后又开始写作，从《叔叔的故事》开始，接着是《妙妙》，然后《歌星日本来》，再有一个就是《乌托邦诗篇》。

张新颖：《歌星日本来》和《乌托邦诗篇》这两篇我也特别喜欢。《妙妙》我觉得其实和《米尼》差不多，有点像。

王安忆：有一点像。《妙妙》其实也是写弱者的奋斗，这一类人的命运我个人是比较倾向关心的，这好像已经变成我写作的一个重要的题材，或者说一个系统。她们都是不自觉的人。有时候不自觉的人比自觉的人有更多的内涵，自觉的人他都是知己知彼地去做，他有理性，于是理性也给他画个圈，有了范围；不自觉的人却可能会有意外发生，他们的行动漫无边际。像米尼是不自觉的，妙妙是不自觉的，后来的王琦瑶也是不自觉的，《我爱比尔》的阿三也是不自觉的。说她们不自觉，不是说她们不知道要什么，而是不知道不要什么，她们凭着感性动作，茫茫然地，就好像一块石头砸进水面，碎成一片，她们最终都是砸碎自己的命运，有多大力气，砸多么破碎。这类人一开始进入我的写作，好像还不是那么很显著的，后来变得越来越显著。她们都是很盲目的。她们要一样东西就是去要，去要，需要付什么代价，则全然不计较。这是我很欣赏，也很愿向其学习的，这就和我自己有一点关系了。可我是读过书的人，我从事写作，许多欲求不得的东西在虚拟中实现了，而她们是以自身为付出，我很钦佩她们。其实妙妙这个人，她很简单，她就是一个渴望走入现代社会的人，她就要走到她所身处的社会的前面去。但是她实在是局限太大，她的现代化蓝本那么少，能力又不足，所以她只能违反现有原则。别人怎么做，她偏不怎么做，因她要和他们不一样，她要过一种特别的生活，于是，就把自己赔进去了。她把自己孤立起来，真正意义上的孤立起来，不像我，赔进去的其实是虚拟的代价。所以我们，写作的人，以写作这种其实更加社会化的方式最终将自己纳入了主流。她们都是勇敢的人，几乎是艺术的人生。我在劳教农场里遇到过很多这样的女性。我去白茅岭女劳教大队，先去挑选卡片，我和宗福先两个人同去，因为他们那里有规矩不让单独面对面，必须两个人同时在场，尤其是男性，更加不能够与她们接触了，不晓得是为考虑谁的安全。那么我们就两个人一起谈。翻了十几张卡片，从中挑选了十四个人。

张新颖：她们跟你们谈吗？

王安忆：她们很愿意谈，但是你千万要注意，谈出的东西都是经过粉饰的，简直没有一句真话。你要会听，你要特别会听她们说话。

于是你就能看出她们价值观和你是那么不同，真的是非常非常有趣。她们价值观和你完全不同，你以为你是正面的，你以为你是社会的主流你就是合理的，她们可不这么认为。有一个女孩已经是“二进宫”，两次被劳教了，可是，她却说假如不是如此，那我的生活也就和一般的女孩子一样，结个婚啊，生个孩子啊。所以她对你的人生是批评的，你很平凡，很平庸，没什么意思。而对自己的，还是满意的，虽然遭受了挫折，但这不过是代价，终还是使她避免了和你一样的普通的人生。在白茅岭这地方，千万不要以为她们有什么忏悔之心，她们不过是在体验她们人生的一部分经历。她们本质上就和我们不一样。事实上，持我们这种想法的人只是社会上一部分的人，不是全部的，我们只能代表我们自己。她们真的令我惊讶。在那么一个境地，皖南非常偏僻，没有充分的自由，几乎完全看不见异性，可她们会冒着很大的风险，这风险就是违反纪律而延长劳教期，她们躲在被窝里面修眉毛，擦指甲油。你就简直不知道她的生活热情从哪里来的。我觉得她们是人群里的异数。你还会看见一个有趣的情形，就是在她们的群体里，也有着阶级差异，是以本人的才智、能力，甚至品行来划分，她们自有标准。不过就今天来说，卖淫的情况应该比当年复杂得多，我是十多年前采访的。如今白茅岭的女劳教大队已经迁回上海了。

张新颖：今天可能也不抓了吧，至少不像十多年前那么严厉。

王安忆：妙妙虽然没有堕落到社会的负面，但她也将自己的人生毁坏得差不多了。《歌星日本来》里的那个歌星比较要合法化，她是有事业心的，要向社会挣一个地位的，但那股子蛮劲却也差不多。从某些程度上说，她们都有些动物性，如同母兽一样。《歌星日本来》的素材又回到我们团了，是“后文工团”故事吧。在那种意识形态背景下建制起来的团体，到了自由经济时代，命运可想而知。

张新颖：但是《歌星日本来》，后来你的集子很少选这个东西，你觉得不太满意？

王安忆：不是我不选，是别人不选。作品集往往是在被动的情况下出的，我本意是不喜欢重复出书，可是盛情难却。选集里通常没有这一篇，他们可能是忘了，或者根本注意不到，这一篇似乎很难归入任何时期的文学思潮，就是说在文学史里占不了位置。

张新颖：不是，我觉得这个题目起得不好。题目起的就是……

王安忆：很像一个通俗小说。

张新颖：对。别人可能没看，看了题目没看内容。

王安忆：这之后我写了《“文革”轶事》和《香港的情与爱》。这两篇小说我觉得应该比较成熟了，比较肯定地讲述故事。写《香港的情与爱》，是因为特别想写一个香港的故事，但是又很茫然，不晓得要写什么样的故事，当写下第一句“香港是一个大邂逅”，心里就清楚了，是要写一个过客的故事。

张新颖：那时候应该已经读过《倾城之恋》了？

王安忆：读过，早就读过了。但事实上，完全没有想到《倾城之恋》，想到的是曾经在汉堡，遇到一个香港先生，他对我说，从来没有人说我爱香港，都是说香港会给人什么机会，不会说我爱香港。我说，那么你是爱香港的，他绝口否认，但表情就像是负气。此时，香港给了我一个没有归宿的印象。于是，就觉得应该写两个过客，在这样一个码头一样的地方，发生一个不确定的关系。但是我这人比较实在，我很不会写那种惊鸿一瞥的东西，我很难写那种轻盈的东西。陈村对我提的意见是对的，他看我的《香港的情与爱》，然后和玛格丽特·杜拉斯的《情人》作比较，他说《情人》轻盈，你这个很结实，可是没有飘渺之感，而爱情是有着虚无的特质。他讲得一点都不错。这个故事应该是惊鸿一瞥的，但我怎么搞的，写得那么实打实的，这大概就是我的世俗心了。我总是要将我的人物枝枝节节都安置得十分妥帖，否则就不知道让他们做什么。我设想，这个先生必定要从美国唐人街出来的。唐人街的人很有意思，他们可以一句英语都不说地生活一辈子，他们就能在异国他乡营造出一个故土草根。唐人街的空间和时间都是相对孤立，从那里出来的人，带有明显的标记性表情，这是一种孤独的表情。那么，一个唐人街生活的人，他要旁出一点外心，从自己的人生里开一点小差，什么地方最合适？香港。香港这种地方，似乎专门给过客待的，它那么浮华，你觉得如果没有一个扎实的东西像秤砣一样把它坠住的话，它就会飞了的。尤其是晚上，就像海市蜃楼，同时它又是一个蛮荒世界，天涯海角，一堆砂砾般的礁石群里。你一转头是个蛮荒世界，一转头又是流光溢彩。这个地方我很喜欢，我也不知道为什么我很喜欢香港。

张新颖：但是其实我们也都是过客，香港另外一面你过客是看不到的。

王安忆：我觉得它是一个尤其“过客”的地方。它特别适合做过客的舞台。有的时候我正好是在七八点钟灯火最最兴旺的时候进入香港岛，铜锣湾一带，因为都是单行道，车就在高架上下一层层盘旋，楼宇建筑在夜幕里沉浮游离，灯光打着旋，人也打着旋，就像一个嘉年华。很传奇，这个地方是很传奇。它拥簇着这么多的物，稠得像一锅粥，却自有秩序，英国人真会造城市，需要有立体几何的概念，每个拗角都不放过，处理得很平衡。它太传奇了，我反是要在它里面演出一幕人间剧，就是《香港的情与爱》。这里有些弄颠倒了，在《“文革”轶事》《香港的情与爱》之前，还有一部长篇，《纪实与虚构》。

七 《纪实与虚构》

张新颖：先插一个小问题。原来最初发表的时候叫《纪实和虚构》。到底是"和"还是"与"？

王安忆：最初发表就写错了。我一直是叫《纪实与虚构》。他们经常写错,《香港的情与爱》也错成《香港的情和爱》。这是我们编辑不严格的地方。

张新颖：有的地方"的"也没有，写成《香港情与爱》。

王安忆：本来是很清楚的名字。似乎人们比较喜欢"和"，不喜欢"与"，老是把"与"改成"和"。

张新颖：哦，这两个例子我都注意到了。这是插进来的，你继续讲。

王安忆：《纪实与虚构》我已经作了很多解释了。可是依然被认为一条是纪实线，一条是虚构线，其实不是这样的。

张新颖：你一开始就不是这样的意思。

王安忆：这个作品实在是太需要诠释了，可见不是好作品。好作品不需要这么多诠释。

张新颖：我是觉得这是个好作品，但一直没有得到好的解释。

王安忆：这个作品恐怕要分割开，从局部看。从总体看可能是有点问题。它在《收获》上发的时候，《收获》要求我删到二十一万字一期发完。全文是三十四万字，于是就删去十三万字，一条线一条线地删，删下来的，我又送到别的刊物作中短篇发。有一次，陈村来了个电话，他说我看你有一篇小说写得很好，我问哪一篇小说，他说叫《进江南记》，我说这就是《纪实与虚构》里挖出来的一块嘛。他很吃惊。他说这个很好，《纪实与虚构》很坏。可能《纪实与虚构》太长了，消耗了阅读的耐心。

张新颖：我觉得《纪实与虚构》是一个包容量特别大的东西。这样一个大的包容量，你一个人来驾驭它有时候会驾驭得不好，那我觉得这是很正常的。但是这么大的一个包容量，我们没有把这个量给释放出来，对这个我一直耿耿于怀。

王安忆：其实没有这么复杂，要是这么复杂，我就都承受不起了。

张新颖：不是，你这个作品是写得有点硬，这是肯定的。为什么会很硬呢，我想就是有一些东西超出了个人的驾驭能力。

王安忆：对。

张新颖：但是我觉得好的作品有两种写作方式。一种就是我要写一个东西，我对它可以完全驾驭，百分之一百地驾驭，这样可以保证我写的是一个好的东西；但是我很喜欢另一种，就是说超出个人能力的。其实有些东西我是控制不住的，这里面就有超出作家本身能力的内容，有些东西可能是作家本身没有意识到。

王安忆：这个小说本来是说好在《当代》上发，结果他们看到第四章就看不下去了，退给我了。然后就给《收获》，是看到第八章，才明白了我的意思，就决定发，可是一期发肯定发不了，因为太长，而且这种东西不是情节性的，分上下两期又不合适，就决定删掉十多万字一期发。所以这个东西版本特别复杂。人民文学出版社出的是全本，《收获》是删节本，浙江文艺出版社把这删节本与《伤心太平洋》合成一本，题为《父系和母系的神话》，台湾麦田出的也是《收获》版。

张新颖：其实我最喜欢这个长篇，我当时写了一篇文章，现在回过头去看看很后悔，我那篇文章没有写好。

王安忆：你当时看的是《收获》上的吧？

张新颖：对。我习惯看杂志的，因为杂志先出来。因为它有缺点，明显的缺点，人家往往就不太在意。但我觉得往往有明显缺点的作品，它可能有一些特别好的东西。为什么？因为它不会无缘无故有明显的缺点，对于一个写作了那么多年的作家来说，他自己也不会不知道有明显的缺点。如果他还能够犯这样的错误造成这样明显的缺点，一定是里面有什么东西的。我喜欢这个作品肯定是超过《长恨歌》的。但是我现在就是没有能力……等我有了时间……

王安忆：我觉得我也是缺乏能力。有的时候，就像《流水三十章》，我有一个沉甸甸的东西，可我找不到一个日常的外部形式。这是很遗憾的。最好的情况就是你内部东西和外部形式正好是很和谐的，就像《长恨歌》这样的，相得益彰，大家都能认可，自己也写得顺手，水到渠成。这一个就和《流水三十章》一样，心里有一个东西，特别大，特别重要，但是找不到一个日常化的外部形式。这怎么办?

张新颖：对，它不日常化。

王安忆：很不日常，太不日常了。

张新颖：我喜欢它的不日常。

王安忆：如果我有像杜拉斯的这种能力，轻盈的能力，她可以处理不日常的东西，或者说将日常的东西处理成不日常。不日常的东西应是比较轻盈的气质，但轻盈的东西毕竟量比较小。

张新颖：《纪实与虚构》可能对任何一个个人来说都不容易驾驭，这么大的一个量要去驱动它，是太困难了点。这里面有一个很实在的东西，又实在得抽象。

王安忆：其实我是很笨拙的，这是个人气质的问题，决定了审美取向，我就是比较喜欢大体量的东西，比如长城，元素那么简单，一块砖头一块砖头垒起来个庞然大物。我就不喜欢那种小小的东西，不太喜欢“雕虫小技”。曾经有朋友拉我去看一个宜兴紫砂壶的展览，最顶级的大师壶，制作的大师已经去世了，据说他的壶品级很高。我不懂壶，我确实也觉得他的壶线条更简洁，古朴，端正，可是再怎么着它不就是这么一点，馒头一样大小一点点，它能够有多大含量呢？我是觉得体量还是说明问题的。

张新颖：《纪实与虚构》它本身就是一个很重的东西，如果写得很轻盈的话就不好了。

王安忆：我用的是笨功夫，我不会用巧力。这个作品，总之是不协调，横的竖的都不协调，就好像不搭界的两条线硬搅和在一起。上海话说，“硬装榫头”。这个小说反正就是没做好。还是应该谦虚点。我觉得长篇吧，对我来讲总是有个篇幅的压力，需要把这个篇幅给填满。

八 《长恨歌》

张新颖：长篇接下来就是《长恨歌》了。

王安忆：《长恨歌》现在说得太多了，好像我们对话一上来就说到它。怎么说？和《纪实与虚构》相比，《长恨歌》就太现实了，要赋予它飞扬的气质我只能在它的背景上赋予，这个故事本身是没有飞扬气质的。我大肆渲染它发生的环境，其实是企图将故事从现实层面拉开，拉到形而上，但改变不了根本性质，它依然是现实的，但是批判现实的故事。而现在媒体的炒作也好，时尚的附会也好，把它搞得连现实批判也没有了，变成了一部言情小说。

张新颖：对，这里面其实有立场的，但现在就是把这个都去掉了，然后就变成一个通俗故事了。

王安忆：言情故事，完全很言情的。

张新颖：所以我本来笔记上还写了想问你，《长恨歌》——不谈你的写作——现在变成这个样子，你自己会不会觉得很痛苦。

王安忆：痛苦倒不痛苦。我现在只有一个办法，就是当人们要我解释上海的时候，我就说我不是上海的代言人，我没写过上海，我只能这样。

张新颖：《长恨歌》也会变成上海的一个符号。

王安忆：对，符号，挺损害的，没有办法。我们现在都是公共空间里的人，自己对自己都没有发言权。人们谈《长恨歌》总是谈到怀旧二十年代，其实我在第一部里写的上海根本不是二十年代也不是三十年代，而是四十年代；其次，这完全是我虚构的，我没经历过那个时代，因此也无从怀旧。事实上，这又是我的小说里面最不好的一部分。我觉得陈村的话很对，他说第一部里面都是想当然的事情，到第二第三部里面才有意外发生。然而这个想当然是最对市民的口味了。所以《长恨歌》是一个特别容易引起误会的东西，偏偏它又是在这个时候——上海成为一个话题，怀旧也成了一个话题，如果早十年的话还不至于。你想八十年代初写《流逝》，谁都不会想到它是写上海，好像和上海是没有关系的。九十年代初写《“文革”轶事》时也没有人想到上海，大概就陈思和一个人想到了，想到了上海的民间社会，别人都没想到。

张新颖：《“文革”轶事》是写得蛮扎实的，就写家庭。

王安忆：对，它写家庭，比《流逝》要复杂。在整个写作过程中，《长恨歌》写得比《纪实与虚构》要轻松得多。

张新颖：可以看得出来。

王安忆：比较得心应手的。我还是要说《长恨歌》对我是比较有栽培的，主要是写实的功力上面，把我推了一步。我很庆幸自己没有染上那种毛病，就是匠气。其实我说我自己是有匠气，但不是那种写作班的匠气，把小环扣系上再打开，系上再打开，这种匠气我没染上。

张新颖：这其实中国古人说得蛮好，就是“雕虫小技”。

王安忆：中国人是到了清代才会“雕虫”的，以前真是不错，哪怕一些笔记小说你都觉得挺大方的，都不是那么小肚鸡肠的。

张新颖：比如有的学者说，唐以后的文学就不行了，一定要看先秦的文学，这当然有点夸张，但是也有一定道理。就是越早的人可能越大气。

王安忆：淳朴，和自然接得近。你看像那种笔记小说吧，它就是敢打一个结不来给你解扣。中国文化非常难以继承，和中国人的那种气质可能有点关系。中国人的气质真的是要靠“养”，古代靠自然“养”，后来靠文明“养”，文明越积累，离自然就越远，越“养”越人工，但总归是“养”，很难传授。你看西方的东西，真的可以传授给你，它有逻辑的链接，可解释和证明。中国的就很难了，它更主要的是一种气质。

张新颖：其实我们都已经有点西方化了，这没办法，这不是个人的能力。

王安忆：这是没办法，我们都生活在现代社会，现代社会是个平民化的社会，我们是大众文化“养”成的。尤其是我们写小说的，我们所承继的是“五四”时期从西方过来的小说观念，不是《红楼梦》的传统。但是《红楼梦》的传统又那么难以繁殖。中国文化就是很难繁殖。

九 《长恨歌》之后

张新颖：从《长恨歌》到现在也有好些年了。

王安忆：从《长恨歌》以后还有个变化。我本来短篇小说已经基本不写了，大概到八六年《鸠鹊一战》之后停笔不写的，自《长恨歌》以后我又开始写短篇了，重新拾起短篇来。这时候，忽然对短篇生出兴趣，而且生出那么多短篇的题材。

张新颖：短篇的内容有很多是插队时候的事情。

王安忆：《蚌埠》是我恢复写短篇的第一个，然后是《天仙配》。我以前很铺张的，也是缺材料的原因嘛，有材料我不会舍得写短篇，我要把它铺张开来。一方面是缺材料，另一方面又有强烈的写作的欲望。这两个东西放以前我都能写成中篇，可现在节制了，一是节制了情绪，二也是对形式要求严格了。之后写了一系列农村的小的短篇，《喜宴》《开会》《青年突击队》《招工》《小邵》《王汉芳》，等等。插队生活的一些情景泛起在眼前，带着微妙的影调，多是比较“轻盈”的故事，特别适合短篇的形式。这段时间的短篇小说我自己感觉写得还不错，内心是满意的。短篇写作对我来说是一种收敛，比以前节约文字了。

张新颖：它不是一个节约不节约的问题，它本身“有”。它“有”它就出来了。

王安忆：可是这个“有”是包含了许多准备的，时间的，经验的，认识的，心情的，渐渐积累酝酿，然后形成。对于写作者本人，就是要敏感到这种“有”或者“没有”，顺其自然。在写作短篇的同时，我开始比较多地写十多万字的小长篇——《富萍》《上种红菱下种藕》《桃之夭夭》。标准意义的中篇这段时间里写得不多，就写了《妹头》《新加坡人》《文工团》《隐居的时代》《忧伤的年代》，且都是三四万字的小中篇。总的来说，从《长恨歌》以来一个显著的变化，就是篇幅小了，收拢了。在此之前我可能十万字的写二十万字，两万字的可以写五万字。

张新颖：我看《隐居的时代》，觉得特别好。陈思和老师不是在研究潜在写作吗？潜在写作和潜在阅读是联系在一起的，《隐居的时代》就写了潜在的阅读。在我们通常的描述里面，“文革”时代，你们都不学文化。但不是，《隐居的时代》就写到了对书的那种如饥似渴的状态。

王安忆：上海民族乐团有一个弹琵琶的朋友，现在到美国去了。有一天晚上，已经八点多了，他打电话过来说，我现在很难过，我很想到你这里来弹弹琵琶。我说，你来。他就带着琵琶来了，坐在我的房间里开始弹奏。弹了几曲以后，平静下来，就回家去了。这种情形在“文革”当中是很经常出现的。那时候的人，都是在内心生活，不像今天，充满外部的动作，苦闷也罢，宣泄也罢，又都是模式化的，而那时候，人都是自己找出路，形式各异，似乎是更加个人主义的。我那天晚上真的很感动，听着他弹奏琵琶，我一点不知道他难过什么，可又是知道的。隐隐地，一种已经消匿的生活又回来了。

张新颖：其实我们现在对“文革”的描绘还是比较简单的，一面倒的。深入到“文革”内部，“文革”时候人的精神状况到底是怎样?

王安忆：在局部还是有很多丰富的内容。现在“文革”都被描绘成想当然的样子，很简单，就是政治、性、暴力，就是这几样东西。我以为多少受米兰·昆德拉的影响，以及他被西方承认这一事实的暗示，实际上，生活要复杂得多。殷惠芬有些小说写得相当不错的，她写“文革”期间工厂里的年轻女工，她将她们写得很绚丽，即便是在那样枯乏粗鲁的时代和环境，女性、青春依然是妩媚的。当然，很娇嫩，免不了受摧残的命运，可就那绽放的一瞬，照亮了生活。

张新颖：能够写出青春、纯洁性，这也是一种能力。

王安忆：下乡的时候，我带去了几本小说书，其中有一本农村小说集，收了赵树理的《春大姐》，我们庄上有一个中学生，一个女孩子，她借了去看，看完以后对我说，哎哟，这和迎春的事情特别像特别像。迎春是我们庄的一个姊妹，和本庄一个叫小牛的男孩子好了，遭到家人反对，打骂之下，竟直接跑到小牛家，成了亲。我当时感到很奇怪，因为小说给我的感觉是很明丽的，整个气氛轩朗向上，然而眼前的情景却那么黯淡，迎春和小牛虽然自由恋爱，生活得也不怎么样，依然是挣扎在劳苦的生计中，夫妇、婆媳、姑嫂间争吵频繁，看不出有什么特别的情感，可那女中学生在小说里看见了他们的生活。我和她眼睛里看出去的场景大相径庭。所以，农村情景未必是我们所看见的那样灰暗，他们有他们对生活的看法。那个时候，知识分子下放，当然对知识分子是残酷的迫害，政治是不正确的，但无意中却沟通了阶层间的精神。知识分子消除偏见，农民们则接触现代文明。那时候我们到农村去，任何偏僻的地方，差不多都能遇见一个完全不该在这儿出现的人。你会发现有一个人跟别人不一样，他风度不一样，长相不一样，谈吐不一样，但你却觉得很正常。有一个人不是写过一篇散文叫《郭路生在杏花村》，在山西山村里，一个青年用纯粹的北京话朗诵新诗，真是有启蒙的意思，也有传奇的意思。这种景象是对那个时代的一种描摹。我们庄，有一个蚌埠医疗队。它下放到农村，不仅是带来医疗，还带来知识和生活方式，从某种程度说，它改变了我们庄的气质。

张新颖：你的中篇里面还有一部《伤心太平洋》。《纪实与虚构》想象性地追溯了母亲这一脉的来历，《伤心太平洋》则是追溯父亲的经历，但风格非常不同，相对于小说的“无中生有”而言，它似乎是实写的；相对于小说的情节叙述而言，它又是弥漫的抒情的。

王安忆：《伤心太平洋》是紧接《纪实与虚构》之后的一个中篇。我的小说里有几处意外之笔。一处意外是《伤心太平洋》，一处是

《乌托邦诗篇》，没有一个完整故事，完全是抒情性的。

张新颖：而且感情比较强烈，很充沛。

王安忆：但不是故事的性质，材料有限。

张新颖：你那个充沛的感情就可以把它支撑起来。像《乌托邦诗篇》，有人可能会觉得这个故事很空洞，什么都没写，其实内容是很多的。

王安忆：似乎是自愿地放弃虚构故事的武器，不愿意让具体的情节细节来分配感情，或者说隐匿感情，感情几乎是裸着的，脱去了日常生活的外壳，与我一贯的小说观不太一样。还有《一家之主》，也属这类，但篇幅比较小，就一万多字。在我的写作中，还有一种例外就是我听来的一个故事，比如《天仙配》《姊妹行》。这种故事先天就很好，关键是怎么把它处理得当，千万别糟蹋了。这两个故事都是我听过好久以后才写的，我都不敢写，怕把它们写坏了。《姊妹行》的故事本身特别完整，你只要自己加过程。《天仙配》的结尾很费周折，这个事情怎么收住。这两个故事我都特别小心翼翼地对待，怕伤害它们。很少碰到这么好的运气。比较多的情况都是和自己经验有一定关系，然后再生出情节，结构故事。情形很复杂。

张新颖：目前的阶段应该算是一个比较平稳的阶段，蛮顺当，蛮平稳的。

王安忆：对。比较清楚到底要什么，不是东撞西撞，瞎猫撞死老鼠，比较有自觉。但是还会有不期然的情形发生。现在回过头去看很多作品，觉得写得不够好，很想重写一遍，但事实上不可能，因为没有写作的欲望。现在的认识和那时不一样了，感情状态也不一样了，有时会惊异：这有什么可写的？居然还写这么多。那时候想得少，精力却充沛，恨不能将生活一网打尽，全部装入书写。现在挑剔多了。也不晓得写到什么时候就会不想写了，或者再也写不出来了。

张新颖：大概不会吧。

王安忆：不晓得。但我一定会见好就收，绝对不能像有些人那样写不出来硬写。那是很不好的。

张新颖：这个很难判断。

王安忆：自己心里有数的。我跟你说，没有一个作家不清楚的，是作家都知道。你看有些作家特别在乎别人的评论，然后声嘶力竭地为自己辩护，解释自己的作品，心里都很清楚的。清楚自己究竟有多少实力，又使出了多少，实现了多少。一部作品写出来，任凭别人怎么说，真知道好坏的就是作家自己，没有例外的。除非是特别愚顽的人。

张新颖：对你的批评意见其实也蛮多的。

王安忆：没批评到点子上就和没表扬到点子上一样的。

张新颖：所以你其实不太在意的？

王安忆：不太在意。

张新颖：对你不是有很大影响，是吧？

王安忆：不是有很大影响。因为我觉得现在的批评很可分析。有一些把你当作社会学的采样来看，他从社会学的意义上来批评我怎么样对怎么样不对。还有是从现代不现代的标准来批评我。我能理解，批评者面对的是一个文本的世界，我们的写作就是给他们作材料，佐证或者阐发他们的思想成果。而我们的写作一旦实现于社会，公之于众，便是客观存在，他们有权利使用它们。但是，当然，我还是期待能听到贴近我初衷的评介，我的台湾出版商，我们合作了十来年，彼此了解，他看《桃之夭夭》，说最精彩的一笔是，到最后你都没有说出她的父亲是谁。这话很有道理的，她的父亲是谁是不重要的事。迟子建看《姊妹行》，她说看到最后，分田找到水，问水走不走，水把孩子一扔就说走，她说我看到这里都惊呆了。其实我真是当脑子里有了这个动作时才觉得可以坐下来写了。写作的人往往心有灵犀。

张新颖：《姊妹行》的叙述，前面很有耐心地写点点滴滴、细枝末节、来龙去脉，一字一句，不厌其详，不嫌其烦。可是，写到最后，简洁来了，而且简洁得令人震动，就是那个把小孩往地上一放，站起来就走的那几句，要说惊心动魄，也不过分。有了前面的细密坚实做铺垫，简洁干脆的文笔的力量就一下子出来了；那种不屈不挠的求生意志的力量也就出来了。这种不屈不挠的求生意志，平时淹在人海里看不出来，可正是这样的看不出来却蕴含着不可思议力量的东西，做成了广阔的生活世界的底子。所以我也很喜欢这篇东西。

王安忆：这种评价特别好，但你不能要求都是这种，因为这需要心有灵犀的。都是做小说的人，明白什么是活儿的眼。这么说，又太技术化了，事实上就是趣味的一致性。有时候，这种情形也会发生在职业和经验完全不同的人身上。我记得几年前，到华山医院和医生护士做一个讲座，有个女孩提出一个问题，我好像一下子被她点亮了。这个年轻的医务工作者，说为什么作家们都喜欢写反常的人，而不写一个正常的人，其实正常的人才是美好的。我就觉得一下子被点亮了。其实在《长恨歌》之后，我企图做的就是，写正常的生活里的力量。所以称为常态，就因为它的恒定性，其中有着极强大的，同时又隐匿的理由，这可说是生活的密码。

十　还在过程之中

张新颖：这样讲下来，你想想自己写作的历程，觉得还是蛮欣慰的吧？

王安忆：总算没有走到太差的地方去，基本上是越走越好。这点我心里面还是明白的。我觉得现在写得比以前好，这点我基本肯定。

张新颖：为什么会越来越好？我觉得你是一个蛮善于学习的人。有的人到了一定的程度，他的心态就封住了。他可能比如读很多书，见识很多事情，但是都进入不了他的内心了，已经不能改变他了。我就觉得这种人其实到了这个程度之后，他读书，看东西，或者什么，对他就没有多大作用了。

王安忆：应该是对每个人都会有作用的。

张新颖：不是，我觉得是人和人的差别。你发现有的人他到了三十岁或者四十岁，他就定型了。

王安忆：那恰恰是因为放弃学习和工作了。你如果真的在做，肯定是越做越好，不大会越做越差的，怎么可能哪？像练毛笔字，你肯定是今天练得比昨天好，只要你坚持在练。

张新颖：不，练字也是这样的。肯定有的人练到四十岁就已经再也不会进步了。

王安忆：那可能是方法不对。

张新颖：大部分作家到了一个程度，他就这样了。但我觉得你不是，有的时候看你新的作品就老是有意外。

王安忆：他们可能是不像我这么热爱写作，你说差别，我感到最大差别就是我比他们热爱写作。我觉得有许多人并不喜欢写但在那里硬写。有很多人是这样子的，好像应付差事。喜欢的就不一样，比如说你看跳舞的杨丽萍，她特别热爱跳舞，于是，她就能跳得好。

张新颖：对对，就不是你们说的关于舞蹈怎么的，根本不是那些东西，她就是喜欢。

王安忆：她就是喜欢。她跳舞让你感到这才是她，她是为跳舞而生存，跳舞是她的生命方式。人和人的区别可能就在这，就是不同的生命方式。

张新颖：光喜欢也不够啊。并不是说我喜欢我就一定能把这事给做好。

王安忆：不是，她喜欢就知道里面是怎么样的奥秘，或者反过来说，掌握了奥秘才会喜欢。这种喜欢应该说有一点像信仰，相信里面存在着一个极好的世界，因而渴望进入。

张新颖：所以我就希望中国可以出那种越写越好的作家。我们一百年的现代文学史，从个人来讲，就不是那种越写越好的，他的代表作一定是在前面的，后来都不行了。

王安忆：这和我们社会生活也有关系，社会生活很不正常，老是在变动。你很难期望人能够超越物我，立于不变之地。但我觉得还是有很多越写越好的。迟子建就是一个，苏童我觉得也是越写越好，你不能那么急躁地看一个作家。

张新颖：对，我就是说不能这么急躁。我觉得有几个作家是你不知道他的将来的。这样的作家比较好。有的作家你就可以看到他的将来的。

王安忆：那就是我们所说的前途远大不远大。

张新颖：那你最后做个总结吧。

王安忆：总结……现在做总结似乎还有点早。好像还没有到尘埃落定的时候，不是总结的心境，认识也不够。

张新颖：现在还在一个创作的过程中，还在往前走。

王安忆：还在动态当中……总之我的生活好像就是为写小说的，因为我现实能力很差，不是一个行动的人，所以写小说对我来说简直是太合适了。

张新颖：写小说有的时候变成了一个假想的行动，有时候是对生活行动的一种逃避。

王安忆：逃避，或者说补偿，借代。现实当中，凡是我想要去做的一件事肯定是做不成的，只有写小说能够写成，奇怪。我只能过一种虚拟的生活，就像阿城说的，他说，你们这种人是将命托出去的，托给了虚构。

张新颖：也没有你说得这么绝对。

附录

文明的缝隙，除不尽的余数，抽象的美学

——关于《匿名》的对谈

一　阶段和变化

张新颖：上一次我们集中谈你的创作，就是整理成《谈话录》那本书的，应该是在二〇〇四年底到二〇〇五年初。

王安忆：对，很早以前的，我记得我那时刚刚到学校里来不久。

张新颖：过了十年多。那么，在这十年的时间里，你自己也会有一个感觉吧，就是自己的变化。我不知道——但很想知道——你自己会怎么表述这个变化。这十年里，单说长篇，就是《启蒙时代》《天香》和刚刚面世的《匿名》。这三个长篇，互相之间很不一样，这一点先不管它；我更感兴趣的是，这个阶段和以前比，如果从《天香》开始算的话，跟以前的不一样应该更明显一点。

王安忆：其实《天香》和我向来的写作是比较像的，自我的感觉是这样。虽然它起来好像挺离谱的，是写到明代，写到一个历史上遥远的，过去的，和我生活完全无关的人和事。但是，事实上，我写《天香》时是蛮顺利的，它依然是写实的，也就是还在我能力掌控的范围内。当然，它对我的挑战主要是时间上的隔断，这是一个无从触摸的时间段，但是你一旦进入了这个世界，一个你自己营造的假想的明代的世界，那么，里面的人和事都还是在我的掌控里。所以《天香》其实写得蛮顺的，就是顺得有时候觉得过于顺了。

张新颖：那你这个掌控，是怎么得到的？

王安忆：首先你要进入那个时空里啊。刚开始也蛮作难的，因为什么东西都是你不知道的。所以，我就做了许多功课，主要是列了一个年表吧。就是把这个时间段，我规定它发生故事的年代，几十年，做了一个年表。这一年发生的事情，我不但从正史上去找，也从野史上去找，笔记里去找，做了一个很详细的表。然后就是画了一张地图，这个地图画得比较差啦，因为找不到一个更加详细的地图作模本，只是一个很简单的方位图，但是也给我一个范围嘛。等到舞台做好，等到人物登场，倒真是方便了很多。人物还没出来的时候吧，你觉得千般难万般难；而一旦这些人物一个一个出来，他们是连着出来的，形成谱系，不仅是宗族意义上，还是故事需要出来的，就很顺了。

张新颖：这样一种工作方式，慢慢地你觉得是很自然的；但是，如果放在一个很长的创作过程里面去，其实还是有一个变化。比如用你自己的话来说，刚开始写作的时候，其实是一个自发的阶段吧，因为你有话要说，有经验要表达；慢慢会脱离，也不叫脱离吧，是跟自身的直接经验关系疏远了一些，那么，就需要另外的写作的资源，这样一个阶段，你自己把它叫作什么？自觉的阶段，还是一个理性的阶段？

王安忆：有时候是重叠地发生的。《天香》的方法，其实我很早就开始了，《纪实与虚构》的时候就开始了，那时我也做年表的。但是那一个的版图大多了，那是全国的版图。

张新颖：《纪实与虚构》是从远古开始的，空间上也很广阔。

王安忆：对啊，那个版图很大的，时间也很长。这种方式对于我来讲，一方面显示我这个人是比较老实的，我只有找到一个能够靠实的条件，才能够展开想象。你说自觉与不自觉，它是重叠着的，不是那么整齐地说从今天开始我就自觉了。

张新颖：对。它也是反复的，比如说《启蒙时代》其实跟个人经验也是有密切关系的。

王安忆：有很深关系。对，这些是错落着的。有些小说就是不自觉的，有些小说就是自觉的。

张新颖：一个是"错落"，还可以用一个词是"加上去"。怎么说呢，你最早的那个阶段，其实是没有后来这些东西，没有这些理性的，自觉的，但慢慢会获得这样一种能力，再"加上去"。

王安忆：应该这样讲，一开始其实也有理性，因为每个写作者都很想主宰自己的写作嘛，开始时理性不那么容易获得，因为各种准备都不充分，它往往逊于感性，感性自有它的敏锐度，而理性甚至会限制感性。所谓理性，就是说你比较自觉地调动自己的经验吧，那么，以前的调动是不大成功的。但是从一开始其实就在经历着这些，一点一点走到今天。

张新颖：我明白你说的这个过程，实际发生的时候是逐渐的，一点一点地累积着变化，不过达到一定程度，确实可能显出不同的阶段性特征，特别是事后去看的话。我是觉得，除了简单划分的自发、自觉这两个阶段，从《天香》开始，又有一个新的阶段。但这个阶段我不知道该怎么描述，我觉得你应该有一个更明晰的感受。就是你说的，六十岁以后，发现可以写的东西那么多。很早的时候，年青的时候，会觉得把经验写完了，怎么办？或者，即使用理性用匠人的这种写作方式，但总会有写完的一天，会枯竭。也的确有作家面临这样的问题。但是会有另外一些作家，越写越多，这个是怎么扩开来的？怎么发现这么一个新的写作资源？我一直感兴趣的是这样一个阶段。

王安忆：你这个说法正好跟我的感觉是相反的。你说我开阔，打开了，但我觉得自己是关起来了。我以前说过，六十岁我就不写长篇了，我觉得长篇是个大工程，很累的。并且，人到一定成熟的阶段就会变得慎重，变得不能够这么如泄如注。所以说，我其实心里是决定六十岁就不写长篇了。但这个《匿名》很尴尬，正好是跨线了。我是不到六十岁开始写的，结束的时候已经六十一岁了。到这个时候，觉得六十岁的难度不在于体力，不在于经验，不在于写作能力，主要在于挑剔，我觉得。写完《匿名》至今，已经有大半年我没写小说了。上次你好像说什么都可以写小说了，而我恰恰觉得，写过《匿名》以后，我现在对小说题材变得很难决定。读的人，和写的人，感觉是不同的。

张新颖：我说的扩开来，指的是，我没法设想你二十年以前写《匿名》，或者说你二十年前写《匿名》也不会写成这个样子。我是觉得，这个就是你以前不会意识到的，或者意识到也不会是这么清楚的一个东西。

王安忆：二十年前写的是《长恨歌》啊，到现在已经二十一二年了，是一九九四年写的。

张新颖：你看看《长恨歌》到现在，这个变化是怎么一步一步地发生的？

王安忆：其实很简单。《长恨歌》写得很自然，我这个人是比较追寻生活的表象的。你，我发现你向来是不被表象迷惑的。你喜欢诗。我觉得这个可能跟性别有关系，跟传统也有关系。“五四”的传统就是这样的，对生活的表象不感兴趣的。但我是一个对表象有兴趣的人，《长恨歌》是一个描写表象，通过表象探问本质的写作。但是写《匿名》却是在表象之下，一种抽象的行走，现在我发现要从抽象再回到表象，也蛮难的。就是说，我要写什么呢？什么能够让我有兴趣往下写呢？使我满足的写作是什么呢？恐怕会过一个阶段。

二　文明的缝隙，除不尽的余数

张新颖：我们就不谈写完《匿名》以后的困难；现在就正式开始谈谈《匿名》吧。二〇一二年的时候，我印象很深，你写的一篇散文《括苍山，楠溪江》，还有一个短篇《林窟》。所以，我在读《匿名》的时候，很自然地就想到这里，这个地方。现在看到你确实是把《匿名》放到括苍山那个背景里面去了，我既意外也不意外。当时看了《林窟》的感觉是，这么短的东西里面，包含了很多东西，里面的空隙太多了，空间太大了，说不准你会回来处理这个东西——因为空着没写的地方，会有一种奇特的吸引力，一种暗中召唤的力量。但是没想到会这么快，就把这个括苍山之行的经验就接上去了。上次我们闲聊的时候，你提到一个失踪的教师，这是更早的事情，你给连起来了。你再讲讲这个故事吧。

王安忆：失踪的人是个大学教师，这个事件的出现，是在八十年代中，我在妇联的信访站听到的。当时法律不怎么健全的，整个信访系统也不健全，妇联建立了一个支援妇女权益的信访制度，每个星期四的上午对外开放。

张新颖：上海市妇联？

王安忆：对，那个时候我觉得还是蛮积极的，它也有法律的资源，但是当时的法律不像现在这样严密。妇联把我安排给一个老师，让我专门跟着。那么，像看病一样，门口有好多人排队等着，依次进来谈话。其实你知道我听这一类谈话，也写了好多小说，《逐鹿中街》也是那次听来的。我在那边听了好多故事，那些故事没头没脑的，可是非常给你想象空间。这一个女性，她的先生是某个大学的教授，退休的时候，教委搞了一次活动，专门慰问这些退休的教师，到雁荡山去玩，然后人就失踪了。失踪的时间很难确定，因为大家互相之间都不怎么认识，他们都不确定这个人是哪一天失踪的，不断地回想，最后一次看见他似乎在某一个景点，他在那儿擦汗，这是他给别人留下的最后一个印象，然后就再也找不到了。组织当地人力搜山，山里的可能性很多很多，可是没有一点线索。我们在谈的时候，那个老师就问了她一个问题，你们夫妻感情好不好？因为别人很容易会想到，会不会是他自己出逃了，这个故事说是也蛮好的，对吧？一个人退休以后，发现要重新活一次，然后他就跑掉了，这也是一个故事。但好像不那么简单。可以想象家人非常受折磨的。一两年过去了，学校里是想报死亡，因为不断地支付他的退休工资，也可算仁至义尽。就是这么一个事情。这个故事，我其实心里时常在想的，我要给他找个出路啊，他去什么地方了。好像最最通常的就是说他想重新过一生，连妇联的老师都想到了。当然他有权利，也有可能，但对于一个一下子不见的人来讲，这总不是一个太有回报的结果。我希望这个失踪事件更有回报。那么后来——二十多年以后——我去括苍山，也不是为了这个故事去的。当时永嘉县文史委——对于一个小地方，它所经历的历史，每一点滴，都很宝贝——他们记得，我母亲和谢晋一行人，曾经在“文革”时候到那边去，要拍一个电影，问我有无这方面的资料。我就说有一本他们当时油印的电影剧本。他们愿意要。我这些年里一直考虑把爸爸妈妈的东西怎么妥善处理。那我说我可以给你们。然后这一年夏天我就去了，我得搞清楚对方是个怎样的状态，万一是个乱七八糟的机构呢。去的时候我就找程绍国，一个温州作家，让他带我。除了和永嘉文史委交割，我想去我母亲当时去过的几个地方，根据我母亲当时的笔记，有她蹲点很长时间的里湾潭，这村庄连一寸平地都没有的。然后她还去过另外一个村庄，那个村庄更加偏僻了，几乎走到悬崖尖尖上的一个地方，也是站不住脚的。再有一个地方，很可惜的是，我们到了山崖边，就没往下走，因为它完全已经被树木合拢了，道路已经被杂草全部合拢了，并且林窟这个地名已经被消掉了，从行政地图上取消了，很少有人知道了。可巧的是，我们下去，在公路旁边，有一家人，是林窟迁出的最后一户人家，其实就是我写的野骨的这户人家的影子。我们没有下到底，因为没法走下去了。但是很好玩，在我母亲的记录笔下，这地方是非常繁荣的。这么一个繁荣的景象，你根本想不到原来它那么小，小到就是三五户人家，只有一顶桥，这个桥是大家必须手牵手走过，否则就掉到水里去了。这几户人家在那里，主要就是以开集市为生，因地处三县交集地，所以还蛮富有的。三县乡民家里需要用钱的话，就偷棵树，到这里去卖。这些人都是昼伏夜出的，因为他们知道打击投机倒把办公室的活动的规律了，所以我们就可以想象深山的夜里面，是多么躁动不安，这非常令我吃惊。后来我再想想看，这个人如果失踪的话，我要让他发挥更大的能量的话，就把他放那儿算了。我不想把他放到一个野山里去，在野山里的话呢，很容易变成一个野外生存能力的挑战。

张新颖：完全的野山，层次就单一了。这个地方它的层次很丰富，它就像有考古层一样。

王安忆：对对对，有考古层。它曾经有人类生活，而且已经发展到市场经济了，已经蛮发达了，已经有了交换了嘛，社会的级别蛮高了。当然是在一个特定的年代里面，这样才有可能形成一个封闭的小社会，小文明。

张新颖：所以你把这个人放到这里面去，现在就谈这个人，很有意思。他就经历了这么一个过程，上下两部的过程。上下两部的过程，方向好像是相反的。上一部等于说，一个正常普通的市民，或者叫现代人，到了一个没有人的地方，到了一个曾经有人类活动但现在已经荒废了的地方，他这个人进化出来的能力，人向现代方向进化出来的能力，逐渐地退化，丧失；同时，那个原始的能力，慢慢地，一点点地重新生长起来。另外一个方向就是下部，他又从半荒蛮的世界里出来，重新开始进入人间，又一点一点恢复，可又不能叫恢复……

王安忆：不叫恢复，这叫重新地进化一次。

张新颖：重新地进化一次，和原来的进化方向不一样吗?

王安忆：还是一样的。我觉得他的进化方向还是一样的，先到一个小的地方，级别很低的一个镇上，然后再到一个县城，这个县城是发展的，马上他又要进到原来状态也就是现代社会的时候，我就让他死了。这时候，边界变得模糊，二次进化是个螺旋形的周期。

张新颖：我是觉得，上部的这个人一点一点退化，或者一点一点原始的能力的唤醒，这个写得很有意思。这个难度比下部大。下部当然写得精彩好看，因为它有了别的人物啊什么的。

王安忆：丰富。

张新颖：上部只有他一个人，一个人在那个环境里面。

王安忆：对，一个人怎么生存。你完全不给他生存条件的话也很难办，我也不想弄成一个野外生存的实验。这个地方能够找到人类生活的痕迹，找到上一期文明留下来的东西，然后他可以保持一个非常低限度的生存。也不能让他死掉，他还是能生存。

张新颖：当然这个人的生存有意思，更有意思的是他在这里发现的那些，就叫文明的遗迹吧，他一点一点地发现，一点一点地拼凑的过程，可以想见此前的人一层一层的生活积累。

王安忆：其实这就是从很具体的需要来出发的，比如说，到这个地方，那么得有个人带他进去；我还得给他准备点给养，因为他要过冬嘛，我在想火是一个很重要的东西。但是我这方面的常识不够，我又不愿意让他有火柴这类东西，先后有两个打火机接续了一下，中间我想还是让他用一个原始人的方法取一次火。因为只有当你能够自己去找火，你才能够保证生存。还有食物，我本来想等那个野麦子生长出来，但好像来不及了。

张新颖：那个索面是个什么东西？为什么过了那么多年，那个东西还能吃？

王安忆：索面是我在那里吃过的，这个面——我也很怕他们看到又提出问题来了——这个面的做法是要放盐的，跟我们的面条不一样，它在制作的过程中就要放盐。我有一个很详细的制作索面的配方。那么放盐的话，就比较经得起时间嘛，这个原理是对的。而且我在想，得给他点盐分，没有盐也不行。就是这一切其实是从需要开始的。最主要的是，我觉得他还有一个生存的很好的条件，就是他没有记忆了。没有记忆反而会帮助他去适应一个什么都没有的状态，重新来起，重新做人。我是这么想的。

张新颖：你写的时候，可能跟别人读的时候，比如说跟我这个读者，关注点不完全一样。因为你写的时候是要围绕这个人物，人物行动的合理性啊，怎样生存下去啊，不断处理具体问题；但我会更关注他在这个过程中的变化，这个变化不是人在日常现实中的变化，而是一个人的退化，以及与退化同时发生的另一方面的进化。这一个人身上的过程，似乎包含了人类的过程。人类从过去进化到现在，或者从现在退化到过去，那样一个很大的东西，很漫长的过程，发生在这么一个不知道叫什么名字的人身上。这样一个人类进化退化的过程，我们在正常生活里是意识不到的。怎么说呢？其实我们每个人，可能包含了在我们之前的所有人的进化的过程，但是我们意识不到。在正常的生活环境里，我不会觉得多少万年的进化跟我有什么关系。

王安忆：是啊。可是在这么一个人身上，我想让他首先把记忆全部都消掉。然后还有一点就是，他的承受饥饿的能力，耐饥的能力。他没有记忆了，这样反而好，如果有记忆的话，他会有很多顾虑，文明会给他禁忌，禁忌会限制生存的条件。接下来他在很少进食的过程中，当然很短，几个月，他慢慢地锻炼只需要一点点的食物就能够维持。所以这也是我让他是一个老人，让他岁数不要太年青的一个理由，如果年青，就消耗快。他是一个只需要进食一点点就可以维持生存能量的人。而他整个的记忆系统，又是和他的文明有关系的，它是慢慢慢慢恢复的。我让他首先接近的都是文明世界的边缘人，比如说哑子、二点，他们都是缺乏一个主流表现形态的，好像完全在蛮荒里一样的。到了九丈以后，让他开始有所接触，接触语言，接触表述，接触基本人道的生活。把他放到养老院里面，那里面好像都是很低等的生物，让他在低级文明里面。

张新颖：就是你让这个人重启了。重启了以后，你给他设计了这样的环境，特别是他接触的这些人，都是一些畸人，或者说是奇人，从上半部的哑子、二点，到下半部养老院里的小孩，然后再到县里又有一个白化症的少年。这几个，再加上“道上”的两个人，五尺混出来的麻和尚，九丈新一代江湖的头敦睦。这些人有意思，但这些人的意思又和我们都不一样，都不是正常社会规范里的人。

王安忆：他们都不是这个人原先生活的社会里的人。你知道我这里边有一些链条嘛，跟他原来生活的文明的社会，是可以接续上的，比如说野骨那个当过兵的哥哥，九丈的派出所所长，新苑福利院的院长，这些人可以跟文明接续上的。然后那个白化症的少年，还有那个小孩张乐然，这些孩子我其实是让他们都走到正常社会里面去了。一旦走向正常社会，他们就会跟他疏远。

张新颖：他们的来历很有意思，每个人都有很奇怪的来历。

王安忆：来历都很奇怪，所以当我写到最后一段，写到白化症少年的时候，自己有点感动。他说："我知道我从哪里来，但我不告诉你。"这可以说是他们所有人的话，就是"我不告诉你"。包括那个失忆的人也是。他其实应该是知道的，因为他身上已经有那么多烙印了，知不知道，都是知道的，但是他不告诉你。所以我曾经想过一个题目，但是不好，就叫"我不告诉你"，就是一种沉默的状态。

张新颖：这也是匿名的意思吧。"我不告诉你"，可是你要写他们不告诉的东西，这些人的来历，每一个写的时候都很花心思，用了那么多笔墨。他们好像有一个共同点，都是来自特别偏僻的、似乎和这个世界很隔绝的地方。除了那个麻和尚，算是在一个镇上吧，那个烧窑的地方。

王安忆：麻和尚也是在一个乡村，一个古村吧，有着古老的产业，碗，象征是彩陶时期。

张新颖：其他几个人都不如他，都是那种隔绝的。

王安忆：但是他们有自己小小的产业。比如说敦睦，他们那边生产染料，种植靛田；白化症的少年是摘枸杞的；二点是从林窟里出来的人；还有哑子，是最贫苦的，靠土地吃饭的。说起来他们都有自给自足的生产方式。都是从小世界里出来的，最原始的循环经济。

张新颖：这个小世界给人的感觉，还是跟我们很隔离。但他们慢慢走到了一个跟我们不太隔离的世界，当然还是处在一个奇怪的边缘上。

王安忆：他们出来以后，和我们这个世界保持了一种奇怪的关系。我们叫它黑帮也好，江湖也好，非法生存也好，反正就是主流之外的存在。他们这些人都像山里面的精灵一样的，一旦到外面的世界，就失去身份，失去合法性。

张新颖：身份，合法性，也都是名，没有这些，对于我们这个社会来说，他们就是匿名的；对于他们自己来说，他们的过去又是他们想要隐匿的。这里面可以说有很多的层次。

王安忆：对啊，匿名是肯定的，他们都是没有名字的，这里面主要的人你有没有注意到，我从头到尾没有给他起名，其他的有的是诨号，或者是自己给自己起名，比如说鹏飞、敦睦，或人家给他起名，像那个小孩张乐然。他们都没有爸爸妈妈起的名字。

张新颖：从人物上来说是这样的。其实不仅是人物，会不会在我们现在的这个文明里面，有很多匿名的东西，因为叫不出名字来，所以我们就当它是不存在的。其实不但是存在，而且也是一个，怎么说呢，也是丰富的、混杂的，甚至是生机勃勃的这么一个世界。

王安忆：也可能啊。我最后不是让哑子和那个麻和尚把他们的领地让给敦睦，然后就走了嘛，然后他们就要走到山外面去了。

张新颖：匿名的这个意思，可以说很多。

王安忆：起这个名字我也想了半天了，不知道起什么。其实最简单的大白话就是，“我不告诉你”。他们自己的来历，他们自己是清楚的。

张新颖：那你写这个小说，就是我要告诉你，有这样的世界，有这样的人。

王安忆：对啊，你这么说的话，就跟那个形成悖论了。

张新颖：如果是这样，我觉得有这种悖论挺好的。

王安忆：然后他们这些人有个比较一致的特征，他们都特别像精灵。他们都很白，你有没有注意到？麻和尚本来是很白很白，敦睦也很白很白，到了白化症少年，白已经变成一种病了。

张新颖：白就是无吗？白是没有颜色吗？

王安忆：当然我也没想那么多。但是我从形态上来看，他们和山里人很不一样，他们就像是山里的基因突变一样。

张新颖：对，他们也是山里的异类，对他们出生、来自的地方也是异类；另一方面，对于我们这个正常的社会也是异类。他们好像是在一个文明或者社会的看不见的夹缝里的。

王安忆：我曾经写过一段，就是他到那个城里边去，敦睦很想利用他的古怪，去进行他的贩毒事业，当然没明写。他曾经在走廊里边找不到自己的房间了。我写他在迷宫式的走廊里盘旋，进不去房间，就像肠道里一个消化不了的东西那样，一个瓜子儿，一颗菜籽或草种。

张新颖：除不尽的余数。这样说很有意思。就是写了一个我们这个社会的公约数除不尽的人。

王安忆：各种各样的方式都除不尽他。这个小说对我的难度就是，我想得很多。我以前写小说想得不太多，这次想得比较多。想了太多以后，我就找不到一个特别合适的表象。尤其因为我是比较重视外相的，最好的东西就是表象天生里边就有这样的内涵。

张新颖：想得多，表现在作品的叙述上，和通常的小说叙事不一样。通常小说叙述，总的来说是转喻式的，就是不断地讲下去，后来怎么样了，后来又怎么样了；但这个作品读起来的感觉是，你讲了一句话，不是接着讲后面的一句话，而是讲这句话下面的那个意思，那个意思又讲出许多想法，比如说，因为什么事涉及时间，然后你就会讲这个时间的问题，文明的问题。从具体讲到抽象，从事情讲到思想。然后再发生一点什么事情，再这么讲到下面的意思。其实是一个隐喻的叙述方式了。

王安忆：对，非常具有隐喻性的。但是对于我来讲，挑战就在这。因为我本身是不太喜欢隐喻的。也不是不喜欢隐喻，而是希望这个事情本身就包括隐喻，那就不需要我啰唆了嘛。但是这次好像有一点，思想大于形式的。这个就是我写作时候觉得困难的地方。

张新颖：但我觉得这个好啊。

王安忆：因为你读书跟别人不一样。

张新颖：我觉得扩大了就扩大在这儿。因为通常小说的叙述是转喻的嘛，就是不需要用隐喻的方式来写；但是这个作品变成了用隐喻的方式来写小说，挑战当然是很大的。

王安忆：这个挑战很大，但是我觉得这里边有些隐喻的陷阱，就是，其实我是用这个来隐喻，但是别人会认为那个是隐喻，因为失踪啊，失忆啊，这些都是明显的隐喻，隐喻里的显学了；其实还真不是把它们当隐喻，这在我就是事实。我用的隐喻是另外一些东西。这里面是一个陷阱。

张新颖：嗯，这个是从总的方面来讲。但是，我觉得从细小的方面来讲，也变成了这样一种方式，当你说一个事情的时候，你总是会说开。它变成了这样一个叙述，老是说开。

王安忆：因为这不断地需要解释，还是我自己感觉到一种不安，就是说可能吗？我经常要出来解释一下。就是时间它是有伸缩性的，从相对论来讲它是不确定的。我自己会感到不安嘛，这里面的很多事情，如果按照我们现实的状态来讲，是不大可能的，缺乏常规的合理性。

张新颖：你这里面特别讲到时间，这里面时间是一个文明的线索，或者文明规定的一个形式，时间的意识或许是文明“发明”出来的。那还有其他的，比如说你特意好几处写到文字。

王安忆：对，文字特别重要。因为匿名嘛，文字就是名。所以我着实费了一些功夫。你知道他对事实的记忆都没有了，但是名还记得，或者说不是记得，而是呼之欲出。所以我就安排哑子是一个识字的人，就会跟他笔谈；然后又有个小孩子需要教他识字。就是这个文字，在这小说里面，是有隐喻的。

张新颖：对，文字就是名，文字也是“明”，文字还是“铭”，文明刻下来的记号。

王安忆：很多东西没有了之后，我们只能依靠它的壳来认它的内容了。从名去认实，实都消失掉了，幸好还有名。这也是文明留给我们的符号。

张新颖：就是，我觉得写得好的一点就是，你没有把他写成一个完全的野人，他身上留有文明的痕迹，他见到的世界也有文明的层积的遗存，然后他的努力也要依靠他身上留下的文明的那个东西。这样就避开了一个常规的或者说虚假的、浪漫的想法，讲一个野人怎么有力量。所以我觉得这里面层次感特别丰富，层次特别多。这个就是小说家所……

王安忆：但是你这样的读者是非常之少的了。我估计万分之一都不到吧。

张新颖：不，有心的读者还是很多。我记得里面特别写到，当他和这个世界发生关系的时候，不是一个野人和这个完全蛮荒的世界发生关系，而是说一个有文明遗存的人，和一个看起来荒蛮，其实也曾经有过文明的世界之间，相互地妥协，商量。因为有妥协，有商量，才有层次嘛，否则就一笔写到底了，就没有什么东西了。

王安忆：其实我觉得这山里面处处有文明的断续，就像盲肠一样的遗存。比如说哑子停车的那个隧洞，我想象是冷战时候的军工项目，我想山里面可能到处都是这种遗存，各种文明的遗存。

张新颖：我读这个小说还有一点很惊异，就是原来我们讲这个世界的变化，我们讲沧海桑田这样的变化，总是会假设如果发生这样一个比较大的变化，那个时间是很漫长的，但是你在这里面写的比较大的变化，其实发生的时间很短。林窟变没了，也就从七十年代末到现在；还有那个烧窑的地方，一下子就变成了水库底下的地方。

想想是这么短的时间，要把一个文明毁掉，根本不需要太长的时间，这有点惊心动魄了。

王安忆：对，因为人太强大了嘛。人到二十世纪末，建设和毁坏的速度是极快的，周期越来越短，非常之短。

张新颖：我们原来想象沧海桑田，是要过几千年几万年的。但是在这个里面却很快，不但快，而且看不出来，如果不是这么一个人到那里去发现的话，简单地看看，就会以为完全是一个荒蛮的世界，之前的痕迹完全被抹去了。

王安忆：对啊。我这里面还特别提到盘山公路，我觉得公路吧，就像把一个瓜剖开来了，然后在这些横切面里面，生活就暴露出来了。这些人，我相信他们一直都存在着，在生活着，拥有一个完整的小世界，但是就一下子被公路破开来了。所以我在那儿，特别疑惑的是，我和陪我去的程绍国讨论，当年我妈妈他们是怎么到那里去的。因为我们走公路的话，是觉得又危险又漫长，他们当时是靠爬山还是怎样，反正就是取直，否则不可能那么快去那么多地方。

张新颖：我也想象，你妈妈他们当年去，他们对这样的人的生活的惊讶感，没有你大。

王安忆：没有。因为我觉得他们是自然进入的，他们不是走公路。他们肯定是吉普车停在哪个地方，这个地方可能有些山道，然后慢慢走，一步一步进入。我后来还找到我妈在那个时候的照片，看起来就是一个普通的，甚至概念化的山村，电影里面经常看到的。

张新颖：实际上我是觉得他们那一代人的那个惊讶感，不会有你这么强。或者说，不要说你妈妈，就说比如我去那个山村，我不会有你这么深的感触。

王安忆：我在想，让我感到蛮荒的理由有很多。一个是现在山村萎缩得很厉害，村庄里面没有壮年，都是老少，感到非常凋敝，没有生机，真的是没有生机。还有一个可能是跟我的生活经验有关系，就是说我太孤陋寡闻了，我没想过山里的村庄是这样子的。没有寸土是平地，房子都是靠着山壁的，感觉就像是在台阶上面的一个村庄，我没想到那么逼仄。生活的空间非常局限，很压抑的，你看不到地平线。现在有了盘山公路，在公路旁可以看到山谷，山谷确实很壮观，可以看远，但还是山啊，对面的山，环绕的山，有时候雾一下子散开，你看到谷的山壁上还有一户户人家在生活，真的很神奇。可能我去的地方不多，我一般是在城市里面，插队落户的地方是在平原。

张新颖：比如说，我刚刚去三峡走了一趟，当然现在这个三峡不是过去的三峡，那边的山也是莽莽苍苍的。

王安忆：我也去过三峡的，并且我当时去三峡，也不知是否命定的，我发着高烧。你知道发高烧的人看出去的东西都是变形的。我到现在还记得，我们的船开过的时候，山上有个老人拼命向我们招手。我想他们很难看得到人吧。

张新颖：很难看到人。但就是那种山里，竟然有三户两户这样的人家，他们要出来一趟很困难。

王安忆：那时我听我妈讲，那时有人出来，还穿清朝的衣服嘞，拖着辫子。我们看到的生活都是一块块很整的嘛，其实有很多缝隙的，这些缝隙是我们难以想象的。

张新颖：文明突然坍塌了一块，就可以看到平时隐藏着的一些缝隙。

王安忆：对，文明的进程是很不均匀的，它不是匀速前进的。我总会有一种发问，就是我们为什么会变成今天的我们？其实是很有意思的，为什么我们的口音会那么不同？最奇怪的是他们的温州话，完全听不懂，而且一个地方一个音。有人跟我说，他们那个是真正的中国古音，确实是很有古意的。但我觉得当他发音的时候，某一块肌肉确实是倚着他的音来变形的。我们那次去，我的散文里不是写到有个陪我们去的男孩子叫高远吗？这个男孩子，你不知道他走山路多快，像个动物一样，非常非常灵敏，而且文章写得很漂亮。我觉得他们的思维也跟我们不一样。一方水土养一方人。

三　抽象的美学

张新颖：整个的作品，你想写的是什么东西，什么意思呢？

王安忆：整个的作品——这是一个很大的问题。整个作品我想写的和我以前写的作品都不一样。以前我很想写的就是生活，生活里隐藏着自身的美学，人际关系，人性里面潜藏的那些美学；这个东西吧，我就觉得它不是具象的，它是写一个在我们表象底下，抽象的存在，抽象的美学。所以我说很困难的地方是找不到一个合适的表象来对应它。

张新颖：以前的作品写的是人和人之间的关系。

王安忆：对，是人世间。

张新颖：那么这个作品其实主要不是人和人的关系。

王安忆：对啊，这里的人都是孤立的。人好像都承担着我要给与他们的任务似的，所以这里所有的人都是无中生有。当我写上半部，写到寻找的时候，就写到人世上那些人的时候吧，我觉得，我一个人就像是处在一个被拉扯的，被互相争取的状态。我要写它的合理性，但是又想写它的那种抽象的定律，它不如表面的合理性，在人们的常识之中。所以，上部写的时候，就不能像下部，总算能找到一些合适的配套的人与事。

张新颖：下部人物多了。

王安忆：下部终于把常识的束缚都甩掉了，就觉得很自由。写上部的时候，我总在想，你总归要让一个人合理地消失吧。合理性始终是我碰到的一个问题，我好像永远不能够做一个不合理的举动。所以我很佩服莫言的，莫言他就有这样的自信，他认为合理就是合理，但这是需要很大的能量的。

张新颖：这个小说是不是可以设想，把你的上部简化一下，一开始就写这个人被绑架到林窟这个地方？

王安忆：那么你说他们不找他是不是可能，怎么向家里人交代呢？

张新颖：你后来就不写他家里人了。

王安忆：后来他的家人找到他了，应该说他找到家里人了。

张新颖：找到了也没关系，家里人也没去，最终也没有见面。

王安忆：但是我觉得找到还是很重要的，因为找到对方，对方不认识他，需要他提供DNA嘛。

张新颖：这个反应合理不合理啊？家里人在拼命地找他，当然过了点时间，可能也冷下来了，后来忽然有了这么一个消息……

王安忆：这还是比较合理的，因为这样的人家一定会碰到很多骗子的。比如说丢了一个孩子，要去找，很多骗子都说在我这儿。

张新颖：对对对，这个世界变了。

王安忆：所以他看着不像，一定要认那个DNA，尤其是有了DNA的手段嘛。找不找也许都可以，但我好像说服不了自己。一个人怎么能没人惦记呀？

张新颖：还是要找，还是要按照你的那个方式。

王安忆：对，还是要找。当然我这么说是非常唯心主义的，我觉得他们其实还在一起，但是是以另外一种形式出现了，就是说他以前生活的痕迹还是会出现，在一个大的时空范围内，都还在，都还在一起，没有失踪，只是人和人不一样了，就是轮盘赌的那个轮盘，每一次转动都不会在上一次的位置上停下。

张新颖：就是能量转换和守恒的那个意思，我发现这个贯穿了你的整部作品，写到很多东西的时候，你都会这样解释。

王安忆：比如说萤火虫，《红楼梦》里，有一个谜是一个“萤”字，打一个字。林黛玉猜到了，是花草的“花”，萤就是草化的呀！还有蚕也很有意思，你想你看到的是虫，它怎么会跟丝绸联系在一起。能量转换很奇怪的。

张新颖：所以最后写这个人在江里，就慢慢消失了，或者说转化成另一种存在形态了。

王安忆：对啊，最后的结尾我动了很多脑筋，让他到哪里去。那一次我们去温州旅行，最后一站是苍南，到了海边，看见很多惠安女，从福建那边已经过来了。我们所有的人，都是这个大时空里边的小东西啦。这些想法太多之后，你就找不到一个大家共识的外形的东西。我还是一个很重视常识的人。

张新颖：这个作品难说的地方在哪里呢，就是这里面要表达的东西太多了。你没办法用一句话或者三句话来概括。

王安忆：对啊，人家问你写什么，然后你一说开头，人家以为你在写一个类型小说。

张新颖：就是你很难把它说清楚，很简单地说清楚你到底写了一个什么。

王安忆：所以这本小说阅读上是有障碍的。

张新颖：但是很过瘾，我读的时候觉得过瘾。

王安忆：因为你是一个口味很另类的人。

张新颖：我口味不另类，我口味很正常。

王安忆：你其实从本质上来说是不喜欢读小说的。这个不大像小说，所以就对你的胃口。

张新颖：不是啊，我是很喜欢读小说的。你前面说你是喜欢表面的，我是喜欢表面下的。我觉得不是，我觉得正好相反。你老是要在那个表面下面找东西，而我就是停留在那个表面上的。

王安忆：因为我们的眼光不同。你是一眼就可以追踪到表面底下的含义，而我是尊重现实的连贯性的。这就是小说和诗的不同，诗是可以剪碎的，小说就要承认它的连贯性。

张新颖：嗯。

王安忆：可能是年龄的关系，还是写得太多的关系，我现在写小说的话，就会变得很挑剔，变得特别的挑。挑的时候就会需要抉择，比较困难，就不会像以前写得那么舒服，那么顺利了。

张新颖：我觉得如果你回到以前那么顺利，对你个人来说，也没什么意思，何必呢？

王安忆：对，很不满足，自己非常不能够满足。其实写作是个自我满足，如果那种方式不能满足你的话，那就不那样写了。这个写完，满足还是满足的，但是呢，不像以前那么自信，自信很圆满。这个我觉得毛病是很多的，写得不圆。

张新颖：这个不圆才好。

王安忆：而且我甚至是在事后才发现玄机。那个西西弗斯神话，有个数学黑洞就叫西西弗斯串，似乎无意间试图接近，我不是让那个男孩打算盘吗？一列数字重复相加，又回到同一个数字序列。我们在珠算上特别能看到这个形式。一二三四五六七八九，然后在珠算上正好是两个梯形，然后加加加，其实是很简单，加到十，不是进一位了吗？就又是两个梯形。

张新颖：它对你的启发是什么呢？

王安忆：我就想到那个推石头的西西弗斯，推上去又滚下来，推上去又滚下来。我还没说完，我就觉得这里面好像有点意思，但我写的时候没想这么多。就是说这个孩子在数学里找命名。他学字，学数学，我不是写这个小男孩最最难的地方就是进位吗？他有他自己的进位法。当他看好病后，进入正规小学以后，老师让他接受我们现在的进位法。我的意思是说，数字是很有意思的，它也是一种文字，它也是一个名。我们现在的人给东西命名，一个是文字，一个就是数字。当然还有很多化学物理类的，就是更进一步的命名了。

张新颖：主要是，我们处在一个已经命名好了的世界里。你现在把那个人推到那个最初，其实人回不到那个最初，但是你把他推到那个最初，然后让他重新来起，这样一个人，好像初次面对世界的那样的关系，这样能写出惊讶来，写出感受来。

王安忆：对。他要重新建立关系。但是我还是用旧材料，文明废墟上的砖瓦，反复使用，总还是会有新东西产生吧。这个故事很容易让人以为我要对现代文明进行什么批判，其实我没有能力去批判它。我还是服从循环，一个圈，永远走不出来。

张新颖：对。就是没法概括，如果能够概括出对现代文明批判啊，或者什么的，就简单了。但也不是。

王安忆：不是，我这里没有批判的意思。这里确实有很多陷阱，它很可能让人家以为我要批判。

张新颖：他其实是历史。我觉得写的是历史，人的历史。

王安忆：但我又不敢这么说，这么说话说得太大发了。

张新颖：其实在我们每一个人身上，都包含着人类的全部历史。

王安忆：对，其实是这个意思。一个生命从他出生到最后，到死亡，这个过程都得走一遍。慢慢识字，慢慢思想，都得走一遍。

张新颖：你就是让这么一个人意识到，一个人身上可以包含人类的全部历史。

王安忆：他自己是意识不到的，其实是个无意识的人。

张新颖：但是你把他写出来了。

王安忆：对，我把它写出来了，呈现出来了。

张新颖：你这个思路，以前也有这样的思路……

王安忆：我这个人对发生学是有兴趣的，我是很喜欢问事情是怎么发生的。比如我们吃的食物，我们今天吃的这个稻子、麦子什么的，它一定是人类尝遍百草，终于找到一种可以果腹的，然后慢慢培养它。

张新颖：慢慢驯化。

王安忆：慢慢驯化它。你想水稻多复杂啊，种水稻非常非常复杂的。所以人类选择生活的地方总是在河流的领域里面，因为跟采用食物有关系。

张新颖：我是个不会问的人。有没有我没有想到，但是你特别想表达的意思，比如读者完全没有意识到，但作者写的时候特别想表达的？

王安忆：当我进入到他们每个人的历史里面，我为他们设计历史嘛，也有一些表象是吸引我的。我让他们承担内容思想的任务，事实上，他们的表象还吸引我。这也是我写到下部稍微安心一点的缘故，我刚刚还说，我要找到一个好的表象。他们的表象，不管底下是什么，至少有一个常识性的，就是乡愁，都是离乡的人，他们都不喜欢自己的家乡。

张新颖：反乡愁的乡愁？

王安忆：比如说敦睦，在监狱里碰到那个人，那个人和他彻夜长谈，也是临终遗言，中心意思就是说，出门靠朋友，听起来很江湖。我写到他后来按照那人给的地址去寻找，我就让他去了一次平原。我这里面有两次让人去平原。因为我自己觉得特别郁闷，这个地方太逼仄，我得让他到平原上去一下。然后他从平原上带回来罂粟的籽。我们在那个山里面，就感觉到眼睛看不远，视线老是遮挡的，走不通的那种感觉。所以当我每次写他们离乡，还蛮感到哀戚的，好像就是一个小虫从窟窿里爬出来了。

张新颖：你这个感觉会不会不好啊？你站到一个高处，看他们就像小虫子一样。你会不会怜悯他们啊？

王安忆：也不是怜悯。因为我觉得我自己就是小虫子，我们都是小虫子，窟窿大小不一样。我就觉得文明可能就是按照自然的形式来模拟的。比如说，我不是写鹏飞，后来带着孩子去上海看病么，他乘那个地铁，然后站在高处看高架，其实也很像蜂窝蚁穴，山的褶皱。其实文明的建设，也是模拟的自然的状态。

张新颖：还有我发现这个小说里用的地名，我对照了一下，都是实有的名字。林窟啊，九丈啊……

王安忆：你看他们那边的地名很奇怪，都是和度量衡有关系的，还有和生计的易难有关系。那个名字也很可恶，叫柴皮，去到那个地方，山壁已经走到没有路了，但是写着前面还有七里半，然后在一个非常危险的地方转过去，前面果然还有七里半。

张新颖：我觉得这些名字特别好，名和实有密切的对应关系，和他们经验里的认知、感受联在一起，而且都很形象。

王安忆：一定是和地貌有关系的，是最初生活在那里的人，给出的命名。

二〇一五年十一月二十四日

新版后记

二〇〇四年十二月下旬到二〇〇五年一月末，我和王安忆做了个漫长的对话，陈婧祾录音。我们谈了六次，五次是在王安忆定西路的家里，一次在复旦文科楼的教研室；次与次之间有意隔几天到一个星期，做点准备；每次围绕一个主题，约两三个小时。

谈完之后，当时在读的几位研究生帮忙把录音转为文字，但我自己一直忙乱，等到二〇〇六年秋冬，我到芝加哥大学，每周除了讲两门课没有别的事，才在空闲中整理出来，取了个简单的名字，就叫《谈话录》。

这本书二〇〇八年由广西师范大学出版社初版，二〇一一年又由人民文学出版社印了一次。

二〇一五年十一月，王安忆的长篇《匿名》发表后，我和她关于这部新作又做了一次对话。译林出版社《谈话录》新版，加上了这个对话作为附录。

张新颖

二〇一七年十月十五日于复旦大学